Ullstein Werkausgaben

Jonathan Swift

Märchen von einer Tonne

Werkauswahl

Herausgegeben und mit
einem Nachwort versehen
von Joachim Möller

Band 1

Ullstein Werkausgaben

Ullstein Werkausgaben
Lektorat: Hanna Siehr

Ullstein Buch Nr. 37097
im Verlag Ullstein GmbH,
Frankfurt/M – Berlin

Vom selben Autor als Band 2
dieser Swift-Werkausgabe erschienen:
›Ein bescheidener Vorschlag‹
Werkauswahl
(Ullstein Buch 37098)

Umschlagentwurf:
Theodor Bayer-Eynck
unter Verwendung eines Ausschnitts
aus einem Stich von unbekannter Hand;
entnommen dem Werk
›The Works of Jonathan Swift‹,
London 1755
Abbildung auf der Rückseite:
Jonathan Swift
© Ullstein Bilderdienst

Quellenverzeichnis im Anhang

Printed in Germany 1988
Gesamtherstellung:
Clausen & Bosse, Leck
ISBN 3 548 37097 7

Mai 1988

Inhalt

Vorbemerkung

Jonathan Swift ist auch hierzulande ein guter Name, denn *Gullivers Reisen* gehört als Kinderbuch zum literarischen Allgemeingut von Generationen. Lemuel Gulliver, Seefahrer ohne Fortune in Swifts bekanntestem Werk, teilt diese Art der Wertschätzung mit einem anderen zeitgenössischen Havaristen, dessen Bericht vom Leben auf einer einsamen Insel gleichfalls zur Grundausstattung heutiger Bibliotheken gehört. *Gullivers Reisen* unterscheidet allerdings von Daniel Defoes *Robinson Crusoe*, daß die frühe Bekanntschaft mit dem Buch meist auf der Grundlage einer stark gekürzten Ausgabe erfolgt. Daß dabei wesentliche Teile ausgeblendet werden und sich auch die doch offenkundige Simplizität der Geschichte um Groß und Klein als trügerisch erweist, bleibt dann späterer Erkenntnis vorbehalten.

Swifts übriges Werk aber entzieht sich meist der Leseerfahrung desjenigen, der sich nicht zu den Sachverständigen auf dem Gebiet der anglo-irischen Literatur des achtzehnten Jahrhunderts zählt. Die übermächtige Nachbarschaft von *Gullivers Reisen* mag dabei eine Rolle spielen, vielleicht auch die Tatsache, daß sich das Werk Swifts – Satiren, Gedichte, Zeitkommentare – nur schwer demjenigen öffnet, der vor allem nach Zerstreuung sucht und mehr zufällig in die Welt der Gourmetkannibalen gerät, der religiösen Eiferer oder literarischen Kleingeister, in das Durcheinander von Glaubensfragen und politischen Fehden. Denn die Zeit, in der Swift lebte und die er literarisch aufnahm, war bunt in mancherlei Hinsicht: Es war die Zeit des wissenschaftlichen Fortschritts und des Zusammenbruchs großangelegter Spekulation, des Beginns von Kabinettsregierungen und vom Ende royalistischer Allmacht, Frühzeit des englischen Romans und des professionellen Journalismus, Hohe Zeit der Satire. Für Swift selbst war es die Zeit der Hoffnung, die schließlich enttäuscht wurde: Der Hoffnung auf eine Karriere in der englischen Staatskirche, die Anlagen und Verdienst gemäß war. Vieles von alledem ist in seinem literarischen Werk unsterblich geworden, das schon vom intellektuellen Hintergrund hohe Anforderungen an den Leser stellt. Die Voraussetzungen, Lesestoff für viele zu werden, waren deshalb seit jeher ungünstig, zumal wenn Kriterien des Stoffes im Vordergrund der Lesererwartung stehen. Vielleicht sollte man der Freude am ästhetischen Spiel mehr Aufmerksamkeit schenken, denn unsterblich ist vor allem – und das macht alles so interessant und schwierig zugleich – die Art der Präsentation. Swifts Waffe war das Florett der geschliffenen Satire, die Waffe aus dem Arsenal der Ohnmächtigen im Streit mit Allmacht und Willkür. »Wie einfach ist es doch«, so John Dryden – selbst Kritiker und Dramatiker und Swift im übrigen verwandtschaftlich verbunden – in einer bekannten Definition, »Schuft und Halunke zu rufen, und das auf geistreiche Weise. Aber wie schwer ist es, jemanden einen Narren sein zu lassen, einen Dummkopf oder einen Schelm, ohne solche schmählichen Begriffe zu verwenden. ... Es besteht ein großer Unterschied darin, einen Menschen dahinzuschlachten, und der Präzision eines Streiches, der den Kopf vom Rumpf trennt und ihn auf seinem Platz beläßt.« Es reicht nicht aus, könnte man erklärend hinzufügen, die Mächtigen dieser Welt anzuspucken, wenn man nichts ändern kann: *Eleganz* ist der Adelsbrief auch der Machtlosen. Swifts Werk ist ein Beispiel hierfür.

Dabei war Swift als Person keineswegs unumstritten. »Hätten wir gern mit ihm gelebt?« fragte der viktorianische Romancier William Makepeace Thackeray, Autor z. B. des Romans *Jahrmarkt der Eitelkeit*, in seinem Essay über Jonathan Swift, um dieselbe Frage etwa mit Blick auf William Shakespeare oder Henry Fielding gleich vorbehaltlos zu bejahen. Aber mit Swift? »Wärest Du von gleichem sozialem Rang, doch an Begabung unterlegen«, so Thackeray weiter im gedachten Zwiegespräch mit dem geneigten Leser, »würde er Dich beschimpfen und verachten; wärest Du von seiner Reputation unbeeindruckt, träte er rasch den Rückzug an und schriebe Jahre darauf ein schlimmes Epigramm über Dich; wärest Du aber von Adel und in der Lage, ihm zu nützen oder seiner Eitelkeit zu schmeicheln: Welch wundervollen Gesellschafter hättest Du haben können, der seine Talente ganz in Deine Dienste gestellt hätte.« Aber Swift war kein Opportunist, kein intriganter Karrierist. Thackerays Einschätzung gilt längst als Fehleinschätzung, die einer anderen kritischen Würdigung auf der Grundlage seines literarischen Werkes gewichen ist. Daß Swift sicher ein schwieriger Charakter gewesen ist, bleibt davon unberührt. Seine literarische Reputation jedenfalls ist offenbar makellos. Schon in einem Nachruf aus der Woche nach seinem Tode findet sich sinngemäß der Satz, sein Werk werde Gegenstand der Bewunderung bleiben, solange man die englische Sprache verstehe. Es ist müßig, so darf man ergänzen, über vermeintliche Ungereimtheiten in seiner Biographie zu richten, wenn es ein solches Werk gibt. Und es ist müßig, über den Wert seines Werkes zu streiten, weil Streit nur dort ist, wo es Widerspruch gibt.

Die wichtigsten Stationen seines Lebens in Stichworten. Jonathan Swift wurde am 30. November 1667 in Dublin (Irland) geboren. Die ersten Lebensjahre verbrachte er hauptsächlich in der Obhut naher Verwandter. In Kilkenny, einem Ort unweit von Dublin, erhielt er seine Schulausbildung und studierte anschließend Theologie am Trinity College in seiner Heimatstadt. Politische Wirren im Zusammenhang mit der Glorious Revolution ließen ihn 1688 nach England gehen, wo er zunächst bei seiner Mutter in Leicester blieb. Das nächste Jahr brachte eine wichtige Weichenstellung für sein weiteres Fortkommen: Swift wurde Privatsekretär bei Sir William Temple, einem bereisten Diplomaten und Literaten, der Swifts Leben in mehrfacher Hinsicht stark prägte. An diesem neuen Wirkungsort – in Temples Haus Moor Park in der Grafschaft Surrey – dürfte im Kreis aristokratischer Freunde Temples Swifts Ehrgeiz geweckt worden sein, an den Entscheidungen im Hinblick auf Politik und Religionsausübung beteiligt zu sein. Und hier lernte er auch die um Jahre jüngere Esther Johnson kennen, mit der ihn fortan eine tiefe Zuneigung verband und die als »Stella« in seinem Werk fortlebt.

Aus Krankheitsgründen ging er dennoch 1690 kurz nach Irland zurück, um aber schon im nächsten Jahr seine Tätigkeit bei Temple wieder aufzunehmen. 1694 unterbrach er diese Arbeit erneut und übernahm eine Stelle als Pfarrer in Kilroot bei Belfast. Doch schon 1696 zog es ihn ein weiteres Mal nach Moor Park zurück. Als Temple schließlich 1699 starb, verlor Swift zwar unerwartet einen einflußreichen Gönner, konnte aber bereits auf eine gewisse schriftstellerische Erfahrung zurückblicken. Denn er hatte abgesehen von gelegentlichen Gedichten auch einige Prosasatiren geschrieben, darunter »Ein Märchen von einer Tonne« und »Die Bücherschlacht«, die 1704 erstmals veröffentlicht werden sollten und damit den Grundstein für späteren Ruhm legten, allerdings z. T. auch seinen beruflichen Aufstieg hemmten. Swift kehrte nun ein weiteres Mal nach Irland zurück und wurde 1700 Vikar von Laracor im Norden von Dublin, um dann im folgenden Jahr einem Gönner – dem Earl of Berkeley – wieder nach London zu folgen und dort Aktivitäten zugunsten der Whigs, den ideologischen Vorläufern der heutigen Liberalen, zu entfalten. Der »Diskurs über den Streit und die Zwietracht des Adels und des Bürgertums in Athen und Rom«, eine Vermengung der politischen Geschichte Griechenlands und Roms mit dem aktuellen Geschehen in

England zur Stützung der regierenden Whigs, ist frühes eindrucksvolles Zeugnis seines politischen Bewußtseins in dieser Zeit. Gleichzeitig ist dieses Werk Beleg für die häufig in Abrede gestellte Kontinuität von Swifts politischer Überzeugung, die stark von Sir William Temple und dem Earl of Berkeley geformt worden war. In diese Zeit, also in die erste Dekade des achtzehnten Jahrhunderts, fiel auch der Beginn zahlreicher Bekanntschaften: mit Joseph Addison etwa und mit Richard Steele, Autoren mit vielseitigen Interessen, die später mit den »Moralischen Wochenschriften« wie *The Tatler* und *The Spectator* bekannter werden sollten. In diese Zeit fiel aber auch eine rege Tätigkeit zugunsten der englischen Staatskirche: »Einwände gegen die Abschaffung des Christentums«, die auch der vorliegenden Sammlung angehören, sind nur ein Beispiel dafür, daß Swifts Aufmerksamkeit und Energie nicht ausschließlich von tagespolitischen Fragestellungen beansprucht wurden. Gleichzeitig aber ist sein Engagement für die anglikanische Kirche aus heutiger Sicht ein Indiz für die wechselseitige Durchdringung von Religion und Politik, denn gerade sein Insistieren auf einem wichtigen Punkt bei der gesetzlichen Regelung des Verhältnisses zwischen Kirche und Staat führte schließlich 1710 zu seinem Parteienwechsel. Sein Wechsel von den Whigs zu den Tories – den zeitgenössischen Vorläufern der heutigen Konservativen – gilt noch jetzt häufig als Beweis für politischen Opportunismus, zumal seine neuen Parteifreunde gerade zu dieser Zeit begannen, Regierungspartei zu sein. Aber der doch offenkundige Austausch der politischen Heimat, der im Grunde eher Indiz war für Kontinuität in Swifts Denken, brachte neue Aufgaben. Er brachte auch neue Freunde: Harley und St. John gehörten hierzu, als Earl of Oxford und Viscount Bolingbroke später Regierungspolitiker von hohem Einfluß, mit denen er freundschaftlich verkehrte und über deren Besuche er auch im »Tagebuch für Stella« berichtete; oder Dr. Arbuthnot, der Leibarzt der Königin Anne, der u. a. mit Bolingbroke, Swift, dessen Schulfreund William Congreve, dem Dramatiker John Gay und dem Satiriker Alexander Pope den »Scriblerus Club« bildete, eine literarische Vereinigung gegen Geschmacksverirrungen in Literatur und Wissenschaft. Und Swift wurde als Herausgeber der Zeitschrift *The Examiner* so etwas wie Regierungssprecher, der mit publizistischen Machtmitteln ausgestattet war, die öffentliche Meinung im Sinne der Regierungspolitik zu lenken. »Die Kunst der politischen Lüge« entstammt dem *Examiner* aus dieser Zeit.

Aber auch jetzt blieb ihm die ersehnte hohe Stellung innerhalb der kirchlichen Hierarchie versagt, weil dem Autor des »Märchens von einer Tonne« – nach maßgeblicher Ansicht ein gottloses Machwerk – zwar Erfolg als Journalist zuteil wurde, ohne daß dieser Erfolg aber in eine Karriere in angrenzendem Bereich umsetzbar war. Statt dessen wurde Swift die Stelle eines Dekans der St. Patrick's Cathedral in seiner Heimatstadt angeboten, und so kehrte er 1714 nach Dublin zurück. Seine politischen – und teilweise auch seine persönlichen – Freunde fielen kurz darauf in Ungnade, Königin Anne starb, und die Tories büßten ihre Machtstellung ein. Bolinbroke ging ins französische Exil. Swift reagierte als Freund: Seine *Geschichte der vier letzten Jahre der Königin*, die allerdings erst posthum veröffentlicht wurde, ist neben anderen Schriften engagierter Rechenschaftsbericht über das Tun der ihm Nahestehenden, und auch in *Gullivers Reisen* finden sich verhüllte Kommentare zu Bolinbrokes Exil und seiner Behandlung durch die jetzt regierenden Whigs.

Aber es ist nur selbstverständlich, daß sich Swift in Irland bald anderen Fragestellungen zuwandte, wobei er drängenden Problemen der alltäglichen Volkswirtschaft keineswegs aus dem Weg ging. Als in den frühen zwanziger Jahren etwa der erste britische Premierminister im modernen Wortsinn – Robert Walpole, den Swift im ersten Buch von *Gullivers Reisen* als Seiltänzer ridikülisierte – dem Londoner Fabrikanten William Wood das Recht zu minderwertiger Münzprägung für Irland übertrug, antwortete Swift mit den »Tuchhändlerbriefen«. In dieser Serie von Anklagen, für die hier der »Brief an das ganze Volk von Irland« exemplarisch steht, schlüpfte Swift in die Maske eines Kaufmanns, der sich zum Sprecher der bürgerlichen Mittelschicht englischer Abstammung machte. Und im »Bescheidenen Vorschlag«, seinem vielleicht am besten gelungenen Versuch satirischer Kurzprosa, empfahl er zur Überraschung auch noch heutiger Leser vor allem volkswirtschaftliche Konsequenz bei der Lösung humanitärer Probleme. In diese Zeit der direkten Anteilnahme an spezifisch irischen Fragestellungen fiel aber auch seine Arbeit an *Gullivers Reisen*, seinem Hauptwerk in vier Büchern, den Reisen Gullivers ins Reich der Zwerge und Riesen, zur fliegenden Insel und zu den sprechenden Pferden, die hier aufgrund seines hohen Bekanntheitsgrades nicht berücksichtigt wird.

Seine Krankheit, von der er schon im »Tagebuch für Stella« schrieb, hatte sich in all diesen Jahren langsam verschlimmert. Es handelte sich dabei um die Ménièresche Krankheit, ein organisches Leiden also, das vom Innenohr ausgeht, zu Schwindelanfällen führt und in Taubheit enden kann. Für Swift kam das Ende langsam, aber unaufhaltsam: seit 1742 lebte er im Dämmerzustand und starb schließlich 1745. Swift hinterließ ein literarisches Werk, das wie kaum ein anderes Werk beredt Zeugnis ablegt für die breite Interessenlage seines Autors, für dessen ästhetisches Vermögen bei der Gestaltung verschiedenster Stoffe und auch für die Welthaltigkeit, die Literatur zeigen kann. In Anbetracht eines solchen Werkes kann dieses kleine, zweibändige Lesebuch sicher nicht darauf hoffen, repräsentative Auswahl zu sein.[1] Aber es mag immerhin einen Eindruck davon vermitteln, daß literarische Teilnahme an der großen Welt und an der Welt des Alltäglichen auch ihre Wirkung in der Welt der Empirie haben kann. Swift ist ein Beispiel hierfür. Und es mag auch einen Eindruck davon vermitteln, daß Literatur nicht nur dem schon literarisch Bewanderten erschließbar ist, sondern auch dem Laien, der zu aufmerksamer Lektüre bereit ist. Auch hierfür ist Swift ein Beispiel.

J. M.

[1] Die Anmerkungen der Übersetzer wurden im wesentlichen übernommen.

Literatur und Religion

Märchen von einer Tonne

DIE VORREDE.

Da die geistreichen Männer der Gegenwart so sehr zahlreich und scharfsinnig sind, scheinen die Großen in Kirche und Staat der grauenhaften Besorgnis zu verfallen, diese Herren möchten während einer langen Friedenszeit Muße finden, Löcher in die schwachen Seiten der Religion und der Regierung zu reißen. Das zu verhindern, hat man letzthin viel Gedankenarbeit auf gewisse Pläne verwandt, wie man Kraft und Schärfe dieser furchtbaren Forscher von der Untersuchung und Aufklärung so heikler Punkte abwenden könne. Endlich haben sie einen Plan erkoren, den in die Wirklichkeit umzusetzen einige Zeit wie auch einigen Kostenaufwand erfordern wird. Da sich nun inzwischen durch die Erhebung neuer Witzeskräfte, bewehrt (wie zu fürchten steht) mit Feder, Tinte und Papier, die sich innerhalb einer Stunde in Broschüren und andere Angriffswaffen zum sofortigen Sturm verwandeln lassen, die Gefahr stündlich steigert, so hat man es als unbedingt notwendig erachtet, auf ein schnelles Auskunftsmittel zu sinnen, bis der große Plan ausgereift ist. Zu diesem Zweck hat vor einigen Tagen in einem Komitee ein wißbegieriger und gebildeter Beobachter die wichtige Entdeckung mitgeteilt, daß Seeleute, wenn sie einem Walfisch begegnen, eine leere Tonne auswerfen, um das Tier zu zerstreuen und davon abzubringen, daß es etwa das Schiff gewaltsam anfalle. Diese Parabel wurde sofort mythologisch erklärt; der Walfisch ist Hobbes ›Leviathan‹, der mit allen Grundsätzen der Religion und der Regierung spielt; denn viele von ihnen sind hohl und trocken und leer, sie machen Lärm, sind hölzern und drehen sich immerfort; dies ist der ›Leviathan‹, dem die fruchtbaren geistreichen Männer der Gegenwart ihre Waffen entlehnen sollen. Das gefährdete Schiff wird man leicht als sein altes Gegenbild, den Staat, erkennen. Wie aber die Tonne zu definieren sei, darüber erhoben sich Schwierigkeiten; schließlich aber wurde nach langer Suche und Debatte der wörtliche Sinn gewahrt; und es wurde beschlossen, um diese Leviathane daran zu hindern, daß sie mit dem Staat (der schon an sich nur zu schwankend ist) spielen und Kurzweil treiben, sollten sie von diesem Spiel durch ein ›Märchen von der Tonne‹ abgelenkt werden. Und da man der Meinung war, daß meine Begabung nicht wenig in dieser Richtung liege, so wurde mir die Ehre zuteil, daß man mich mit dieser Aufgabe betraute.

Das ist die einzige Absicht bei der Veröffentlichung der folgenden Abhandlung, die, wie ich hoffe, jene unruhigen Geister ein paar Monate lang beschäftigen wird, bis jener große Plan vollkommen durchgearbeitet ist; doch scheint es mir angemessen, dem freundlichen Leser auch über diesen Plan einige Aufklärung zu geben.

Man hat die Absicht, eine große Akademie zu errichten, die neuntausendsiebenhundertunddreiundvierzig Menschen faßt; denn das ist nach mäßiger Schätzung die ungefähre Anzahl der geistreichen Leute auf dieser Insel. Die nun sollen in die verschiedenen Schulen dieser Akademie verteilt werden und dort den Studien obliegen, zu denen ihr Genius sie am meisten drängt. Der Unternehmer selbst wird seine Vorschläge in möglichster Bälde veröffentlichen, und ich verweise den neugierigen Leser in allen Einzelheiten auf diesen Prospekt, um hier nur ein paar der wichtigsten Schulen zu erwähnen. Zunächst wird eine päderastische Schule mit französischen und italienischen Lehrern vorhanden sein; dann die Buchstabierschule, ein sehr geräumiger Bau; die Schule der Spiegel; die Schule des Fluchens; die Schule der Kritiker; die Schule des Speichelflusses; die Schule der Steckenpferde; die Schule der Poesie; die Schule der Kreisel; die Schule der Hypochondrie; die Schule des Spiels nebst vielen andern, die aufzuzählen zu langweilig wäre. In keine dieser Schulen wird irgend jemand aufgenommen, der nicht ein von zwei zuständigen Personen unterschriebenes Attest dafür beibringt, daß er ein geistreicher Mann ist.

Um aber auf den Ausgangspunkt zurückzukommen. Ich kenne die wichtigste Pflicht einer Vorrede recht wohl: wenn nur mein Genius imstande wäre, sie zu erfüllen. Dreimal habe ich meine Phantasie gezwungen, die ganze Runde meiner Erfindungsgabe zu durchlaufen, und dreimal ist sie leer zurückgekehrt; denn meine Erfindungskraft ist durch den folgenden Traktat vollkommen erschöpft. Anders steht es bei meinen erfolgreicheren modernen Brüdern; die werden keine Vorrede oder Widmung vorüberschlüpfen lassen, ohne einen auffälligen Zug zu bringen, der den Leser gleich am Eingang überrascht und wundervolle Erwartung dessen weckt, was folgen soll. Ein sehr geistreicher Dichter zum Beispiel verglich sich, als er sein Gehirn um etwas Neues anflehte, mit dem Henker, seinen Gönner aber mit dem Gehängten: das war insigne, recens, indictum ore alio. Als ich jenes notwendige und edle Studium durchmachte, hatte ich das Glück, viele solcher ausgezeichneten Züge zu finden; und ich will die Verfasser nicht dadurch schädigen, daß ich sie umpflanze. Ich habe nämlich bemerkt, daß nichts so empfindlich ist wie ein moderner Witz, und daß nichts beim Transport so leicht leidet. Manche Dinge sind heute außerordentlich witzig, oder sie sind es bei nüchternem Magen, oder an dieser Stelle, oder um acht Uhr morgens, oder bei einer Flasche Wein, oder wenn Herr Wieheißtergleich sie sagt, oder auch an einem Sommermorgen; und durch die geringste Umstellung oder falsche Anwendung werden sie völlig vernichtet. So hat der Witz seine Wege und Waldpfade, von denen er nicht um Haaresbreite abweichen darf, wenn er nicht verloren gehn will. Die Modernen haben dieses Quecksilber mit vieler Kunst starr gemacht und es an Zeit, Ort und Person gebunden. Es gibt Scherze, die Covent-Garden nicht verlassen können; andre, die nur am Hyde Park Corner verständlich sind. Und wenn mich auch bisweilen der Gedanke schmerzlich berührt, daß all die schönen Stellen im folgenden Traktat mit dem ersten Wechsel des gegenwärtigen Schauplatzes ganz veralten und ihren Geschmack verlieren werden, so muß ich doch die Richtigkeit des gegenwärtigen Verfahrens anerkennen; denn ich kann mir nicht vorstellen, weshalb wir uns in Unkosten stürzen sollten, um kommenden Zeiten Witz zu liefern, da auch die vergangenen für uns keinerlei Vorräte aufgespeichert haben: damit spreche ich die Gesinnung der neusten und also der orthodoxesten Klügler und auch meine eigene aus. Da ich aber im höchsten Grade darauf bedacht bin, daß jeder gebildete Mensch, der an dem für diesen gegenwärtigen Monat August des Jahres 1697 berechneten Witz Gefallen findet, auch all dem Herrlichen im folgenden Traktat bis auf den Grund hinunter folgt, so halte ich es für angebracht, diesen allgemeinen Grundsatz aufzustellen: Wer als Leser den Wunsch hat, den Sinn eines Autors gründlich zu erfassen, kann nichts Besseres tun, als daß er sich in die Lebensverhältnisse und Lagen begibt, in denen der Verfasser sich bei allen wichtigen Stellen befand, während sie seiner Feder entflossen. Dadurch wird zwischen Leser und Verfasser ein Gleichgewicht, ein strenges Sichentsprechen der Gedanken hergestellt. Um nun den sorgfältigen Leser bei einer so heiklen Aufgabe zu unterstützen, soweit die Kürze es mir erlaubt, habe ich mich darauf besonnen, daß die scharfsinnigsten Stellen dieses Traktates fast alle in einer Bodenkammer im Bett erfunden wurden. Zu andern Zeiten hielt ich es (aus mir selbst am besten bekannten Gründen) für gut, meine Erfindungsgabe durch Hunger zu stärken; und allgemein gesprochen wurde das ganze Werk während einer langen Purganzkur und unter großem Geldmangel begonnen, fortgeführt und beendet. Nun behaupte ich, daß der redliche Leser ganz außerstande sein wird, mir an sehr vielen glänzenden Stellen zu folgen, wenn er nicht geruht, sich nach diesen Anweisungen instandzusetzen und vorzubereiten. Das stelle ich hier als mein wichtigstes Postulatum auf.

Da ich mich nun als ein sehr ergebener Diener aller modernen Formen bekannt habe, so fürchte ich, irgendein geistreicher Mann werde daraus einen Einwand wider mich ableiten, daß ich mich so tief in eine Vorrede verwickelt habe, ohne der Sitte gemäß wider die Fülle der Schriftsteller ein Geschrei zu erheben, über die sich die ganze Fülle der Schriftsteller mit soviel Recht beklagt. Ich habe gerade ein paar hundert Vorreden gelesen, in denen die Verfasser gleich zu Anfang von diesem ungeheuren Mißstand zu reden beginnen. Ich habe einige Beispiele aufgehoben und will sie hier niederschreiben, soweit mein Gedächtnis sie behalten vermochte.

Eine beginnt: »Wer sich zum Schriftsteller macht, während die Presse wimmelt von usw.«

Eine zweite: »Der Papierzoll vermindert die Zahl der Skribenten nicht, die die Welt tagtäglich verpesten usw.«

Eine dritte: »Wenn jeder Möchtegern zur Feder greift, ist es sinnlos, in die Schranken zu treten usw.«

Eine vierte: »Wer sieht, wieviel Schund in der Presse wimmelt, usw.«

Eine fünfte: »Geehrter Herr, nur um Ihrem Befehl nachzukommen, wage ich mich in die Öffentlichkeit; denn wer möchte aufgrund geringerer Erwägungen unter den Pöbel der Skribenten gehn, usw.«

Nun will ich zu meiner eigenen Verteidigung wider diesen Einwand zwei Worte sagen. Zunächst denke ich nicht daran, die Fülle der Schriftsteller als einen Schaden unserer Nation anzusehen; denn ich habe an verschiedenen Stellen des folgenden Traktats emsig das gerade Gegenteil behauptet. Zweitens verstehe ich nicht, wie dieses Vorgehn gerecht sein kann; denn ich habe beobachten können, daß viele dieser gebildeten Vorreden nicht nur aus derselben Hand stammen, sondern sogar von denen, die sich in ihren verschiedenen Erzeugnissen am wenigsten konzis erwiesen. Darüber will ich dem Leser eine kurze Geschichte erzählen.

Ein Marktschreier hatte auf den Leicester-Fields eine große Menge um sich versammelt. Unter andern schrie ein dicker ungeschlachter Bursche im Gedränge unaufhörlich: »Himmel, was für ein schmieriger Pöbel! Bitte, ihr guten Leute, macht doch ein wenig Platz. Verdammt, was für ein Satan hat diese Bande zusammengestopft! Kreuzdonnerwetter! Was für ein Drängen! Lieber Freund, nimm deinen Ellbogen fort!« Schließlich konnte ein ehrlicher Weber, der in seiner Nähe stand, nicht mehr an sich halten. »Die Pest soll dich holen«, sagte er, »du dicker Schmutzfink! Wer, in Teufels Namen, frag ich, macht das Gedränge auch nur halb so arg wie du? Merkst du denn nicht, zum Henker, daß du mit deinem Kadaver mehr Platz wegnimmst als fünf andre hier? Ist der Boden uns etwa verboten? Bring deinen Wanst auf einen vernünftigen Umfang und laß dich hängen, und dann will ich wetten, daß wir für uns alle Platz haben.«

Es gibt gewisse allgemeine Privilegien eines Schriftstellers, deren Nutzen, so hoffe ich, zu bezweifeln kein Grund sein wird; besonders soll man, wenn ich unverständlich werde, den Schluß ziehn, daß irgend etwas sehr Nützliches und Tiefes dahintersteckt, und ferner soll man annehmen, daß alle Worte oder Sätze, die gesperrt gedruckt sind, entweder an Witz oder Tiefe etwas ganz Außerordentliches enthalten.

Wenn ich es für angebracht hielt, mir hin und wieder oder niemals die Freiheit zu nehmen und mich selber zu loben, so bin ich überzeugt, daß das keiner Entschuldigung bedarf, zumal sich eine Fülle großer Vorbilder als ausreichende Entschuldigung darbieten. Denn es ist hier zu beachten, daß das Lob ursprünglich eine Pension war, die die Welt bezahlte; da aber die Modernen die Mühen und die Kosten der Eintreibung zu hoch fanden, so haben sie jüngst das Zinsgut losgekauft, und seit der Zeit steht das Präsentationsrecht ganz bei uns. Daher kommt es, daß der Schriftsteller, der sein eigenes Lob singt, eine ganz bestimmte Form anwendet, wenn er seinen Anspruch kund tut und verteidigt; es geschieht meist in diesen Worten: »Ich rede ohne Eitelkeit«, oder ähnlich; und diese Förmlichkeit beweist, daß es sich um eine Sache des Rechts und der Gerechtigkeit handelt. Nun erkläre ich ein für allemal, daß in jedem derartigen Fall in dem folgenden Traktat vorbesagte Form implicite gemeint ist. Ich erwähne das, um mir die Mühe zu ersparen, daß ich sie bei so vielen Gelegenheiten jedesmal wiederholen muß.

Es ist für mein Gewissen eine große Beruhigung, daß ich irgendeine so durchgearbeitete und nützliche Abhandlung ohne die geringste Beimischung von Satire geschrieben habe; das ist der einzige Punkt, in dem ich mir die Freiheit genommen habe, mich von den berühmten Schriftstellern unsrer Zeit und unsres Landes zu unterscheiden. Ich habe beobachtet, daß manche Satiriker das Publikum etwa so behandeln, wie Pedanten einen unartigen Knaben behandeln, der zur Strafe auf dem Holzbock reiten muß: zunächst wird die Sache verweisend erörtert; dann wird über die Notwendigkeit der Rute geredet, wenn die Herausforderung groß genug ist; und schließlich wird jeder Satz mit einem Hieb geschlossen. Wenn ich nun irgend etwas von den Menschen weiß, so könnten diese Herren sich ihren Tadel und ihre Züchtigung ersparen; denn es gibt in der ganzen Welt kein zweites so verhärtetes und empfindungsloses Glied, wie es der Hintere der Welt ist, ob man nun mit dem Fuß nach ihm trete oder die Birkenrute schwinge. Zudem scheinen die meisten unsrer jüngsten Satiriker in einem Irrtum zu leben, dem nämlich, daß, da die Nesseln das Vorrecht haben, zu brennen, auch alles andre Unkraut brennen muß. Ich ziehe diesen Vergleich keineswegs in der Absicht, diesen würdigen Schriftstellern zu nahe zu treten; denn es ist unter den Mythologen wohl bekannt, daß das Unkraut den Vorrang vor allem andern Grünzeug behauptet; und deshalb rodete auch der erste Monarch dieser Insel, dessen Geschmack und Urteilskraft so scharf und verfeinert waren, sehr weise die Rosen von der Ordenskette aus und pflanzte an ihre Stelle die Distel, denn sie ist von beiden die edlere Pflanze. Aus diesem Grunde vermuten die tieferen Altertumskenner, daß der satirische Hang, der in diesem Teil unsrer Insel so stark vorherrscht, zuerst über den Tweed zu uns kam. Hier möge er lange blühen und gedeihen; er möge die Verachtung der Welt mit ebensoviel Behagen und Geringschätzung überleben und mißachten, wie die Welt sich nicht um seine Streiche kümmert. Ihr eigener Stumpfsinn oder der ihrer Partei schrecke die Schriftsteller nicht von weiteren Versuchen ab; doch sie mögen nicht vergessen, daß es mit geistreichen Leuten wie mit den Rasiermessern geht: sie schneiden die, an denen sie arbeiten, nie so leicht, wie wenn sie ihre Schärfe eingebüßt haben. Außerdem sind jene, deren Zähne zu sehr verfault sind, um noch zu beißen, von allen am meisten befähigt, diesen Mangel durch ihren Atem auszugleichen.

Ich bin nicht wie andre Menschen, daß ich die mir unerreichbaren Talente neidisch verfolgen oder unterschätzen müßte; aus diesem Grunde muß ich dieser großen Sekte unter den englischen Schriftstellern hohe Ehre erweisen. Und ich hoffe, dieser kleine Panegyrikus werde ihren Ohren nicht zuwider sein, zumal er den Vorzug hat, nur für sie selber bestimmt zu sein. Wahrlich, die Natur hat es so eingerichtet, daß Ehre und Ruhm durch die Satire wohlfeiler zu erkaufen sind als durch irgendwelche andern Erzeugnisse des Gehirns; denn die Welt wird durch Hiebe am schnellsten zum Lobe angestachelt, genau wie die Menschen zur Liebe. Ein alter Autor stellt das Problem auf, weshalb Widmungen und andre Schmeicheleien sich stets in schalen, schimmligen Thematen ergehen, ohne daß je irgend etwas Neues die geringste Tönung dazu gibt; und zwar nicht nur zur Qual und zum Ekel des einzelnen christlichen Lesers, sondern auch (wenn man sie nicht schnellstens eindämmt) zum allgemeinen Schaden, dieweil sie jene

Seuche, die Lethargie, in dieser Insel verbreiten; wohingegen es wenig Satire gibt, die nicht irgend etwas enthielte, was zuvor noch nicht berührt worden ist. Die Mängel jener werden in der Regel dem Mangel an Erfindungsgabe unter denen zur Last geschrieben, die mit solcher Ware handeln; mir scheint aber, daß das zu einem großen Teil ungerecht ist; die Lösung dürfte sich einfach und natürlich ergeben, denn da die Themata des Lobes wenig zahlreich sind, so sind sie längst erschöpft. Wie die Gesundheit nur ein Ding ist und es von jeher war, und wie die Krankheiten, nicht gerechnet den neuen und täglichen Zuwachs, nach Tausenden zählen, so lassen sich auch alle Tugenden, die es jemals unter den Menschen gegeben hat, an ein paar Fingern herzählen; aber die Narrheiten und Laster sind ohne Zahl, und mit jeder Stunde mehrt die Zeit den Haufen noch. Nun ist es schon das Äußerste, was ein armer Dichter tun kann, daß er eine Liste der Kardinaltugenden auswendig lernt und sie einem Helden oder seinem Gönner mit höchster Freigebigkeit zuweist; er mag sie noch so viel umstellen und seine Phrasen variieren, bis es nicht mehr möglich ist: der Leser erkennt gar schnell, daß es alles Schweinefleisch ist, nur durch ein wenig Sauce unterschieden. Denn es ist unmöglich, über die Zahl unsrer Begriffe hinaus Kunstausdrücke zu erfinden; und wenn unsre Begriffe erschöpft sind, so sind es auch die Kunstausdrücke. Aber wäre auch der Stoff für die Lobreden ebenso ausgedehnt wie die Themen der Satire, so wäre es doch immer noch nicht schwer, einen zureichenden Grund dafür zu finden, daß die Satire stets besser aufgenommen wird als das Lob. Denn da das Lob nur einem einzelnen erteilt wird, oder höchstens gleichzeitig einigen wenigen, so weckt es sicherlich Neid, und also entlockt es den andern, die keinen Anteil an dem Segen haben, üble Worte. Die Satire aber, die sich gegen alle richtet, wird nie von einzelnen als Schimpf empfunden, da jeder einzelne sich erkühnt, sie nur auf andre zu beziehn, und seinen eignen Anteil der Last auf die Schultern der Welt abwälzt, die breit und stark genug sind, sie zu tragen. In dieser Hinsicht habe ich bisweilen über den Unterschied zwischen Athen und England nachgedacht. Im attischen Staat war es das Privilegium und das angeborene Recht eines jeden Bürgers und Dichters, laut und öffentlich eine jede Persönlichkeit unter Namensnennung zu verhöhnen und auf der Bühne bloßzustellen, und mochte sie auch die größte Rolle spielen und Kreon, Hyperbolos, Alkibiades oder Demosthenes heißen; auf der andern Seite aber wurde das geringste verächtliche Wort gegen das Volk im allgemeinen sofort aufgegriffen und an den Verfassern gerächt, wie hoch sie auch durch Geburt oder durch Verdienste stehn mochten. In England aber ist es gerade umgekehrt. Hier darf man in aller Ruhe gegen die Menschheit vor aller Welt die höchste Beredsamkeit entfalten; man darf den Leuten sagen: sie seien sämtlich in die Irre gegangen, es gebe niemanden, der Gutes tue; wir leben in der Hefe aller Zeiten; Halunkerei und Atheismus seien epidemisch wie die Pocken und die Ehrlichkeit sei mit Astraea entflohen, nebst andern ebenso neuen wie beredten Gemeinplätzen, die die splendida bilis liefert. Und wenn man fertig ist, so wird das ganze Auditorium, statt beleidigt zu sein, einem danken als dem Verkünder kostbarer und nützlicher Wahrheit. Ja, noch mehr, man bringt nichts als seine Lungen in Gefahr, und man darf in Covent Garden wider Modeputz und Hurerei und einiges andre predigen; in White Hall wider den Hochmut, die Verstellung und die Bestechlichkeit; man kann Raub und Ungerechtigkeit in den Richterkollegien bloßstellen und von einer städtischen Kanzel herab, so wild wie man will wider Habgier, Heuchelei und Erpressung eifern: das ist nur ein Ball, den man hin und her wirft, und jedermann trägt einen Schläger bei sich, um den Ball von sich abzuschlagen und unter die andern zu werfen. Wollte dagegen einer das Wesen der Dinge so weit verkennen, öffentlich auch nur eine einzige Andeutung darüber fallen zu lassen, daß derundder die Hälfte der Flotte dem Hungertod weihte und den Rest vergiftete; darüber, daß derundder aufgrund der Prinzipien echter Liebe und Ehre keinerlei Schulden bezahlt, es sei denn für Dirnen und Spielverluste; darüber, daß Paris, von Venus und Juno bestochen,[1] dieweil er keine der beiden Parteien verletzen möchte, den ganzen Prozeß auf dem Richterstuhl verschlief; oder darüber, daß derundder Redner im Parlament wohldurchdachte, wenig sinnvolle und zwecklose Reden hält; wollte sich einer, so sage ich, erkühnen, in dieser Weise ins Einzelne zu gehen, so muß er erwarten, wegen eines Scandalum magnatum ins Gefängnis zu wandern, eine Anklageschrift zu erleben, wegen Verleumdung belangt und vor die Schranken des Hauses geschleppt zu werden.

Doch ich vergesse, daß ich mich weitläufig über ein Thema auslasse, das mich nichts angeht, da ich weder Talent noch Neigung zur Satire besitze. Andrerseits bin ich so völlig mit dem ganzen gegenwärtigen Lauf der menschlichen Dinge zufrieden, daß ich mehrere Jahre lang Stoff zu einem ›Panegyrikus auf die Welt‹ gesammelt habe; ihm denke ich einen zweiten Teil folgen zu lassen, der den Titel führt: »Eine bescheidene Verteidigung der Handlungsweise des Pöbels aller Zeiten.«

[1] Paris der Richter, bestochen von Liebe und Geld (Juno).

Beide Schriften wollte ich ursprünglich als Anhang hinter der folgenden Abhandlung drucken; doch da ich sehe, daß mein Gemeinplatzsammelbuch sich weit langsamer füllt, als ich zu erwarten Grund hatte, so habe ich es vorgezogen, sie für eine andre Gelegenheit aufzusparen. Außerdem hat mich an jenem Vorhaben ein häusliches Unglück gehindert; obwohl es jedoch sehr zeitgemäß wäre und ganz der modernen Art entspräche, den freundlichen Leser in alle Einzelheiten dieses Unglücks einzuweihen, und obwohl eine solche Einweihung auch sehr dazu beitragen könnte, dieser Vorrede die jetzt übliche Länge zu geben, denn der Regel nach sollte die Vorrede im Verhältnis um genau so viel dicker sein als der folgende Band dünner ist – so will ich doch den ungeduldigen Leser nicht länger in der Vorhalle warten lassen, und nachdem ich seinen Geist durch eine einleitende Abhandlung genügend vorbereitet haben werde, will ich ihn mit Freuden in die herrlichen Geheimnisse einführen, die dann folgen werden.

ERSTER TEIL.

EINLEITUNG.

Wer den Ehrgeiz hat, sich in einer Menge Gehör zu erschaffen, muß mit unermüdlicher Mühe drängen und drücken und stoßen und klettern, bis er sich zu einer gewissen Höhe über sie erhoben hat. Nun kann man bei allen Versammlungen, man mag sie noch so eng zusammenkeilen, beobachten, daß über den Köpfen Raum genug ist; die Schwierigkeit ist nur, wie man ihn erreichen soll; denn es ist ebenso schwer, aus der großen Zahl zu entrinnen wie aus der Hölle.

. . . . evadere ad auras,
Hoc opus, hic labor est.

Zu diesem Zweck haben die Philosophen aller Zeiten den Ausweg eingeschlagen, daß sie gewisse Gebäude in die Luft hinein bauten; aber wie sehr solche Bauten früher auch in Brauch und Ruf standen und vielleicht sogar noch heute stehn, selbst jenen des Sokrates nicht ausgenommen, der sich in einem Korb hochwinden ließ, um seiner Betrachtung zu Hilfe zu kommen, so scheint mir in aller Unterwürfigkeit doch, daß sie unter zwei Unbequemlichkeiten leiden. Erstens liegen die Fundamente zu hoch, und daher sind sie oft außer Seh- und stets außer Hörweite. Zweitens aber sind die Materialien sehr vergänglich, und daher hatten sie viel von der Unbill der Luft zu leiden, zumal in diesen nordwestlichen Regionen.

Deshalb bleiben, um dieses große Werk durchzuführen, nur drei Methoden, die mir denkbar scheinen; und da die Weisheit unsrer Vorfahren sich dessen in hohem Grade bewußt war, hat sie es, um alle strebsamen Abenteurer zu ermutigen, für gut befunden, drei hölzerne Gerüste zum Gebrauch jener Redner zu errichten, die ohne Unterbrechung lange reden wollen. Es sind die Kanzel, die Leiter und die Wandertribüne. Denn was die Gerichtsschranken angeht, so kann man sie, obwohl sie aus demselben Material bestehen und zum selben Zweck bestimmt sind, doch nicht eigentlich als viertes ehren; denn ihre tiefere und ebene Lage setzt sie beständiger Unterbrechung von den Seiten her aus. Selbst der Richtertisch kann, obwohl er bis zu einem gebührenden Grade aufgehöht ist, keinen besseren Anspruch machen, was seine Fürsprecher auch sagen mögen; denn wenn sie nur einmal untersuchen wollen, welches die ursprüngliche Absicht dieser Aufhöhung war und welche Einzelheiten oder Nebendinge bei dieser Absicht mitsprachen, so werden sie bald anerkennen, daß der gegenwärtige Brauch genau der ursprünglichen Einrichtung entspricht und daß beide zu der Etymologie des Namens stimmen, der in der phönizischen Sprache ein Wort von tiefer Bedeutung ist; er bezeichnet nämlich in buchstäblicher Deutung den Ort des Schlafes, im gewöhnlichen Sinn jedoch einen gut gepolsterten und mit Kissen versehenen Sitz für die Ruhe alter und gichtischer Glieder: senes ut in otia tuta recedant. Das Schicksal ist ihnen diese Vergeltung schuldig, daß sie, wie sie früher lange redeten, während andre schliefen, jetzt lange schlafen dürfen, während andre reden.

Wenn mir aber auch keine andern Gründe dafür einfielen, die Schranken und den Richtersitz aus der Liste der Rednergerüste auszuschließen, so würde es schon völlig genügen, daß ihre Zulassung eine Zahl stören würde, die ich aufzustellen entschlossen war, welche Beweisführung es mich auch kosten mochte. Damit ahme ich jene kluge Methode vieler andrer Philosophen und großer Gelehrter nach, deren Hauptkunst in der Einteilung darin bestand, daß sie sich in irgendeine schöne mystische Zahl verliebten, die ihre Phantasie heilig machte, und zwar bis zu einem solchen Grade, daß sie den gewöhnlichen Verstand zwingen, sie in jedem Teil der Natur wiederzufinden; sie zwingen und schachteln und gießen jedes Genus und jede Species in ihre Grenzen hinein, indem sie einige wider ihren Willen paaren und andre, es koste was es wolle, daraus verbannen. Nun ist unter all den andern die tiefe Zahl DREI diejenige, die meine erhabenen Spekulationen am meisten beschäftigt hat, und zwar stets unter wunderbaren Entzückungen. Eben jetzt ist eine panegyrische Abhandlung von mir über diese Zahl in der Presse (und sie wird im nächsten Quartal erscheinen); darin habe ich durch die überzeugendsten Beweise nicht nur die Sinne und die Elemente unter ihr Banner gezwungen, sondern auch von ihren beiden großen Rivalen SIEBEN und NEUN mehrere Deserteure herübergelockt.

Nun ist das erste dieser Rednergerüste, sowohl der Reihenfolge wie der Würde nach, die Kanzel. Der Kanzeln gibt es auf dieser Insel mehrere Arten; ich schätze aber nur die aus dem Holz der Sylva Caledonia, die sich sehr gut mit unserm Klima verträgt. Wenn dieses Holz kurz vor dem Morschen steht, so ist das sowohl für die Klangwirkung wie auch aus andern, bald zu erwähnenden Gründen von Vorteil. In Größe und Form hängt meiner Meinung nach der Grad der Vollkommenheit von möglichster Enge und Schmucklosigkeit ab; am besten ist sie ohne Dach (nach einer alten Regel sollte sie in jeder Versammlung, in der sie mit Recht benutzt wird, der einzige unbedeckte Sitz sein), denn so wird sie vermöge ihrer nahen Ähnlichkeit mit einem Schandpfahl stets gewaltige Wirkung auf die Ohren der Menschen üben.

Von den Leitern will ich nicht reden; selbst Ausländer haben zur Ehre unsers Landes bemerkt, daß wir in unserm Brauch und unserm Verständnis für dieses Gerüst alle andern Nationen übertreffen. Die aufklimmenden Redner verpflichten nicht nur ihr Auditorium während der angenehmen Rede, sondern auch die ganze übrige Welt, indem sie ihre Reden baldmöglichst veröffentlichen; denn in ihnen sehe ich den erlesensten Schatz unsrer britischen Beredsamkeit; und ich höre, jener würdige Bürger und Buchhändler, Herr John Dunton, hat von ihnen eine treue und mühsame Sammlung veranstaltet, die er in Kürze in zwölf mit Kupfern illustrierten Foliobänden zu veröffentlichen gedenkt: ein im höchsten Grade nützliches und eigenartiges und einer solchen Hand in jeder Hinsicht würdiges Werk.

Das letzte Rednergerüst ist die Wandertribüne[1], die mit großem Scharfsinn sub Jove pluvio, in triviis et quadriviis errichtet wird. Sie ist der große Lehrstuhl der beiden andern, und ihre Redner werden bald den einen, bald den andern vorgezogen, je nach ihren Verdiensten, denn es besteht zwischen allen dreien ein strenger und beständiger Verkehr.

[1] Die des Marktschreiers und Quacksalbers.

Aus dieser genauen Darlegung erhellt, daß, um in der Öffentlichkeit Gehör zu erlangen, notwendig eine erhöhte Stellung erforderlich ist. Aber obwohl dieser Punkt allgemein anerkannt wird, herrscht doch in bezug auf die Gründe nur wenig Übereinstimmung: und mir scheint, daß nur sehr wenig Philosophen eine der Wahrheit entsprechende, natürliche Erklärung für diese Erscheinung gefunden haben. Die tiefste Erklärung und die am besten verdaute von allen, denen ich je begegnet bin, ist diese: da die Luft ein schwerer Körper ist und also (nach dem System des Epikur) beständig niedersinkt, so muß sie noch um so schwerer sein, wenn sie mit Worten beladen ist und von ihnen niedergedrückt wird; denn auch sie sind Körper von großem Gewicht und gewaltiger Schwerkraft, wie es erhellt aus dem tiefen Eindruck, den sie auf uns machen und in uns hinterlassen; und also müssen sie aus gebührender Höhe gesprochen werden, weil man sie sonst nicht genau auf ihr Ziel richten kann und sie selbst nicht mit der genügenden Kraft zu Boden fallen.

CORPOREAM QUOQUE ENIM VOCEM CONSTARE FATENDUM EST, ET SONITUM, QUONIAM POSSUNT IMPELLERE SENSUS. LUCRETIUS, LIB. 4.

Und ich bin um so eher bereit, dieser Vermutung beizustimmen, als in den verschiedenen Versammlungen dieser Redner die Natur selber die Hörer lehrt, mit offenem und zu einer Parallele des Horizonts erhobenem Munde dazustehn, so daß eine Senkrechte vom Zenith nach dem Mittelpunkt der Erde ihn scheidet. Wenn das Auditorium in dieser Stellung recht dicht gedrängt steht, so trägt ein jeder etwas nach Hause, und wenig oder nichts geht verloren.

Ich gebe zu, daß unsre modernen Theater in Anlage und Bau noch mehr verfeinert sind. Denn erstens liegt das Parterre tiefer als die Bühne, was der oben nachgewiesenen Einrichtung entspricht; und so oft von oben herab gewichtige Dinge geredet werden (seien sie nun Blei oder Gold) so fallen sie, plumps, gewissen Kritikern (so, denke ich, nennt man sie) zwischen die Kiefer, die weit auseinander gesperrt sind, um sie zu verschlingen. Dann sind rings aus Rücksicht für die Damen in gleicher Höhe mit der Bühne die Logen angelegt; denn jener große Vorrat an Witz, der aufgewandt wird, um ein Kitzel zu wecken, läuft, wie man beobachtet hat, ziemlich stets in gleicher Höhe und immer im Kreise. Die winselnden Leidenschaften und kleinen, verhungerten Einfälle wellen vermöge ihrer eigenen Leichtigkeit sanft in die mittlere Region empor und erstarren und gefrieren am eisigen Verstand ihrer Bewohner. Bombast und Hanswursterei, die von Natur luftig und leicht sind, schwingen sich von allem am höchsten empor, und sie würden sich im Dach verlieren, wenn nicht der kluge Baumeister für sie in trefflicher Erkenntnis einen vierten Platz, der die Zehngroschengalerie genannt wird, vorgesehen und eine passende Kolonie dorthin verpflanzt hätte, die sie in ihrem Fluge gierig auffangen.

Nun enthält dieses physiko-logische System der Rednerbehältnisse oder Gerüste ein großes Geheimnis; denn es ist ein Typus, ein Zeichen, ein Emblem, ein Schatten, ein Symbol, das dem geräumigen Staat der Schriftsteller und den Methoden entspricht, durch die sie sich zu einer bestimmten Höhe über die untere Welt erheben müssen. Durch die Kanzel werden die Schriften unsrer modernen Heiligen in Großbritannien schattenhaft angedeutet, wie sie sie aus der Spreu und der Roheit der Sinne und der menschlichen Vernunft heraus vergeistigt und destilliert haben. Das Material ist, wie wir schon sagten, vermorschtes Holz, und zwar aus zwei Gründen; erstens ist es eine Eigentümlichkeit morschen Holzes, im Dunkeln zu leuchten, und zweitens stecken all seine Höhlungen voller Würmer; und das ist ein Symbol mit zwei Handhaben, denn es entspricht den beiden Haupteigenschaften des Redners und den beiden verschiedenen Schicksalen, die seiner Werke harren[1].

Die Leiter ist ein passendes Symbol für die Parteisucht und die Dichtung, denen beiden eine so stolze Anzahl von Schriftstellern ihren Ruhm verdankt. Für die Parteisucht, weil

(Lücke im Manuskript)

,für die Dichtung, weil ihre Redner mit einem Liede ›perorant‹; und weil das Verhängnis sie, wenn sie langsam emporklimmen, sicherlich abwirft, ehe sie noch der Spitze bis auf wenige Sprossen nahe kamen; und schließlich, weil sie eine Beförderung bedeutet, die erreicht wird durch Übertragung des Eigentums und durch die Verwechslung des meum und tuum.

Mit der Wandertribüne sind jene Erzeugnisse gemeint, die bestimmt sind für das Vergnügen und das Entzücken des sterblichen Menschen, als da sind: Groschenwitze, Westminsterulke, köstliche Märchen, vollkommene Spaßmacher und dergleichen Dinge mehr, durch die die Schriftsteller der Grub Street in unserm Jahrhundert so stolz über die Zeit triumphierten, der sie die Flügel beschnitten, die Nägel kappten, die Zähne abfeilten, das Stundenglas umstießen, die

[1] Inneres Licht und ein Kopf voller Würmer: die Bücher werden verbrannt oder von den Würmern gefressen.

Sense stumpf machten und die Zwecken aus den Schuhen zogen. Unter diese Klasse maße ich mir an, auch den gegenwärtigen Traktat einzureihen, da ich erst eben die Ehre hatte, als Mitglied unter jene erlauchte Brüderschaft aufgenommen zu werden.

Nun ist es mir nicht unbekannt, daß die Erzeugnisse der Grub-Street-Brüderschaft[1] in den letzten Jahren unter allerlei Vorurteilen zu leiden hatten und daß zwei junge, emporgekommene Gesellschaften beständig bemüht waren, sie und ihre Schriftsteller als ihrer fest gegründeten Stellung in der Republik des Witzes und der Gelehrsamkeit unwürdig lächerlich zu machen. Ihr eigenes Gewissen wird ihnen leicht sagen, wen ich meine; auch ist die Welt als Zuschauer nicht so nachlässig gewesen, daß sie nicht gleichfalls bemerkt hätte, welche beständigen Anstrengungen die Kreise Greshams und Wills gemacht haben, sich einen Namen und einen Ruf auf den Trümmern des unsern aufzubauen[2]. Und dies trifft uns um so schmerzlicher sowohl in unserm Herzen wie in unsrer Rechtsempfindung, wenn wir ihr Verfahren nicht nur als ungerecht, sondern auch als undankbar, pflichtwidrig und unnatürlich ansehn. Denn wie kann die Welt oder können sie selbst es vergessen (von unserm eigenen Gedenken, das in diesem Punkt voll und deutlich spricht, ganz abgesehen), daß beide Pflanzschulen sind, die wir nicht nur säten, sondern auch bewässerten? Ich höre, unsre beiden Rivalinnen haben jüngst den Vorschlag gemacht, mit vereinten Kräften in die Schranken zu treten und uns zu einem Büchervergleich, sowohl nach Gewicht wie Anzahl, herauszufordern. Darauf gebe ich (mit Erlaubnis unsres Präsidenten) in aller Demut zwei Antworten; erstens sagen wir: der Vorschlag gleicht jenem, den Archimedes in einer geringeren Sache machte: er schließt in der Durchführung eine Unmöglichkeit ein; denn wo wollen sie Waagen finden, die das Gewicht zu messen vermöchten, und wo einen Rechenkünstler, der die Zahl zählen könnte? Zweitens sind wir bereit, die Herausforderung anzunehmen, doch nur unter der Bedingung, daß eine dritte unparteiische Persönlichkeit bezeichnet wird, deren unbeeinflußtem Urteil die Entscheidung darüber anheimgestellt wird, welcher Gesellschaft jedes Buch, jede Abhandlung und jede Broschüre am ehesten angehört. Denn darüber herrscht, weiß Gott, gegenwärtig keinerlei Klarheit; und wir sind bereit, eine Liste über mehrere Tausend aufzustellen, die

[1] Grub Street die Gasse der Boheme im damaligen London, bewohnt von dürftigen Schriftstellern, Gassenhauerdichtern etc.

[2] Gresham College, Versammlungsort der Königlichen Gesellschaft der Wissenschaften Wills Kaffeehaus, Covent Carden, Sammelplatz der Dichter.

nach allem Recht unsrer Brüderschaft zugeschrieben werden müßten, die aber von den rebellischen und neumodischen Schriftstellern in höchst verräterischer Weise den andern beigezählt werden. Wir halten es für höchst unvereinbar mit unsrer Vorsicht, die Entscheidung darüber den Verfassern selber zu überlassen, da unsre Gegner durch Intrigen und Kabalen einen so allgemeinen Abfall von unsrer Partei herbeigeführt haben, daß bereits der größere Teil von uns zu ihnen übergegangen ist; ja, unsre nächsten Freunde beginnen schon, beiseite zu treten, als schämten sie sich halbwegs, sich zu uns zu bekennen.

Mehr über dieses unangenehme und melancholische Thema zu sagen, bin ich nicht ermächtigt, denn wir haben eine starke Abneigung dagegen, einen Streit, dessen Fortdauer für unser aller Interessen so verhängnisvoll ist, noch anzufachen, sondern wünschen vielmehr, daß die Dinge in Güte beigelegt werden. Wir unsrerseits wollen den andern so weit entgegenkommen, als wir bereit sind, die beiden verlorenen Söhne mit offenen Armen wieder aufzunehmen, sobald sie es für angebracht halten, von ihren Trebern und Huren nach Hause zurückzukehren. Und nach dem gegenwärtigen Gang ihrer Studien, scheint mir, kann man mit vollem Recht bereits sagen, daß sie schon dabei sind; und gleich einem nachsichtigen Vater bewahren wir ihnen unsre Liebe und unsern Segen auf.

Doch die schlimmste Lähmung des allgemeinen Eingangs, den die Schriften unsrer Gesellschaft früher fanden, ist (nächst der Vergänglichkeit aller Dinge unter dem Monde) der Hang zur Oberflächlichkeit unter vielen Lesern der Gegenwart, die sich nicht wollen überreden lassen, unter die Oberfläche und Rinde der Dinge vorzudringen; während doch die Weisheit ein Fuchs ist, der einem nach langer Jagd auch noch die Mühe macht, daß man ihn ausgraben muß. Sie ist ein Käse, der, je fetter er ist, auch eine um so dickere, derbere und gröbere Rinde hat, während für einen urteilsfähigen Gaumen die Maden das Beste an ihm sind. Sie ist ein Sektmolken: je tiefer man trinkt, um so süßer wird er. Die Weisheit ist eine Henne, deren Gackern wir schätzen und beachten müssen, weil es von einem Ei begleitet wird; schließlich aber ist sie eine Nuß: wenn man nicht mit Verstand auswählt, so kann sie einen einen Zahn kosten und belohnt einen nur mit einem Wurm. Infolge dieser gewichtigen Wahrheiten haben die Grubäischen Weisen es sich stets zur Regel gemacht, ihre Lehren und ihre Künste im Gefährt der Symbole und Fabeln verschlossen zu übermitteln; und da sie sie vielleicht sorgfältiger und merkwürdiger ausschmücken wollten, als unbedingt notwendig war, so ist es diesen Fahrzeugen ergangen, wie es allzuschön bemalten und vergoldeten Kutschen immer geht: dem flüchtigen Zuschauer ist das Auge so geblendet, und ihre Phantasie ist von dem äußeren Glanz so angefüllt, daß sie weder die Erscheinung noch die Begabung des Eigentümers im Innern mehr beachten noch erwägen: ein Mißgeschick, dem wir uns ein wenig weniger widerstrebend fügen, als wir es mit Pythagoras, Aesop, Sokrates und andern unsrer Vorgänger teilen.

Auf daß jedoch weder die Welt noch wir selber länger durch solche Mißverständnisse leiden, so habe ich mich nach vielem Drängen meiner Freunde bewegen lassen, eine vollständige und mühsame Abhandlung über die vornehmsten Erzeugnisse unsrer Gesellschaft einzufügen; die enthalten, abgesehen von ihrem schönen Äußern, das bestimmt ist zur Befriedigung oberflächlicher Leser, dunkel und tief in sich selber verborgen, die vollendetsten und durchgebildetsten Systeme aller Wissenschaften und Künste; und ich zweifle nicht, daß ich sie durch ein Entwirren oder Aufwinden klar legen werde, indem ich sie entweder vermöge des Ausschöpfens zu Tage fördere oder vermöge eines Einschnitts enthülle.

Dieses große Werk wurde vor einigen Jahren begonnen, und zwar von einem unsrer hervorragendsten Mitglieder; er begann mit der Geschichte Reinekes, des Fuchses, doch erlebte er weder die Veröffentlichung seines Versuchs, noch konnte er sein so nützliches Unternehmen fortsetzen. Das ist sehr zu beklagen, weil die Entdeckung, die er machte und seinen Freunden mitteilte, heute allgemein anerkannt ist; auch glaube ich nicht, daß irgendeiner der Gelehrten behaupten wird, die berühmte Abhandlung sei etwa nicht ein vollständiger Corpus aller Laienwissenschaft und die Offenbarung oder besser, die Apokalypse aller Arcana. Der Fortschritt aber, den ich gemacht habe, ist weit größer; denn ich habe bereits meine Anmerkungen zu mehreren Dutzend beendet; und aus einigen will ich dem redlichen Leser ein paar Andeutungen geben, soweit es nämlich für das Verständnis der Schlußfolgerung nötig sein wird, auf die ich lossteuere.

Das erste Werk, das ich behandelt habe, ist die Geschichte Däumlings, deren Verfasser ein pythagoräischer Philosoph war. Diese dunkle Abhandlung enthält das ganze System der Seelenwanderung, indem es die Reise der Seele durch all ihre Phasen beschreibt.

Das nächste ist der Doktor Faust, geschrieben von Artephius, einem Autor bonae notae und einem Adeptus; er veröffentlichte es im neunhundertvierundachtzigsten Jahre seines Lebens; dieser Schriftsteller befolgt das Verfahren der Reinkrudation oder das der via humida; und die Hochzeit zwischen Faust und Helena erläutert aufs deutlichste die Gärung des männlichen und weiblichen Drachens.

Whittington und seine Katze ist das Werk jenes geheimnisvollen Rabbi Jehuda Hannasi; es enthält eine Verteidigung der Gemara der jerusalemitischen Mischna und legt im Gegensatz zur verbreiteten Anschauung dar, wie sehr sie vor der Babylons den Vorzug verdient.

Die Hindin und der Panther. Dies ist das Meisterwerk eines berühmten, noch lebenden Schriftstellers, gedacht als vollständiger Abriß der Lehre von sechzehntausend Begründern von Schulen, von Scotus an bis zu Bellarmin.

Tömmchen Potts. Ein weiteres Werk, das vermutlich von der gleichen Hand stammt und jenes erste fortsetzt.

Die Weisen von Schilda, cum appendice. Dies ist eine Abhandlung von unermeßlicher Gelehrsamkeit, denn es ist der große Ursprung und Quell all jener Argumente, die in Frankreich wie in England vorgebracht werden, um die Gelehrsamkeit und den Witz der Modernen wider die Anmaßung, den Hochmut und die Unwissenheit der Alten zu verteidigen. Der unbekannte Verfasser hat den Gegenstand so sehr erschöpft, daß ein scharfsichtiger Leser leicht erkennen wird, wie sehr alles, was seither über diese Streitfrage geschrieben wurde, nur Wiederholung ist. Ein kurzer Abriß dieser Abhandlung ist jüngst von einem würdigen Mitglied unsrer Gesellschaft veröffentlicht worden.

Diese Notizen werden dem gelehrten Leser vielleicht eine Vorstellung und einen Vorgeschmack davon geben, was vermutlich das ganze Werk bringen wird; denn ich habe all mein Denken und meine Studien jetzt in ihm umrissen, und wenn ich es vollenden kann, bevor ich sterbe, so werde ich den Rest eines unglücklichen Lebens für wohl angewendet halten. Es ist das freilich mehr, als ich vernüftigerweise von einem Federkiel erwarten kann, der im Dienste des Staates bis auf die Seele abgeschrieben wurde: nämlich in Pros und Contras über papistische Umtriebe, Mehlfässer und Ausschlußgesetze und über passiven Gehorsam, in Adressen über Leben und Habe, Kronrecht und Eigentum und Gewissensfreiheit und in Briefen an einen Freund; es ist mehr, als ich erwarten kann von einem Verstand und Bewußtsein, die fadenscheinig und zerfetzt geworden sind durch beständiges Hin- und Herwenden: von einem Kopf, der an tausend Stellen durch die Bosheit gegnerischer Parteien durchlöchert ist; und von einem Körper, der zugrunde gerichtet wurde von schlecht verheilten Pocken und vom Vertrauen auf Kuppler und Ärzte, die (wie sich später herausstellte) meine und der Regierung eingestandene Feinde waren und die ihren Parteihaß an meiner Nase und meinen Schienbeinen ausließen. Einundneunzig Broschüren habe ich unter drei Regierungen geschrieben und im Dienste von sechsunddreißig Parteien. Da ich aber sehe, daß der Staat ferner mich und meine Feder nicht mehr nötig hat, so ziehe ich mich gern zurück, um sie für Spekulationen zu benutzen, die einem Philosophen besser anstehn; denn ich habe zu meinem unaussprechlichen Trost ein langes Leben mit einem jeder Schuld baren Gewissen hinter mir.

Um aber wieder zur Sache zu kommen, so bin ich überzeugt, daß die kurze Probe, die ich gegeben habe, für den redlichen Leser auch all die andern Erzeugnisse unsrer Gesellschaft von den Verleumdungen reinigen wird, die, wie klärlich erhellt, nur aus Neid und Unwissenheit ausgestreut worden sind, als wären sie für die Menschheit von keinem andern Wert oder Nutzen außer dem, daß sie durch ihren Witz oder ihren Stil unterhalten; denn Witz und Stil ist ihnen, dessen bin ich gewiß, selbst von unsern schärfsten Gegnern noch niemals abgestritten worden; und in beiden Dingen bin ich, genau wie in den tieferen und mystischeren Seiten durch diese ganze Abhandlung hin den anerkanntesten Originalen genau gefolgt. Und um alles ganz zu vervollkommnen, so habe ich es mit großer Überlegung und viel geistiger Mühe so eingerichtet, daß der Haupttitel, der ihr vorangestellt ist (ich meine den, der sie in den Gesprächen des Hofes und der Stadt bezeichnen soll), genau der unsrer Gesellschaft eigenen Weise nachgeahmt wurde.

Ich gestehe, daß ich mit den Titeln ein wenig freigebig gewesen bin, denn ich habe beobachtet, daß es unter gewissen Schriftstellern, die ich im höchsten Grade verehre, Brauch ist, ihrer so viel zu geben wie nur möglich. Und es scheint mir in der Tat nicht unangemessen zu sein, daß auch Bücher, die Kinder des Gehirns, die Ehre genießen, mit einer Vielheit von Namen getauft zu werden, genau wie andre Kinder aus gutem Hause. Unser berühmter Dryden ist noch einen Schritt weiter gegangen, indem er sich bemühte, auch eine Vielheit von Gottvätern einzuführen, und das ist eine Neuerung, die aus sehr handgreiflichen Gründen von noch weit größerem Nutzen ist. Es ist schade, daß diese wundervolle Entdeckung nicht mehr gepflegt worden ist, so daß sie mittlerweile allgemeine Nachahmung fände, zumal eine solche Autorität als Präzedenzfall dient. Daher hat es denn auch nicht an meiner Bemühung gefehlt, ein so nützliches Beispiel zu fördern; aber es scheint, als sei der Beruf eines Gottvaters in der Regel mit unglücklichen Kosten verbunden, was mir, wie man leicht glauben kann, völlig entfallen war. Woran es lag, kann ich mit Sicherheit nicht sagen; aber nachdem ich eine Welt von Mühe und Gedanken darauf verwendet hatte, meine Abhandlung in vierzig Teile zu spalten, bat ich vierzig mir bekannte große Herren um die Ehre ihrer Gönnerschaft, und sie alle machten es sich zur Gewissenssache, mir ihre Entschuldigung zu schicken.

ZWEITER TEIL.

DAS MÄRCHEN VON EINER TONNE.

Einst lebte ein Mann, der hatte von einem einzigen Weibe und aus einer einzigen Geburt drei Söhne; und selbst die Hebamme konnte nicht mit Gewißheit sagen, welcher der älteste war. Ihr Vater starb während ihrer Kindheit, und auf seinem Sterbebett rief er die Knaben zu sich und sprach also zu ihnen:

»Meine Söhne; da ich mir keine Ländereien erworben und auch keine ererbt habe, so habe ich lange über ein paar gute Vermächtnisse nachgedacht, die ich euch hinterlassen könnte; und schließlich habe ich mir unter großer Mühe und großen Kosten für einen jeden von euch (hier sind sie) je einen neuen Rock verschafft. Nun müßt ihr wissen, daß diese Röcke zwei Tugenden haben; die eine besteht darin, daß sie, wieviel ihr sie auch tragen mögt, euer Leben lang schön und heil bleiben werden; die andre darin, daß sie mit eurem Leibe wachsen: sie werden von selber länger und weiter werden, so daß sie euch immer passen. Kommt, laßt mich sehn, wie ihr sie anlegt, ehe ich sterbe; so; also schön; bitte, Kinder, haltet sie sauber und bürstet sie oft. Ihr werdet in meinem Testament (hier ist es) in jeder Einzelheit volle Anweisung finden, wie ihr eure Röcke tragen und behandeln sollt; ihr müßt darin sehr genau sein, um die Strafen zu vermeiden, die ich auf jede Übertretung und Vernachlässigung gesetzt habe, und euer künftiges Gedeihen wird einzig davon abhängen. Ich habe in meinem Testament auch angeordnet, daß ihr wie Brüder und Freunde in einem Hause beisammen leben sollt, denn dann werdet ihr gedeihen, sonst aber nicht.«

Hier, so sagt die Geschichte, starb der gute Vater, und die drei Söhne zogen mitsammen hin, um ihr Glück zu suchen.

Ich will den Leser nicht damit belästigen, daß ich die Abenteuer erzähle, die ihnen während der ersten sieben Jahre widerfuhren; und ich will nur bemerken, daß sie ihres Vaters Willen genau befolgten und ihre Röcke gut in Ordnung hielten; sie reisten durch allerlei Länder, stießen mit einer angemessenen Anzahl von Riesen zusammen und erschlugen gewisse Drachen.

Da sie nun mittlerweile in die Jahre kamen, um sich auch zu zeigen, so zogen sie in die Stadt und verliebten sich in die Damen; vor allem in drei, die um jene Zeit großes Ansehn genossen; es waren die Frau Herzogin von Geldern, Frau von Hohentiteln und die Gräfin von Stolz. Bei ihrem ersten Auftreten fanden unsre drei Abenteurer einen sehr schlechten Empfang; und da sie mit großem Scharfsinn gar bald die Gründe errieten, begannen sie sich schnell in den guten Eigenschaften der Städter zu vervollkommnen: sie schrieben und spotteten, reimten und sangen und sprachen und sagten nichts; sie tranken und fochten und hurten; sie schliefen und fluchten und schnupften Tabak; sie gingen bei der Premiere in die neuen Schauspiele, verkehrten in den Schokoladenhäusern, schlugen die Wachen, legten sich einen Wanst zu und holten sich Prügel; sie prellten Droschkenkutscher, machten bei Händlern Schulden und schliefen bei deren Weibern; sie erschlugen Büttel, stießen Fiedler die Treppen hinunter, aßen bei Locket und lungerten bei Will herum; sie sprachen vom Salon und betraten ihn nie; sie speisten mit großen Herrn, die sie niemals sahen; sie flüsterten von Herzoginnen und hatten kein Wort mit ihnen gewechselt; sie gaben das Gekritzel ihrer Wäscherinnen als Liebesbriefe vornehmer Damen aus; sie kamen stets gerade vom Hofe und wurden dort niemals gesehn; sie gingen sub dio zum Lever, lernten in der einen Gesellschaft eine Liste von Pairs auswendig und sagten sie in einer andern mit großer Vertraulichkeit her. Vor allem aber verkehrten sie beständig mit jenen Parlamentskommissionen, die im Sitzungssaal schwiegen, aber im Kaffeehaus um so lauter schrien; denn dort tagten sie allnächtlich, um die Politik wiederzukäuen; und sie waren umringt von einem Kreise der Jünger, die auf der Lauer lagen, um ihre Brosamen aufzufangen. Die drei Brüder hatten sich noch vierzig weitere Befähigungen derselben Art beigelegt, die aufzuzählen zu langweilig wäre, und also galten sie in der Stadt als die vollendetsten Kavaliere; doch all das wollte noch nicht genügen, und vorbenannte Damen blieben unbeugsam. Um diese Schwierigkeit zu erklären, muß ich mit des Lesers Urlaub und Geduldung auf einige gewichtige Punkte zu sprechen kommen, die die Autoren jener Zeit nicht zur Genüge aufgeklärt haben.

Denn um diese Zeit begab es sich, daß eine Sekte erstand, deren Glaubenssätze weite Verbreitung und viel Anklang fanden, zumal in der grande monde und unter den eleganten Leuten. Sie beteten zu einer Art Idol[1], das nach ihrer Lehre den Menschen durch eine Handwerksverrichtung tagtäglich neu schuf. Dieses Idol stellten sie in den

[1] Dem Schneider.

obersten Regionen des Hauses auf einen um etwa drei Fuß aufgehöhten Altar. Man zeigte es in der Haltung eines persischen Kaisers, mit untergeschlagenen Beinen auf einer Platte sitzend. Dieser Gott hatte eine Gans[1] zum Attribut; daher es auch kommt, daß manche Gelehrte ihn von Jupiter Capitolinus ableiten wollen. Zu seiner linken Hand schien sich unter dem Altar die Hölle zu öffnen und nach den Tieren zu greifen, die der Gott erschuf; um das zu hindern, warfen einige seiner Priester stündlich Stücke der unbelebten Materie und zuweilen auch ganze, bereits beseelte Glieder hinein, die jener scheußliche Schlund unersättlich verschlang, so daß es grauenhaft anzusehen war. Auch die Gans galt als eine Untergottheit oder als ein Deus minorum gentium, vor deren Altar jenes Geschöpf geopfert wurde, dessen stündliche Nahrung Menschenblut ist[2], es steht überall in großem Ruf, weil es das Entzücken und der Liebling des ägyptischen Cercopithecus ist. Millionen dieser Tiere wurden täglich grausam geschlachtet, um den Hunger jener verzehrenden Gottheit zu stillen. Das Hauptidol wurde auch als Erfinder der Elle und der Nadel verehrt; ob als Gott der Seefahrer oder wegen gewisser andrer mystischer Attribute, ist noch nicht genügend aufgeklärt.

Die Verehrer dieser Gottheit hatten ein Glaubenssystem, das sich um folgende Grundsätze zu drehen schien: Sie hielten die Welt für einen ungeheuren Anzug, der alles bekleidet; die Erde wird von der Luft umkleidet; die Luft wird von den Sternen umkleidet, und die Sterne vom primum mobile. Man sehe sich diesen Erdball an, so wird man finden, daß er ein sehr vollkommener und eleganter Anzug ist. Was ist das, was einige Land nennen, wenn nicht ein schöner, grün besetzter Rock? Was das Meer, wenn nicht eine Weste aus gewässertem Taft? Und man gehe zu den einzelnen Werken der Schöpfung über, so wird man sehen, wie sorgfältig die Tagelöhnerin Natur dafür gesorgt hat, die Pflanzendandys herauszuputzen; man beachte, was für eine stattliche Perücke den Kopf einer Buche ziert und was für ein schönes Wams aus weißem Satin die Birke trägt. Und schließlich, was ist der Mensch selbst, wenn nicht ein Mikrorock, oder eigentlich ein vollständiger Anzug mit allem Putz? In betreff seines Leibes kann ein Streit nicht entstehen; aber man prüfe selbst die Errungenschaften seines Geistes, und man wird finden, daß sie alle nach der Reihe dazu beitragen, ein passendes Kleid zu liefern: und um weiter keine Einzel-

[1] Goose im Engl. = Gans und Bügeleisen.
[2] Die Laus, die gern von einem ägyptischen Affen gefressen wird, der göttliche Verehrung genoß.

heiten anzuführen: Ist nicht die Religion ein Mantel? Ist nicht die Ehrlichkeit ein Paar Schuhe, die im Schmutz ausgetreten sind? Ist nicht die Eigenliebe ein Überrock, die Eitelkeit ein Hemd und das Gewissen eine Hose? Und obwohl diese Hose einen Schutz bilden soll sowohl gegen Unzucht wie gegen Schmutz, wird sie doch im Dienste beider gar leicht hinabgelassen.

Wenn diese Postulata einmal anerkannt sind, so wird sich aus der Gedankenreihe ganz von selbst ergeben, daß jene Dinge, die die Welt sehr unpassend Kleider nennt, in Wirklichkeit die verfeinertste Tiergattung sind; oder, um noch höher zu greifen, sie sind vernunftbegabte Geschöpfe oder Menschen. Denn ist es nicht klar, daß sie leben und sich bewegen und reden und alle andern Funktionen menschlichen Lebens erfüllen? Sind nicht Schönheit und Witz und Miene und gute Erziehung von ihnen untrennbare Eigenschaften? Kurz, wir sehen nichts als sie und hören nichts als sie. Gehn nicht sie auf den Straßen, füllen nicht sie das Parlament, das Kaffee-, Spiel- und Hurenhaus? Freilich erhalten diese Tiere, die gemeinhin Kleider oder Anzüge genannt werden, je nach gewissen Zugaben verschiedene Benennungen. Wenn eins von ihnen mit einer goldenen Kette und einem roten Mantel, mit einem weißen Stab und einem großen Pferd versehen ist, so nennt man es den Oberbürgermeister; und wenn in einer bestimmten Weise Hermelin und Pelz darauf genäht wird, nennen wir es einen Richter; und eine bestimmte Verbindung von Batist und schwarzem Satin betiteln wir einen Bischhof.

Andre unter jenen Bekennern hatten, obwohl sie dem großen System nach mit diesen übereinstimmten, einzelne Zweige noch feiner ausgebaut. Sie waren der Ansicht, daß der Mensch ein Tier sei, bestehend aus zwei Gewändern: dem natürlichen und dem himmlischen Anzug, dem Leib und der Seele: die Seele sei das äußere, der Leib das innere Gewand; der Leib sei ex traduce; die Seele aber werde täglich erschaffen und umgeformt; und dies bewiesen sie aus der Schrift, weil wir in den Kleidern leben und uns bewegen und unser Dasein haben; doch auch aus der Philosophie bewiesen sie es, denn sie sind alles in allem und ganz in jedem Teil. Und außerdem, sagten sie, trenne man die beiden, und man wird finden, daß der Körper nur ein empfindungsloser und fader Leichnam ist. Aus alldem erhellt, daß das äußere Gewand die Seele sein muß.

Mit diesem Religionssystem waren mehrere Nebenlehren verbunden, die großen Anklang fanden; besonders die Fähigkeiten des Geistes wurden von den Gelehrten unter ihnen auf diese Weise definiert: Stickerei sei reiner Witz; Goldfransen angenehme Unterhaltung;

Goldborten Schlagfertigkeit; eine ungeheure runde Perücke Humor, und ein Rock voll Puder sehr gute Spötterei. All das verlangte eine Fülle von ›finesse‹ und ›délicatesse‹, um es vorteilhaft zu handhaben, und ebenso eine strenge Beobachtung der Zeiten und Moden.

Ich habe diesen kurzen Abriß einer Philosophie und Religionslehre, die aus einer von allen andern alten oder modernen Systemen sehr verschiedenen Art und Weise zu denken entsprungen scheint, mit vieler Mühe und durch viel Lektüre aus alten Autoren gesammelt. Und es geschah nicht nur, um des Lesers Neugier zu unterhalten oder zu befriedigen, sondern, um auf verschiedene Einzelheiten der folgenden Erzählung Licht zu werfen; auf daß er mit Hilfe der Kenntnis der Stimmungen und Anschauungen einer so weit zurückliegenden Zeit die großen Ereignisse, die sich in ihr abspielten, besser verstehe. Ich rate daher dem höflichen Leser, was ich über diesen Gegenstand geschrieben habe, mit einer Welt der Sorgfalt immer wieder durchzulesen. Und indem ich diese abgebrochenen Fragmente verlasse, nehme ich sorgfältig den Hauptfaden meiner Geschichte wieder auf und fahre fort.

Diese Anschauungen sowohl wie die Bräuche, die sich aus ihnen ergaben, waren also unter den Gebildeten bei Hofe und in der Stadt so allgemein verbreitet, daß unsre drei Brüder und Abenteurer, wie ihre Verhältnisse einmal lagen, in sonderbarer Verlegenheit waren. Denn auf der einen Seite standen die drei Damen, denen sie ihre Huldigungen darbrachten (wir haben sie bereits genannt), an der Spitze der Mode und verabscheuten alles, was nur um Haaresbreite hinter ihr zurückblieb. Auf der andern Seite sprach ihres Vaters Testament sehr deutlich, und die Hauptvorschrift verbot ihnen bei den schwersten Strafen, auch nur einen Faden zu ihren Röcken hinzuzufügen oder von ihnen fortzunehmen, ohne daß das Testament es ausdrücklich anordnete. Nun waren die Röcke, die ihnen ihr Vater hinterlassen hatte, freilich aus sehr gutem Tuch und außerdem so sauber genäht, daß man hätte schwören können, sie seien aus einem Stück; zugleich aber waren sie sehr einfach und wenig oder gar nicht verziert; und nun traf es sich, daß sie noch keinen Monat lang in der Stadt waren, als große Achselbänder aufkamen. Stracks trug jedermann Achselbänder; niemand konnte sich den ›ruelles‹ der Damen nähern, ohne die vorgeschriebenen Achselbänder zu tragen. »Der Bursche da«, schreit einer, »hat keine Seele! Wo ist sein Achselband?« Unsre drei Brüder entdeckten bald durch traurige Erfahrung ihren Mangel, denn auf ihren Spaziergängen widerfuhren ihnen vierzig Demütigungen und Unwürdigkeiten. Wenn sie ins Theater gingen, wies der Pförtner sie in die

Zehngroschengalerie. Wenn sie nach einem Boot riefen, sagte der Bootsmann: »Ich bin Obernachenführer.« Wenn sie in die Rose gingen, um eine Flasche zu leeren, rief der Schankwirt: »Freund, wir haben kein Bier.« Wenn sie eine Dame besuchten, trat ihnen ein Lakai an der Tür mit einem: »Bitte, schickt eure Nachricht hinauf!« entgegen. In dieser unglücklichen Lage gingen sie auf der Stelle hin, um ihres Vaters Testament zu Rate zu ziehen; immer wieder lasen sie es durch, doch sie fanden kein Wort von den Achselbändern. Was also sollten sie tun, welchen Ausweg sollten sie finden? Der Gehorsam war nicht zu umgehn, und doch schienen die Achselbänder unbedingt erforderlich. Nach langer Überlegung aber sagte der eine der Brüder, der in Büchern gelehrter war als die beiden andern, er habe ein Mittel gefunden. »Freilich steht hier totidem verbis nichts in dem Testament, was die Achselbänder erwähnt; aber ich wage zu vermuten, daß wir sie implicite doch darin entdecken, nämlich totidem syllabis.« Diese Unterscheidung fand auf der Stelle aller Beifall, und so begannen sie das Testament von neuem zu prüfen. Aber ihr arger Stern hatte es so gefügt, daß sich in dem ganzen Schriftstück die erste Silbe nicht finden ließ. In dieser Enttäuschung also faßte sich der, der den ersten Ausweg gefunden hatte, ein Herz und sprach: »O meine Brüder, noch ist Hoffnung; denn obwohl wir sie totidem verbis und totidem syllabis nicht finden können, so wollte ich doch wetten, daß wir sie tertio modo oder totidem literis finden werden.« Auch diese Entdeckung wurde sehr gelobt, worauf sie sich noch einmal an die Untersuchung machten und folgende Buchstaben aus dem Testament herauspickten: A, C, H, S, E, L; aber der Planet, der ihrer Ruhe feindlich war, hatte es nun wunderbarerweise so eingerichtet, daß kein B zu finden war. Das ergab eine gewichtige Schwierigkeit! Doch der scharfsinnige Bruder (dem wir später einen Namen finden werden (bewies, da er nun einmal dabei war, durch sehr) gute Gründe, daß das B ein moderner, unrechtmäßiger Buchstabe sei, wie er den gelehrten Zeitaltern unbekannt gewesen und in den alten Manuskripten nirgends zu finden wäre. »Freilich steht das Wort Bauer in einigen alten Handschriften mit einem B geschrieben, aber irrtümlich: denn in den besten Manuskripten steht immer Pauer; und also ist es auch ein großer Irrtum unsrer Sprache, wenn wir Band mit einem B schreiben«; und also wolle er hinfort nur noch Pand schreiben. Damit schwand auch die letzte Schwierigkeit; die Achselbänder waren als de jure paterno nachgewiesen; und unsre drei Herren stelzten so prunkvoll einher wie nur die besten.

Wie aber das Glück der Menschen stets nur von kurzer Dauer ist, so waren es in jenen Tagen die menschlichen Moden, von denen es völlig abhängig ist. Die Achselbänder hatten ihre Zeit, und wir müssen sie uns jetzt im Veralten denken; denn eben kam ein gewisser großer Herr mit fünfzig Ellen Goldborte auf seinem Rock aus Paris zurück, wo er ihn sich genau hatte nach der höfischen Mode dieses Monats besetzen lassen. In zwei Tagen erschien die ganze Menschheit mit Streifen von Goldborte gestrichelt: wer sich ohne diesen Schmuck der Goldborte draußen sehen zu lassen wagte, erregte Ärgernis wie ein – –, und er wurde bei den Damen ebenso schlecht aufgenommen. Was sollten unsre drei Ritter in dieser gewichtigen Angelegenheit beginnen? Sie hatten schon in der Frage der Achselbänder ziemlich viel gewagt, und als sie ihre Zuflucht zu dem Testament nahmen, zeigte sich nichts als altum silentium. Die Achselbänder waren eine lose flatternde Nebensache; aber diese Goldborten schienen eine zu beträchtliche Änderung zu bedeuten, als daß man sie ohne bessre Gewähr hätte wagen können. Aliquo modo schienen sie essentiae adhaerere, und also erforderten sie eine positive Vorschrift. Um eben diese Zeit aber traf es sich, daß der vorbenannte gelehrte Bruder Aristotelis Dialectica las und besonders jenes wunderbare Kapitel De Interpretatione, das die Gabe besitzt, die Leser zu lehren, wie sie in allem außer ihm einen Sinn finden können; Kommentatoren der Offenbarungen gleich, die zu Propheten promovieren, ohne ein Wort vom Text zu verstehn. »O meine Brüder«, sprach er, »ihr müßt wissen, daß es der Testamente duo genera gibt, mündliche Erklärungen und schriftliche Aufzeichnungen; daß hier in dem schriftlichen Testament keine Vorschrift über Goldborten steht und ihrer keine Erwähnung getan wird, conceditur; aber, si idem affirmetur de nuncupatorio, negatur. Denn, Brüder, wenn ihr euch entsinnt, so haben wir einen Burschen sagen hören, als wir Kinder waren, daß er hätte unsres Vaters Diener sagen hören, er habe meinen Vater sagen hören, er wolle seinen Söhnen raten, sich Goldborten auf die Rücke zu setzen, sobald sie das Geld hätten, sich welche zu kaufen.« »Bei Gott, das ist wahr«, rief der zweite; und der dritte fügte hinzu: »Ich entsinne mich ganz genau.« Und so holten sie sich ohne viel Umstände die breitesten Goldborten im ganzen Kirchspiel und gingen umher wie die großen Herren.

Eine Weile darauf kam ein hübscher flammenfarbener Satin als Futterstoff auf, und der Händler brachte unsern drei Herren auf der Stelle ein Muster. »Wenn es Euer Gnaden gefällig ist«, sprach er, »Graf Soundso und Herr von Ypsilon trugen gestern Abend Futter aus eben diesem Stoff, und morgen um zehn werde ich keinen Rest mehr haben, um meiner Frau ein Nadelkissen daraus zu machen.« Daraufhin begannen sie von neuem in dem Testament herumzustöbern; denn auch der gegenwärtige Fall verlangte eine positive Vorschrift, da das Futter von orthodoxen Schriftstellern für das Wesen des Rocks gehalten wird. Nach langer Suche aber konnten sie für den vorliegenden Fall nichts andres finden als den väterlichen Rat, der im Testament enthalten war, sich vor Feuer zu hüten und ihre Kerzen auszublasen, ehe sie schlafen gingen[1]. Obgleich nun dies schon ziemlich genau zur Sache paßte und nicht wenig dazu beitrug, sie zu überzeugen, so schien es doch noch nicht weit genug zu gehn, um einen direkten Befehl zu konstituieren; und da der Gelehrte unter ihnen entschlossen war, alle weiteren Bedenken wie auch alle weiteren Möglichkeiten eines Ärgernisses zu beseitigen, so sprach er: »Ich entsinne mich, bei Testamenten von angehängten Kodizillen gelesen zu haben; das Kodizill ist in Wirklichkeit ein Teil des Testaments, und was es enthält, hat mit allem andern gleiche Kraft. Nun habe ich mir eben dieses Testament, das uns vorliegt, überlegt, und ich kann es ohne ein solches Kodizill nicht für vollständig halten; ich will sehr geschickt an der rechten Stelle eins einfügen. Ich trage es schon seit einiger Zeit bei mir; es wurde von dem Hundewärter unsres Großvaters geschrieben und spricht (so will es das Glück) ausführlich von eben diesem flammenfarbenen Satin.« Dieser Plan fand auf der Stelle den Beifall der beiden andern; ein altes Pergament wurde kunstgerecht eingeheftet, und zwar in der Form eines angehängten Kodizills; und der Satin wurde gekauft und getragen.

Im nächsten Winter spielte ein Schauspieler, der von der Gilde der Fransenmacher eigens dafür bestochen worden war, seine Rolle in einer neuen Komödie ganz mit Silberfransen bedeckt, und nach der löblichen Sitte brachte er also diese Mode auf. Als nun die Brüder daraufhin ihres Vaters Testament zu Rate zogen, fanden sie zu ihrem großen Erstaunen diese Worte: »Item, ich ermahne meine besagten Söhne und befehle ihnen, keinerlei Silberfransen auf oder an ihren Röcken zu tragen«, und er setzte eine Strafe auf den Ungehorsam in diesem Fall, die hier anzuführen zu weitläufig wäre. Nach einer Weile aber hatte der Bruder, den wir schon so oft wegen seiner Gelehrsamkeit erwähnt haben und der in der Kritik wohl erfahren war, in einem Autor, der, wie er sagte, namenlos bleiben sollte, gefunden, daß dasselbe Wort, das in dem Testament Fransen bedeutet, auch einen Besen bezeichnen kann; und zweifellos mußte es in diesem Absatz so verstanden werden. Das mißfiel dem einen der beiden andern Brüder,

[1] Das Feuer die Hölle; die Kerzen die Lüste.

weil sich das Wort ›Silber‹ seiner demütigen Ansicht nach schicklicherweise und ohne Vergewaltigung des Sinns nicht mit einem Besen in Verbindung bringen ließ; doch ihm wurde erwidert, daß dieses Beiwort in einem mythologischen und allegorischen Sinn zu verstehen sei. Aber er wandte abermals ein, weshalb denn ihr Vater ihnen verbieten sollte, Besen auf ihren Röcken zu tragen; diese Warnung scheine unnatürlich und sinnlos; woraufhin man ihn kurz anließ, weil er unehrerbietig von einem Mysterium spräche, das zweifelsohne sehr nützlich und sinnvoll sei, aber nicht allzu neugierig untersucht noch allzu streng geprüft werden dürfe. Und kurz, da ihres Vaters Ansehn jetzt beträchtlich gesunken war, so ließ man diesen Ausweg als gesetzmäßige Erlaubnis, ihren vollen Anteil an Silberfransen zu tragen, gelten.

Eine Weile darauf lebte eine alte Mode, die lange vergessen war, wieder auf: man trug Stickereien aus indischen Figuren von Männern, Frauen und Kindern[1]. Da entsannen sie sich nur zu gut, wie sehr ihr Vater diese Mode stets verabscheut hatte; er hatte eigens mehrere Absätze darüber geschrieben und seinen höchsten Abscheu davor ausgesprochen, indem er seinen Söhnen seinen ewigen Fluch vermachte, wenn sie je dergleichen tragen sollten. Trotz alledem erschienen sie nach ein paar Tagen noch weit moderner gekleidet als alle andern Leute in der Stadt. Sie behoben hier die Schwierigkeit, indem sie behaupteten, diese Figuren seien keineswegs dieselben wie die, die ehedem getragen wurden, und also seien sie in dem Testament auch nicht gemeint. Außerdem trügen sie sie auch nicht in dem Sinne, in dem ihr Vater sie verboten hätte, sondern weil sie eine löbliche Sitte seien und für die Allgemeinheit von großem Nutzen. Daher seien denn auch diese strengen Klauseln in dem Testament ein wenig weitherzig auszulegen und cum grano salis zu verstehn.

Da aber die Moden um jene Zeit unablässig wechselten, so wurde der gelehrte Bruder der Suche nach neuen Auswegen und nach der Lösung ewiger Widersprüche müde. Und da die drei Brüder entschlossen waren, sich auf jede Gefahr hin den Wegen der Welt anzupassen, so beredeten sie sich miteinander und einigten sich dahin, ihres Vaters Testament in einer starken Truhe[2] aus Griechenland oder Italien (ich weiß nicht mehr, woher) einzuschließen und sich keine Sorge um die Prüfung mehr zu machen, sondern sich einfach auf das Testament zu beziehen, sooft sie es für nötig hielten. Infolgedessen erklärte der Gelehrte, als eine Weile darauf die Mode aufkam, eine unendliche Fülle

[1] Die Heiligenverehrung
[2] Gemeint ist das Verbot, die Bibel in moderne Sprachen zu übersetzen.

von Spitzen zu tragen, die in der Regel mit Silber festgeheftet waren, ex cathedra, Spitzen seien absolut jure paterno, wie sie sich wohl genau entsännen; freilich schreibe die Mode ein wenig mehr vor, als direkt im Testament erwähnt würde; aber als Erben ihres Vaters hätten sie die Macht, zum allgemeinen Nutzen gewisse Klauseln zu schaffen und einzufügen, auch wenn sie sich totidem verbis nicht aus dem Buchstaben des Testaments herleiten ließen; denn sonst: multa absurda sequerentur. Das wurde als kanonisch anerkannt, und also gingen sie am nächsten Sonntag alle drei mit Spitzen bedeckt in die Kirche.

Der so oft erwähnte gelehrte Bruder galt in der ganzen Straße und auch in der nächsten noch als der beste Gelehrte; und zwar ging das so weit, daß er, obwohl in der Welt ein wenig zurückgeblieben, die Gunst eines gewissen großen Herrn[1] gewann, der ihn in sein Haus aufnahm, damit er seine Kinder unterrichtete. Eine Weile darauf starb der große Herr, und er fand vermöge der langen Übung am Testament seines Vaters Mittel und Wege, eine Schenkungsurkunde zustande zu bringen, die jenes Haus ihm und seinen Erben übertrug; worauf er von ihm Besitz ergriff, die jungen Herren hinauswarf und an ihrer Stelle seine Brüder aufnahm.

DRITTER TEIL.

EINE ABSCHWEIFUNG ÜBER DIE KRITIKER.

Obgleich ich bisher bei allen Gelegenheiten so vorsichtig wie möglich genau den Regeln und Methoden des Stils gefolgt bin, wie sie durch das Beispiel unsrer erlauchten Modernen festgelegt sind, so hat mich doch meine unglückliche Gedächtnisschwäche zu einer Unterlassungssünde verführt, von der ich mich reinwaschen muß, bevor ich mein Hauptthema anständigerweise weiter verfolgen darf. Ich gestehe mit Scham, es war unverzeihlich, so weit zu gehn, wie ich es bereits getan habe, ohne die nötigen beschwerdeführenden, bittflehenden oder abwehrenden Erörterungen mit den guten Herren Kritikern gepflogen zu haben. Um dieses schwere Versäumnis wenigstens etwas zu sühnen, erkühne ich mich hier, ihnen einen kurzen Bericht über sie selber und ihre Kunst darzubringen, indem ich ihren Namen, wie man ihn gemeinhin unter uns versteht, nach Ursprung und Stammbaum untersuche und in aller Kürze ihre einstige und gegenwärtige Lage betrachte.

[1] Konstantin der Große.

Unter dem Wort Kritiker, das heutigentags in allen Gesprächen so häufig vorkommt, hat man einstmals, wie ich es in alten Büchern und Broschüren gelesen habe, drei sehr verschiedene Arten Sterblicher verstanden. Denn erstens bezeichnete man mit diesem Wort Leute, die Regeln für sich und die Welt erfanden oder aufstellten, durch deren Beobachtung ein aufmerksamer Leser instand gesetzt wurde, aufgrund seiner echten Empfindung für das Erhabene und Bewundernswerte ein Urteil über die Erzeugnisse der Gelehrten zu fällen und jede Schönheit des Inhalts oder des Stils von der Korruption zu unterscheiden, die sie nachäfft. Bei ihrer Lektüre der Bücher heben sie dann die Irrtümer und Fehler heraus, das Ekelhafte, Langweilige, Unverschämte; und zwar mit der Vorsicht dessen, der morgens durch die Straßen von Edinburgh geht und der in Wahrheit acht gibt, sorgfältig aufzupassen und den Schmutz auf seinem Wege rechtzeitig zu bemerken; nicht als ob er aus Wißbegier Farbe und Zusammensetzung des Kots beobachten wollte, oder etwa seine Dimensionen mäße; und noch viel weniger, um darin herumzuplätschern oder davon zu kosten; sondern einzig in der Absicht, so sauber wie nur möglich durchzukommen. Diese haben vielleicht, obwohl sehr irrtümlicherweise, den Namen eines Kritikers im wörtlichen Sinne aufgefaßt; dahin nämlich, daß es wesentlich zu seinen Aufgaben gehörte, zu loben und loszusprechen, und daß ein Kritiker, der nur liest, um Gelegenheit zum Tadel und zum Schelten zu finden, ein ebenso barbarisches Wesen wäre wie ein Richter, der beschlossen hätte, alle Leute, die zur Verhandlung vor ihn hinträten, zu hängen.

Zweitens hat man mit dem Wort Kritiker diejenigen gemeint, die die alte Gelehrsamkeit den Würmern und dem Staub der Manuskripte entreißen wollen.

Die Geschlechter dieser beiden Arten sind nun schon seit mehreren Jahrhunderten ausgestorben; und außerdem würde es sehr wenig meinen Zwecken entsprechen, wenn ich des ferneren von ihnen redete.

Die dritte und edelste Art ist die der WAHREN Kritiker, deren Ursprung auch von allen am weitesten zurückliegt. Jeder echte Kritiker ist ein geborener Held, der in direkter Linie von einem himmlischen Geschlecht abstammt, und zwar durch Momus und Hybris, die Zoilus zeugten; der aber zeugte Tigellius, der Etcetera den Ältern; der Bentley und Rhymer und Wotton und Perrault und Dennis; und die erzeugten Etcetera den Jüngern.

Und dies sind die Kritiker, von denen die Republik der Gelehrten zu allen Zeiten so unendliche Wohltaten empfangen hat, daß die Dankbarkeit ihrer Bewunderer ihren Ursprung gleich dem des Herkules, des Theseus, des Perseus und andrer großer Wohltäter der Menschheit in den Himmel verlegte. Aber selbst die heroische Tugend ist nicht von der Nachrede böser Zungen verschont geblieben, denn man hat eingewandt, jene alten Helden, die berühmt sind, weil sie so viele Riesen und Drachen und Räuber bekämpften, seien an sich für die Menschheit ein größerer Schade gewesen als alle Ungeheuer, die sie bezwangen; und deshalb hätten sie, um sich ungeschmälerten Dank zu erwerben, als alles andre Gewürm vernichtet war, rechtens das gleiche Gericht an sich selber vollstrecken sollen. Herkules hat das in edlem Mut getan, und deshalb hat er für sich mehr Tempel und Gelübde errungen als alle seine Genossen zusammengenommen. Das ist auch der Grund, vermute ich, weshalb manche der Ansicht sind, jeder wahre Kritiker sollte sich, sowie er seine Aufgabe erfüllt hat, Rattengift beibringen oder zum Strick greifen oder von einer passenden Höhe hinabspringen; und niemandes Ansprüche auf einen so erlauchten Namen sollten anerkannt werden, bevor er nicht diese Tat vollbracht hat.

Nun läßt sich aufgrund dieser himmlischen Herkunft der Kritik und aufgrund der engen Beziehung zur heroischen Tugend gar leicht die rechte Beschäftigung für einen echten, alten Kritiker nachweisen; sie besteht darin, daß er durch die ungeheure Welt der Schriften wandert, daß er die ungeheuerlichen Fehler, die in ihr entspringen, verfolgt und aufjagt; daß er die im Hinterhalt lauernden Irrtümer hervorzerrt, wie Kakus aus seiner Höhle hervorgezerrt wurde; daß er sie vervielfältigt wie die Häupter der Hydra und sie zusammenharkt wie den Mist des Augeas; oder daß er eine bestimmte Art gefährlicher Vögel vertreibt, die den verderbten Hang besitzen, die besten Zweige am Baum des Wissens zu plündern, jenen stymphalischen Vögeln gleich, die die Früchte fraßen.

Diese Gedankengänge werden uns die angemessene Definition eines echten Kritikers liefern: er ist der Entdecker und Sammler der Fehler aller Schriftsteller; und das läßt sich ferner noch durch den folgenden Beweis über jeden Zweifel erheben. Wer die vielerlei Schriften untersucht, mit denen diese alte Sekte die Welt beehrt hat, der wird an ihrem ganzen Ton und ihrer Richtung auf der Stelle erkennen, daß die Gedanken der Verfasser in den Fehlern und Makeln und Versehen und Irrtümern andrer Schriftsteller aufgehn und nur mit ihnen vertraut sind; und möge das jeweils behandelte Thema sein, welches es wolle, ihre Phantasie ist so besessen und gesättigt von den Mängeln andrer Federn, daß sich so recht die Quintessenz all dessen, was schlecht ist, notwenig in ihre Schriften hinein verflüchtigt; dadurch scheint das Ganze nichts andres zu sein als ein Abriß der Kritiken, die sie selbst zu machen hatten.

Nachdem wir so in aller Kürze Ursprung und Aufgabe eines Kritikers erwogen haben, wie das Wort in seinem edelsten und allgemeinsten Sinne verstanden wird, gehe ich dazu über, die Einwände derer zu widerlegen, die aus dem Schweigen und der Übergehung von seiten der Autoren Schlüsse ziehen; denn sie wollen dadurch beweisen, daß die ganze Kunst der Kritik, wie sie jetzt geübt wird und wie ich sie erklärt habe, völlig modern sei und daß also die Kritiker von Großbritannien und Frankreich keinen Anspruch auf einen so alten und erlauchten Ursprung erheben können, wie ich es erklärt habe. Wenn ich nun klar dartun kann, daß im Gegenteil die ältesten Schriftsteller sowohl Person wie Amt eines wahren Kritikers gemäß der von mir aufgestellten Definition geschildert haben, so wird dieser große Einwand, der sich auf das Schweigen der Autoren stützt, zu Boden fallen.

Ich gestehe, daß ich diesen allgemeinen Irrtum lange geteilt habe; und ich hätte mich nie von ihm befreit, wäre es nicht mit Hilfe unsrer edlen Modernen geschehen! Denn ich wälze ihre erbaulichsten Bände unermüdlich bei Tag und bei Nacht, zur Förderung meines Geistes und zum Wohl meines Landes. Sie haben mit unermüdlichem Eifer viele nützliche Untersuchungen über die schwachen Seiten der Alten angestellt und uns eine umfassende Liste davon gegeben. Außerdem haben sie unwiderleglich bewiesen, daß die schönsten Dinge, die im Altertum geschaffen wurden, seither längst wieder neu erfunden und von weit späteren Federn ans Licht gezogen worden sind; ja, daß die edelsten Entdeckungen, die jene Alten jemals in der Kunst oder der Natur gemacht haben, sämtlich durch den alles übersteigenden Genius der gegenwärtigen Zeit gemacht worden sind. Was klärlich beweist, auf wie wenig Verdienst jene Alten mit Recht Anspruch erheben können; und es nimmt ihnen jene blinde Bewunderung, wie sie abseits im Winkel stehende Leute ihnen zollen, die das Unglück haben, mit den Dingen der Gegenwart zu wenig vertraut zu sein. Indem ich nun all dies reiflich erwog und den ganzen Kreis der menschlichen Natur einbezog, kam ich gar leicht zu dem Schluß, daß jene Alten, die sich ihrer vielen Unvollkommenheiten im höchsten Grade bewußt waren, nach einigen Stellen in ihren Werken notwendigerweise den Versuch gemacht haben müssen, den tadelnden Leser durch Lob oder Satire auf die Kritiker abzuschrecken, milder zu stimmen oder zu zerstreuen, indem sie so ihre Meister, die Modernen, nachahmten. Nun war ich in den Gemeinplätzen sowohl des Lobes wie der Satire durch lange und nützliche Studien in Vorreden und Einleitungen sehr bewandert; und daher beschloß ich auf der Stelle, zu versuchen, was ich von beiden durch die sorgfältige Lektüre der ältesten Schriftsteller und besonders derer, die von den frühesten Zeiten handeln, zu entdecken vermöchte. Da fand ich denn zu meiner großen Überraschung, daß, obwohl sie gelegentlich genaue Schilderungen des wahren Kritikers begannen, je nachdem sie von der Furcht oder der Hoffnung geleitet wurden, es doch, sooft sie etwas dergleichen berührten, mit der allergrößten Vorsicht geschah; denn sie wagten nicht über mythologische und hieroglyphische Andeutungen hinauszugehn. Das, so vermute ich, gab oberflächlichen Lesern Anlaß, aus dem Schweigen der Autoren Schlüsse gegen das hohe Alter der wahren Kritik zu ziehen, obwohl die Symbole so treffend sind und die Deutung so notwendig und natürlich ist, daß man sich nicht leicht vorstellen kann, wie ein modernes Auge und ein moderner Geschmack sie zu übersehen vermochte. Ich werde mir erlauben, aus einer großen Anzahl einige wenige anzuführen, die, davon bin ich überzeugt, diese Frage über jede Möglichkeit eines Zweifels hinausheben werden.

Es ist wohl der Beachtung wert, daß jene alten Schriftsteller, die dieses Thema so rätselhaft behandeln, ganz allgemein auf denselben Hieroglyphen verfallen sind und nur die Geschichte je nach ihrer Neigung oder ihrem Witz variieren. Zunächst ist Pausanias der Meinung, daß die Vervollkommnung korrekten Stils einzig der Einrichtung der Kritiker zu verdanken sei; und daß er unmöglich einen andern als den wahren Kritiker meinen kann, erhellt, denke ich, klärlich aus folgender Schilderung. Er sagt, sie seien ein Geschlecht von Menschen, die gern an den Überflüssigkeiten und Auswüchsen der Bücher herumnagten; und da die Gelehrten das schließlich bemerkten, ließen sie es sich eine Warnung sein und schnitten aus eigenem Antrieb alles zu Üppige, Faule, Tote, Saftlose und Wuchernde aus ihren Werken heraus. Nun versteckt er all das sehr kunstvoll unter der folgenden Allegorie. Die Nauplier in Argia, sagt er, hätten die Kunst, ihre Reben zu beschneiden, dadurch gelernt, daß sie beobachten, wieviel besser eine Pflanze gedieh und wieviel schönere Frucht sie trieb, wenn ein ESEL an ihr genagt hatte. Herodotus aber, der das gleiche Symbol beibehält, spricht weit klarer und fast ›in terminis‹. Er ist verwegen genug, den wahren Kritikern Unwissenheit und Bosheit vorzuwerfen, und erzählt uns offen, denn nichts, denke ich, kann deutlicher sein, daß es im westlichen Teil von Libyen ESEL mit HÖRNERN gibt; als welchen Bericht Ktesias noch überbietet, als er das gleiche Tier in Indien erwähnt; denn er fügt hinzu, während allen andern ESELN die Galle fehle, wären diese gehörnten mit diesem Körperteil so reichlich versehen, daß ihr Fleisch wegen seiner außerordentlichen Bitterkeit nicht zu essen sei.

Der Grund, weshalb die alten Schriftsteller diesen Gegenstand nur in Symbolen und figürlichen Wendungen behandeln, ist aber der, daß sie gegen eine so mächtige und furchtbare Partei, wie es die Kritiker in jenen Zeiten waren, einen offenen Angriff nicht zu führen wagten; denn schon ihre Stimme war so beängstigend, daß eine Legion Autoren erbebte und alsbald die Feder aus der Hand fallen ließ, wenn sie erklang: Das berichtet Herodot an einer andern Stelle ganz ausdrücklich: ein ungeheures Heer von Skythen sei durch das Iahen eines ESELS in panischem Schrecken in die Flucht geschlagen worden. Daraus haben gewisse tiefe Philologen gefolgert, die große Ehrfurcht und Achtung, die die britannischen Schriftsteller einem wahren Kritiker bezeugen, sei uns von unsern skythischen Vorfahren überkommen. Kurz, das Grauen war ein so allgemeines, daß im Laufe der Zeit jene Schriftsteller, die ihre Gesinnungen freier veröffentlichen wollten, bei der Schilderung der wahren Kritiker in den verschiedenen Zeitaltern gezwungen waren, das bisherige Symbol fallen zu lassen weil es dem Prototyp allzu nahe stand, und an seiner Stelle andre Wendungen zu finden, die vorsichtiger und mystischer waren. So wagt Diodor, wo er von denselben Dingen spricht, nichts andres zu sagen, als daß auf dem Helikongebirge ein Kraut wachse, das eine Blüte von so verruchtem Geruch trage, daß jeder, der daran rieche, des Todes sei. Lucretius gibt genau denselben Bericht:

EST ETIAM IN MAGNIS HELICONIS MONTIBUS ARBOS, FLORIS ODORE HOMINEM TETRO CONSUETA NECARE.

LIB. 6.

Ktesias aber, den wir noch eben anführten, ist bei weitem kühner gewesen; er war von den wahren Kritikern seiner Zeit mit großer Strenge behandelt worden und konnte sich deshalb nicht enthalten, wenigstens ein tiefes Zeichen seiner Rache an dem ganzen Stamm zu hinterlassen. Was er meint, liegt so an der Oberfläche, daß es mich wundernimmt, wie es hat von denen übersehen werden können, die das hohe Alter der wahren Kritiker leugnen. Denn unter dem Vorwand, viele merkwürdige Tiere in Indien zu schildern, schreibt er diese bemerkenswerten Worte: »Unter andern gibt es eine Schlange, die keine Zähne hat und also nicht beißen kann; aber wenn ihr Geifer (mit dem sie reichlich versehen ist) auf irgend etwas fällt, so folgt daraus ein bestimmtes Verderben oder Faulen. Diese Schlangen sind im allgemeinen in den Bergen zu finden, wo die Juwelen wachsen, und sie geben oft einen giftigen Saft von sich; wer davon trinkt, dem fliegt das Gehirn zu den Nasenöffnungen hinaus.«

Es gab unter den Alten auch noch eine Art von Kritikern, die sich der Gattung nach von den andern nicht unterschieden, sondern nur dem Grade oder ihrem Wachstum nach; sie scheinen nur die Neulinge oder die Jüngern unter den Gelehrten gewesen zu sein; und doch werden sie wegen ihrer verschiedenen Beschäftigung oft als eine Sekte für sich erwähnt. Sie pflegten nämlich beständig in die Theater zu gehn und lernten, die schlechtesten Teile der Stücke zu erspähen; darüber mußten sie sich sorgfältige Notizen machen, um dann ihren Meistern einen vernünftigen Bericht zu erstatten. Wenn sie bei diesen kleineren Jagden gleich jungen Wölfen scharf gemacht worden waren, wurden sie mit der Zeit behend und stark genug, um auch größeres Wild aufzuspüren. Denn es ist sowohl unter den Alten wie unter den Modernen beobachtet worden, daß ein wahrer Kritiker eins mit einer Hure und einem Ratsherrn gemein hat: niemals nämlich wechselt er Titel oder Wesen; ein grauer Kritiker ist sicherlich einmal ein grüner gewesen, denn die Vervollkommnung und der Kraftzuwachs seines Alters zeigen nur die gesteigerten Talente seiner Jugend; wie der Hanf, der nach manchen Naturforschern bei Atemnot schädlich ist, und werde er auch in Samenform genommen. Ich denke mir, die Erfindung oder wenigstens der Ausbau der Prologe ist diesen Aufstrebenden zu verdanken, deren Terenz oft und ehrenvoll unter dem Namen der ›malevoli‹ Erwähnung tut.

Nun steht es fest, daß die Einrichtung der wahren Kritiker für die Republik der Gelehrten eine unbedingte Notwendigkeit war. Denn alle menschlichen Handlungen scheinen wie Themistokles und seine Gefährten verteilt zu sein; der eine kann fideln, der andre eine kleine Stadt zu einer großen machen, und wer weder eins noch das andre kann, der verdient, zur Schöpfung hinausgeworfen zu werden. Die Furcht vor dieser Strafe hat zweifellos die Nation der Kritiker zuerst ins Leben gerufen und zugleich auch ihren geheimen Verkleinerern Gelegenheit gegeben zu berichten, daß ein wahrer Kritiker eine Art Handwerker ist, der für sein Gewerbe nur einen Warenvorrat und seine Werkzeuge braucht, die ebensowenig kosten wie die eines Schneiders; ja, daß sogar zwischen den Werkzeugen und den Fähigkeiten leider eine große Ähnlichkeit herrscht, denn des Schneiders Abfallkorb ist das Urbild für das Notizbuch der Gemeinplätze des Kritikers, und sein Witz und seine Gelehrsamkeit werden vertreten durch des Schneiders Bügeleisen; um einen Gelehrten zu machen, muß man von den einen ebenso viele nehmen wie von den andern, um einen

Mann zu machen, und beider Tapferkeit ist gleich, und ihre Waffen sind von annähernd gleicher Größe. Auf so heimtückische Anmerkungen läßt sich vieles erwidern; und ich kann wenigstens versichern, daß das erste eine Unwahrheit ist; denn nichts ist im Gegenteil gewisser, als daß es größerer Ausgaben bedarf, Mitglied der Kritikergilde zu werden als irgendeiner andern. Genau wie es den reichsten Kandidaten jeden Rock kostet, für den er gut ist, wenn er ein wahrer Bettler werden will, so wird es einen Menschen alle guten Eigenschaften seines Geistes kosten, ehe er beginnen kann, ein wahrer Kritiker zu werden; allerdings würde das vielleicht auch für ein geringeres Ziel als ein billiger Preis gelten.

Nachdem ich nun ausführlich den alten Ursprung der Kritik nachgewiesen und ihren ersten Zustand geschildert habe, will ich untersuchen, wie es gegenwärtig um ihr Reich steht, und zeigen, wie trefflich es mit seinem einstigen Selbst in Einklang steht. Ein bestimmter Autor, dessen Werke seit vielen Jahrhunderten vollkommen verschollen sind, sagt im achten Kapitel seines fünften Buches von den Kritikern, ihre Werke seien der Spiegel der Gelehrsamkeit. Das verstehe ich im wörtlichen Sinn und vermute, unser Autor müsse meinen, wer ein vollkommener Schriftsteller werden wolle, möge die Bücher der Kritiker durchsehn und seine Begabung in ihnen wie in einem Spiegel korrigieren. Wer nun bedenkt, daß die Spiegel der Alten aus Erz waren, sine mercurio, der wird alsbald die beiden wichtigsten Eigenschaften eines wahren modernen Kritikers erkennen und daraus den unvermeidlichen Schluß ziehn, daß diese stets die gleichen gewesen sind und es ewig bleiben müssen. Denn das Erz ist ein Symbol der Dauer, und wenn es geschickt poliert wird, wird es vermöge seiner eignen Oberfläche Spiegelbilder werfen und der Hilfe des unterlegten Quecksilbers nicht bedürfen. Alle andern Talente eines Kritikers werden einer besondern Erwähnung nicht bedürfen, da sie in diesen eingeschlossen sind oder sich leicht auf sie zurückführen lassen. Ich will jedoch mit drei Maximen schließen, die einerseits Kennzeichen ergeben, mit deren Hilfe man einen wahren modernen Kritiker von einem bloßen Prätendenten unterscheiden kann, und die andrerseits jenen würdigen Geistern, die sich einer so nützlichen und ehrenwerten Kunst widmen, von wunderbarem Nutzen sein werden.

Die erste ist, daß eine Kritik, im Gegensatz zu den Erzeugnissen aller andern Fähigkeiten des Intellekts, stets dann als die wahrste und beste gilt, wenn sie den ersten Eindruck im Geist des Kritikers gibt; genau wie Vogelschützen den ersten Schuß für den sichersten halten und selten versäumen, das Ziel zu verfehlen, wenn sie noch einen zweiten abwarten.

Zweitens lassen die wahren Kritiker sich an ihrem Talent erkennen, stets die edelsten Schriftsteller zu umwimmeln, denen sie lediglich durch ihren Instinkt zugeführt werden, genau wie die Ratte dem besten Käse oder die Wespe der besten Frucht. Wenn der König zu Pferde sitzt, ist er sicherlich der schmutzigste in der Gesellschaft, und die, die ihm am besten huldigen, bespritzen ihn am meisten mit Kot.

Schließlich gleicht ein wahrer Kritiker bei der Lektüre eines Buches einem Hund bei einem Festmahl: dessen Gedanken und Magen achten einzig auf das, was die Gäste fortwerfen; und also wird er am meisten knurren, wenn die wenigsten Knochen abfallen.

Das, denke ich, wird als Huldigung für meine Gönner, die wahren modernen Kritiker, genügen, und es wird mein vormaliges Schweigen sühnen, wie auch dasjenige, das ich in Zukunft vermutlich beobachten werde. Ich hoffe, ich habe mich um ihre ganze Körperschaft so verdient gemacht, daß ich von ihnen eine großmütige und milde Behandlung erwarten darf. Von dieser Hoffnung gestützt, gehe ich kühn dazu über, jene bereits so glücklich begonnenen Abenteuer fortzusetzen.

VIERTER TEIL.

MÄRCHEN VON EINER TONNE.

Ich habe den Leser jetzt unter großer Mühe und Anstrengung bis zu einem Zeitabschnitt geleitet, in dem er von großen Revolutionen zu hören erwarten muß. Denn kaum hatte unser oft erwähnter gelehrter Bruder ein warmes Haus über seinem Kopf, so begann er, sich dick zu machen und gewaltige Würde zur Schau zu stellen; und das in einem Grade, daß ich fürchte, der freundliche Leser werde, wenn er nicht in seiner großen Güte geruht, seine bisherige Vorstellung ein wenig zu steigern, den Helden des Stückes hinfort kaum noch kennen, wenn er ihm begegnet; so sehr sind seine Rolle, seine Kleidung und seine Miene verwandelt.

Er sagte seinen Brüdern, er wünsche ihnen bemerklich zu machen, daß er der älteste von ihnen und also ihres Vaters einziger Erbe sei; ja, eine Weile darauf wollte er ihnen nicht mehr erlauben, ihn ›Bruder‹ zu nennen; *Herr* Peter mußten sie ihn betiteln; dann *Vater* Peter und bisweilen sogar *Hoher Herr* Peter. Um nun diesen Prunk aufrechtzuerhalten (er sagte sich gar bald, daß er das ohne größere Mittel als die ererbten nicht zu tun imstande sein werde), entschied er sich nach langer Überlegung dafür, Pläneschmieder und Erfinder zu werden; und er hatte damit so viel Erfolg, daß viele berühmte Entdeckungen, Methoden und Maschinen, die jetzt in der Welt sehr verbreitet und beliebt sind, vom Hohen Herrn Peter erfunden wurden. Ich will so genau über die einzelnen Rechenschaft ablegen, wie ich Nachrichten habe über die wichtigsten unter ihnen sammeln können, ohne der Reihenfolge zu achten, in der sie kamen, denn mir scheint, über die sind sich die Autoren nicht sehr einig.

Ich hoffe, wenn dieser mein Traktat in fremde Sprachen übersetzt wird (wie ich denn ohne Eitelkeit versichern kann, daß die Mühe der Sammlung, die Treue des Berichts und das große Interesse, das die Sache für die Allgemeinheit hat, solcherlei Gerechtigkeit reichlich verdienen), so werden die würdigen Mitglieder der fremden Akademien, besonders die in Frankreich und Italien, diese demütige Gabe zur Förderung des allgemeinen Wissens günstig entgegennehmen. Ich will auch die höchst ehrwürdigen Väter, die Missionare der östlichen Länder darauf aufmerksam machen, daß ich einzig um ihretwillen solche Worte und Wendungen benutzt habe, die sich am ehesten in irgendeine der orientalischen Sprachen übersetzen lassen; besonders ins Chinesische. Und so fahre ich in großer Seelenzufriedenheit fort, dieweil ich mir überlege, wieviel Vorteil der ganze Erdball vermutlich durch meine Arbeit haben wird.

Das erste Unternehmen des Herrn Peter bestand darin, daß er ein riesiges Festland erstand, das jüngst in Terra Australis Incognita entdeckt worden sein sollte[1]. Diesen Landstrich kaufte er um einen Spottpreis von den Entdeckern selber (freilich wollen manche bezweifeln, ob sie jemals dort gewesen sind), und dann gab er ihn in mehreren Provinzen an gewisse Unterhändler ab, die Kolonien hinüberbringen wollten, aber alle auf der Seefahrt Schiffbruch litten. Worauf Herr Peter besagten Kontinent wiederum und wiederum und wiederum und wiederum mit dem gleichen Erfolg an andre Käufer losschlug.

Das zweite Projekt, das ich erwähnen will, bestand in seinem Allheilmittel gegen die Würmer[2], besonders in der Milz. Der Patient durfte drei Nächte lang nach dem Abendessen nichts mehr zu sich nehmen; wenn er zu Bett ging, mußte er sorgfältig nur auf der einen Seite liegen, und wenn er dessen müde wurde, mußte er sich auf die andre umdrehn. Er mußte auch seine beiden Augen gehörig auf dasselbe Ziel richten und durfte auf keinen Fall ohne dringenden Anlaß

[1] Das Fegefeuer.
[2] Die Gewissensbisse.

an beiden Enden zugleich einen Wind streichen lassen. Wurden diese Vorschriften sorgfältig befolgt, so entschwanden die Würmer unmerklich durch die Ausdünstungen, indem sie durchs Gehirn emporstiegen.

Eine dritte Erfindung war die Errichtung einer Flüsterkammer, die zum allgemeinen Wohl jenen Erleichterung verschaffen sollte, die hypochondrisch waren oder an Kolik litten; als da sind: Hebammen, kleine Politiker, zerfallene Freunde, nachplappernde Dichter, glückliche oder verzweifelte Liebende, Kuppler, Mitglieder des Geheimen Rats, Pagen, Schmarotzer und Hanswürste, kurz, all jene, die in Gefahr sind, vor zuviel Wind zu platzen. Dabei wurde ein Eselskopf so bequem aufgestellt, daß der Leidende jedes der Ohren des Tieres mit seinem Mund leicht erreichen konnte; er mußte den Mund eine bestimmte Zeit lang an das Ohr halten, und vermöge einer verflüchtigenden Kraft, die den Ohren dieses Tieres eigen ist, fand er durch Rülpsen, Ausatmen oder Erbrechen sofortige Erleichterung.

Ein weiteres sehr wohltätiges Projekt des Herrn Peter bestand in einem Versicherungsamt für Tabakspfeifen, Märtyrer des modernen Eifers, Gedichtbände, Schatten... und Flüsse: einer Versicherung dagegen, daß diese oder einige von diesen durch Feuer Schaden erlitten. Unsre menschenfreundlichen Gesellschaften werden daran erkennen, daß sie nur von diesem Original abgeschrieben haben; obwohl beide für die Unternehmer von großem Nutzen gewesen sind, für die Allgemeinheit aber von gleichem Nutzen.

Herr Peter galt auch als der Erfinder der Puppenspiele und der Kuriositätenschaustellungen; ihr großer Nutzen ist so allgemein bekannt, daß ich mich über diesen Punkt nicht weiter auslassen will.

Doch eine weitere Erfindung, um deretwillen er weithin berühmt war, bestand in seiner gefeierten Universalpökellake[1]. Denn da er bemerkt hatte, daß die gewöhnliche Lake, wie die Hausfrauen sie benutzen, nicht weiter von Nutzen war, als wo es galt, totes Fleisch und gewisse Gemüse zu konservieren, hatte Peter unter großen Kosten und mit vieler Kunst eine Lake erfunden, die sich für Häuser, Gärten, Städte, Männer, Frauen, Kinder und Vieh eignet; er erhielt sie darin so unverletzt, wie Insekten im Bernstein sitzen. Nun erschien diese Lake für Geschmack, Geruch und Auge genau der gleich, die man für Fleisch und Butter und Heringe benutzt (und sie ist auch zu diesem Zweck oft mit großem Erfolg angewandt worden); aber durch ihre

[1] Weihwasser, das schützt und bewahrt, wie Salzlake Fleisch etc. konserviert.

vielen ganz hervorragenden Kräfte zeigte sie sich als etwas ganz andres. Denn Peter tat eine gewisse Menge seines Pimperlimpingpulvers hinzu, und dann blieb der Erfolg niemals aus. Die Anwendung geschah durch Sprengen zu einer bestimmten Zeit des Monats. Das, was gepökelt werden sollte, blieb, wenn es z. B. ein Haus war, vor allen Spinnen, Ratten und Wieseln bewahrt. War das von Schaden Befallene ein Hund, so blieb er verschont von Räude, Tollwut und Hunger. Die Lake beseitigte auch bei Kindern unfehlbar Krätze, Läuse und Kopfgrind und hinderte den Patienten niemals an der Erfüllung irgendeiner Pflicht, ob im Bett oder am Tisch.

Von allen Seltenheiten Peters aber schätzte er selbst am meisten eine gewisse Art von Bullen, deren Geschlecht zu gutem Glück in direkter Linie von jenen abstammte, die das Goldene Vlies behüteten. Einige freilich, die sie angeblich genau beobachtet hatten, zweifelten daran, daß die Zucht ganz rein erhalten war; denn in gewissen Eigenschaften waren sie entartet; und sie hatten gewisse andre sehr merkwürdige durch eine fremde Beimischung erworben. Die Stiere von Colchis sollen eherne Füße gehabt haben; aber ob es nun an schlechter Weide und vielem Laufen lag, an einer Beimischung andrer Vorfahren und an verstohlenen Intrigen, ob eine Schwäche ihrer Erzeuger die Kraft des Samens vermindert hatte oder ob ein durch lange Zeitläufte hin unausbleiblicher Verfall die Schuld trug, da alle Kinder der Natur in diesen letzten, sündigen Jahrhunderten der Welt entartet sind – welches auch die Ursache war, gewiß ist dies: Herrn Peters Bullen waren im Metall ihrer Füße durch den Rost der Zeit stark verdorben, denn es war jetzt zu gemeinem Blei geworden. Das furchtbare Brüllen aber, das ihrem Geschlecht eigentümlich war, hatten sie bewahrt, und ebenso jene Eigenschaft, Feuer durch die Nüstern zu blasen; darin freilich sahen viele ihrer Verkleinerer nur ein Taschenspielerkunststück; sie behaupteten, es sei gar nicht so furchtbar, wie es aussähe; oder es sei nur die Folge ihrer gewöhnlichen Diät, denn ihr Futter bestand aus Raketen und Feuerschwärmern. Zwei besondere Kennzeichen aber hatten sie, die sie sehr stark von Jasons Stieren unterschieden und denen ich noch in der Schilderung keines andern Ungeheuers begegnet bin, außer der bei Horaz:

VARIAS INDUCERE PLUMAS;

und:

ATRUM DESINIT IN PISCEM.

Denn sie hatten Fischschwänze und konnten doch gelegentlich auch jeden Vogel in der Luft im Fluge schlagen. Peter gab diesen Bullen allerlei zu tun. Bisweilen ließ er sie brüllen, damit sie ungezogene Knaben erschreckten und sie zur Ruhe brachten. Bisweilen schickte er sie mit wichtigen Missionen aus; und es war wunderbar, und vielleicht wird der vorsichtige Leser sich bedenken, es zu glauben, es zeigte sich ein ›appetitus sensibilis‹, der von ihren edlen Ahnen, den Hütern des Goldenen Vlieses, her durch die ganze Familie zu verfolgen ist; sie liebten das Gold so sehr, daß sie, wenn Peter sie ausschickte, und geschah es auch nur, um ein Kompliment zu überbringen, alsbald brüllten und spien, rülpsten und pißten und furzten und Flammen bliesen und in beständigem Aufruhr blieben, bis man ihnen ein Stück Goldes hinwarf; dann aber wurden sie ›pulveris exigui jactu‹ still und ruhig wie Lämmer. Kurz, ob es nun in geheimem Einverständnis oder mit der Ermutigung ihres Herrn geschah, oder ob ihre eigene gierige Liebe zum Golde daran schuld war, oder schließlich vielleicht gar beides zugleich, gewiß ist, daß sie nichts andres waren als eine Art handfester, eisenfresserischer Bettler; und wo es ihnen nicht gelang, ein Almosen zu erpressen, da ließen sie die Weiber Fehlgeburten tun und Kinder in Krämpfe fallen. Schließlich wurden sie für die ganze Gegend so sehr zur Plage, daß einige Herren aus dem Nordwesten sich ein Pack echter englischer Bulldoggen holten und sie so furchtbar hetzten, daß sie es hinfort unablässig spürten.

Eins der Projekte des Herrn Peter muß ich aber unbedingt noch erwähnen; es war ganz außerordentlich und zeigte ihn als einen Meister von hohem Flug und tiefer Erfindungsgabe. Sooft es sich begab, daß irgendein Halunke aus dem Gefängnis gehängt werden sollte, bot Peter ihm für eine bestimmte Summe Geldes die Begnadigung an. Wenn dann der arme Gefangene alles getan hatte, um diese Summe zusammenzuscharren und ihm zu schicken, so gab Seine Gnaden dafür ein Papier dieses Inhalts her:

»An alle Bürgermeister, Richter, Schließer, Konstabler, Büttel und Henker usw.

Wir hören, daß A. B. in euren Händen ist, oder in den Händen einiger unter euch, und zwar als zum Tode Verurteilter; derowegen wünschen wir und befehlen euch, bei Sicht dieses besagten Gefangenen in sein Haus zu entlassen, sei er nun verurteilt wegen Mordes, Sodomiterei, Vergewaltigung, Kirchenraub, Blutschande, Verrat, Lästerung oder weswegen auch immer; des soll diese Urkunde für euch ein ausreichender Befehl sein; und wenn ihr es nicht tut, so fluche Gott euch und den Euren bis in alle Ewigkeit. Und also entbieten wir euch ein herzliches Lebewohl.

Euer sehr ergebener
Mensch der Menschen
Kaiser Peter.«

Die Elenden, die sich darauf verließen, verloren so Geld wie Leben.

Ich begehre von denen, die die Gelehrten der Nachwelt zu Kommentatoren dieses mühsamen Traktats ernennen, daß sie an gewissen dunklen Punkten, wo alle, die nicht vere adepti sind, in Gefahr schweben, voreilige und überschnelle Folgerungen zu ziehn, besonders in gewissen geheimnisvollen Abschnitten, wo um der Kürze willen gewisse arcana verschmolzen sind, die für die Erklärung wieder geteilt werden müssen, sehr vorsichtig verfahren. Und ich bin überzeugt, daß künftige Kinder der Kunst meinem Andenken für einen so dankenswerten und so nützlichen Wink überreiche Erkenntlichkeit erweisen werden.

Es wird nicht schwer sein, den Leser davon zu überzeugen, daß so viele wertvolle Entdeckungen in der Welt großen Erfolg fanden; freilich kann ich ihm noch der Wahrheit gemäß versichern, daß ich bei weitem nur die kleinste Zahl angeführt habe. Es war meine Absicht, nur die herauszugreifen, die die meiste Frucht tragen werden, wenn man sie allgemein nachahmt, oder diejenigen, die am ehesten eine Vorstellung von dem Bereich und dem Verstand des Erfinders zu geben vermochten. Und so darf es denn auch nicht wundernehmen, wenn der Herr Peter mittlerweile außerordentlich reich geworden war. Aber ach, er hatte sein Gehirn so lange und so gewaltsam auf die Folter gespannt, daß es schließlich erschüttert war und sich zu seiner Erleichterung zu drehen begann. Kurz, vor Hochmut, Projekten und Halunkerei war der arme Peter verrückt geworden, und er litt an den wunderlichsten Einbildungen der Welt. Als seine Anfälle den Höhepunkt erreichten, nannte er sich (so geht es in der Regel mit denen, die aus Hochmut verrückt werden) ›Gott, den Allmächtigen‹ und bisweilen auch den ›Monarchen des Weltalls‹. Ich sah (so sagt mein Gewährsmann), wie er drei alte, hohe Hüte nahm und sie drei Stockwerk hoch alle zugleich auf den Kopf setzte; und dabei trug er an seinem Gürtel ein Schlüsselbund, und in der Hand hielt er eine Angelrute. Und wer, um ihn zu begrüßen, nach seiner Hand griff, wenn er diese Verkleidung trug, dem reichte Peter gleich einem gutgezogenen Schoßhund mit viel Anmut den Fuß[1], und wenn man ihm diese Höflichkeit ab-

[1] Der Fußkuß.

schlug, so erhob er den Fuß bis zur Höhe des Kiefers und versetzte dem andern einen furchtbaren Tritt in den Mund, und das hat man seither stets seinen Gruß genannt. Wer an ihm vorbeiging, ohne ihm sein Kompliment zu machen, dem blies er, da er eine wunderbar starke Lunge hatte, den Hut in den Schmutz.

Derweilen nun ging in seinem Hause alles drunter und drüber, und seine beiden Brüder erlebten eine elende Zeit; sein erster Hieb war der, daß er eines Morgens ihre beiden Weiber zur Tür hinauswarf; und seines schickte er ihnen nach; dann gab er Befehl, an ihrer Stelle die drei ersten besten Dirnen von der Straße aufzugreifen. Eine Weile darauf vernagelte er die Tür seines Kellers und wollte seinen Brüdern zu ihren Mahlzeiten keinen Tropfen mehr zu trinken geben. Als er dann eines Tages in der Stadt bei einem Ältesten speiste, hörte Peter, wie er sich nach der Art seiner Brüder im Preise einer Rinderlende erging. »Rindfleisch«, sagte der weise Stadtälteste, »ist der König aller Fleischarten; Rindfleisch umfaßt in sich die Quintessenz des Rebhuhns, der Wachtel, des Feldwilds, des Fasans, des Plumpuddings und des Eierrahms.« Als Peter nach Hause kam, mußte ihn wohl die Lust ankommen, diese Lehre für seinen Gebrauch zurechtzukochen und den Lehrsatz in Ermangelung einer Lende auf sein braunes Brot anzuwenden. »Das Brot«, sagte er, »liebe Brüder, ist der Stab des Lebens; in diesem Brote ist implicite die Quintessenz des Rindfleischs, des Hammelfleischs, des Kalbfleischs, des Wildes, der Rebhühner, des Plumpuddings und des Eierrahms enthalten, und um die Sache ganz vollkommen zu machen, so ist auch eine gewisse Menge Wassers hineingemischt, dessen Unverdaulichkeit wiederum gemildert wird durch Sauerteig oder Bärme; auf diese Weise wird es zu einem gesunden, durchgegorenen Getränk, das diese ganze Brotmasse durchdringt.« Kraft dieser Schlußfolgerungen wurde am nächsten Tage das braune Brot mit aller Förmlichkeit eines städtischen Gastmahls aufgetragen. »Kommt, meine Brüder«, sprach Peter, »langt zu und seid nicht schüchtern; hier ist vortreffliches Hammelfleisch; oder halt, da ich einmal zugegriffen habe, so will ich euch reichen.« Mit diesen Worten schnitt er mit Messer und Gabel sehr förmlich von dem Brot zwei schöne Schnitten ab und reichte sie seinen Brüdern auf einem Teller. Der ältere der beiden, der des Herrn Peter Gedanken nicht gleich begriff, begann das Geheimnis in sehr höflichen Worten zu untersuchen. »O mein Herr«, sagte er, »ich denke mir in aller Unterwürfigkeit, hier werde ein Irrtum vorliegen.« »Was?« sprach Peter, »du bist lustig; komm, laß uns hören, mit was für einem Scherz dein Schädel schwanger geht.« »Mit keinem, o mein Herr; aber wenn ich mich nicht sehr irre, so beliebte es Euer Gnaden vor einer Weile, ein Wort über Hammelfleisch fallenzulassen, und ich würde mich von Herzen freuen, wenn ich es sehen könnte.« »Wie?« sagte Peter scheinbar in höchster Überraschung, »ich verstehe kein Wort.« Worauf der jüngere eingriff, um die Sache ins Geleise zu bringen. »O mein Herr«, sprach er, »ich vermute, mein Bruder ist hungrig, und ihn verlangt nach dem Hammelfleisch, das Euer Gnaden uns zum Mittagessen versprach.« »Bitte«, sagte Peter, »erklärt euch; entweder seid ihr alle beide verrückt, oder ihr möchtet lustiger sein, als ich es billigen kann. Wenn euch euer Stück nicht gefällt, so will ich euch ein andres abschneiden; obwohl mir eure da als die besten Bissen der ganzen Schulter erscheinen.« »Wie, o mein Herr«, versetzte der erste, »es scheint, dies soll die ganze Zeit her eine Hammelschulter sein?« »Bitte«, sagte Peter, »eßt, was ihr zu essen habt, und laßt eure Unverschämtheiten, denn ich bin augenblicklich nicht in der Stimmung, Geschmack an ihnen zu finden.« Aber der andre konnte sich nicht halten, denn der gespielte Ernst in Peters Zügen reizte ihn allzusehr. »Bei Gott, o mein Herr«, sagte er, »ich kann nur sagen, daß dies meinen Augen, meinen Fingern, meinen Zähnen und meiner Nase nur als eine Brotkruste erscheint.« Worauf auch der zweite ein Wort einflocht: »Ich habe in meinem Leben noch keine Hammelschulter gesehn, die einem Stück Zehngroschenbrot so ähnlich sah.« »Paßt auf, ihr Herrn«, rief Peter in Wut, »um euch zu überzeugen, daß ihr ein paar blinde, unwissende, mutwillige Gelbschnäbel seid, will ich euch diesen klaren Beweis vorrechnen: bei Gott, es ist so echtes, gutes, natürliches Hammelfleisch wie nur irgendwelches auf dem Fleischmarkt; und Gott verdamme euch beide in alle Ewigkeit, wenn ihr es wagt, etwas andres zu glauben.« Ein so schlagender Beweis ließ für weitere Einwendungen keinen Raum. Die beiden Ungläubigen begannen ihren Irrtum so eilig wie möglich aufzugreifen und in die Tasche zu schieben. »Ja, wahrhaftig«, sagte der erste, »bei reiflicherer Überlegung ...« »Gewiß«, sagte der andre, indem er ihn unterbrach, »jetzt, wo ich mir die Sache genauer überlege, scheint Euer Gnaden nicht wenig recht zu haben.« »Schön«, sagte Peter, »hier, Junge, gieß mir dies Bierglas voll Rotwein; auf euer beider Wohl, von ganzem Herzen.« Als die beiden Brüder sahen, daß er sich so leicht beruhigen ließ, sprachen sie ihm ihren demütigsten Dank aus und sagten, sie würden Seinen Gnaden mit Freuden Bescheid tun. »Das sollt ihr«, sagte Peter, »ich bin nicht der Mann, der euch etwas abschlägt, was angemessen ist; Wein ist, mäßig genommen, ein Stärkungsmittel; hier ist für jeden von euch ein Glas; das ist reiner, natürlicher Rebensaft, nicht euer verdammtes Winzergebräu.« Während er also sprach, reichte er einem jeden von ihnen eine zweite trockene Kruste, indem er ihnen zuredete, sie auszutrinken und nicht schüchtern zu sein, denn der Wein würde ihnen nicht schaden. Nachdem nun die beiden Brüder getan hatten, was man in so heikler Lage in der Regel tut, indem sie nämlich Herrn Peter und einander eine ausreichende Weile anstarrten, erkannten sie, wie die Dinge vermutlich ausgehn würden, und beschlossen deshalb, sich auf einen neuen Streit nicht erst einzulassen, sondern ihm nachzugeben, wie er es verlangte; denn er war eben in einen seiner Wahnsinnsanfälle geraten, und noch länger zu streiten oder Einwände zu erheben, das hätte nur dazu gedient, ihn noch hundertmal widerspenstiger zu machen.

Ich habe es vorgezogen, diese würdige Angelegenheit in allen Einzelheiten zu berichten, weil sie einen der Hauptanlässe zu jenem großen und berühmten Bruch abgab, der die Brüder etwa um diese Zeit trennte und nie wieder behoben wurde. Aber davon werde ich in einem andern Teil handeln.

Auf jeden Fall steht fest, daß der hohe Herr Peter selbst in seinen lichten Augenblicken in seiner Unterhaltung sehr bösartig, äußerst eigensinnig und hartnäckig war und sich jederzeit lieber bis auf den Tod zankte, als daß er einmal zugab, im Unrecht zu sein. Außerdem hatte er die abscheuliche Gabe, bei jeder Gelegenheit riesenhafte, handgreifliche Lügen vorzubringen; er beschwor dann nicht nur ihre Wahrheit, sondern schickte auch die ganze Gesellschaft in die Hölle, wenn man sich anmaßte, sich im geringsten zu bedenken, bevor man ihm Glauben schenkte. Einmal schwor er, er hätte eine Kuh zu Hause[1], die könne bei einer einzigen Mahlzeit so viel Milch hergeben, daß man dreitausend Kirchen damit zu füllen vermöchte; und was noch außerordentlicher war, diese Milch würde niemals sauer. Ein andermal erzählte er von einem alten Wegweiser, der seinem Vater gehört hatte und dessen Nägel und Holz ausgereicht hätten, um sechzehn große Kriegsschiffe zu bauen. Als man eines Tages von chinesischen Wagen sprach, die so leicht gebaut seien, daß sie über Gebirge weg segelten, rief Peter: »Zum Henker, was ist da weiter wunderbar? Bei Gott, ich habe ein riesiges Haus aus Mörtel und Stein über Meer und Land fliegen sehn (freilich machte es ein paarmal halt, um zu fressen), und zwar über mehr als zweitausend deutsche Meilen.« Und das beste dabei war, daß er derweilen verzweifelt schwor, er sage in seinem

[1] Gemeint ist die Lehre von der Milch der Maria. Der Wegweiser steht für das Kreuz.

ganzen Leben keine Lüge; und bei jedem Wort versicherte er: »Bei Gott, meine Herrn, ich sage euch nichts als die Wahrheit; und der Satan soll alle ewig braten, die mir nicht glauben wollen!«

Kurz, Peter erregte so viel Ärgernis, daß die ganze Nachbarschaft in klaren Worten zu sagen begann, er sei nicht besser als jeder Halunke. Und da seine beiden Brüder seiner schlechten Behandlung seit langem müde waren, so beschlossen sie endlich, ihn zu verlassen; zunächst aber erbaten sie sich in aller Demut eine Abschrift von ihres Vaters Testament, das jetzt seit unvordenklichen Zeiten vernachlässigt dagelegen hatte. Statt ihnen aber diese Bitte zu gewähren, nannte er sie verdammte Hurensöhne, Schurken, Verräter und was er sonst an Schimpfnamen in seinem Gedächtnis finden konnte. Als er aber eines Tages in Dingen seiner Projekte außer dem Hause war, ersahen die beiden jüngeren Brüder ihre Gelegenheit, drangen bis zu dem Testament vor und nahmen eine ›copia vera‹, aus der sie alsbald erkannten, daß sie gröblich getäuscht worden waren; denn ihr Vater hatte sie zu gleichberechtigten Erben eingesetzt und streng befohlen, daß, was sie auch erwerben mochten, ihnen allen gemeinsam gehören sollte. Demgemäß war das erste, was sie taten, daß sie die Kellertür erbrachen, um sich einen guten kleinen Schluck zu holen und sich Mut zu trinken und ihr Herz zu trösten. Bei der Abschrift des Testaments waren sie auch noch auf eine Vorschrift wider das Huren, die Ehescheidung und das getrennte Leben gestoßen; und also war das zweite, was sie taten, daß sie ihre Beischläferinnen fortjagten und ihre Weiber zurückholen ließen. Während nun all das im Gange war, kam ein Anwalt aus dem Gefängnis, um Herrn Peter zu bitten, daß er für einen Dieb, der am nächsten Tage gehängt werden sollte, die Begnadigung erwirkte. Aber die beiden Brüder sagten ihm, er sei ein Narr, wenn er einen Burschen um Gnade bitte, der viel eher gehängt zu werden verdiene als sein Klient; sie enthüllten die ganze Methode jenes Schwindels, wie ich sie vor einer Weile dargestellt habe, und rieten dem Anwalt, seinem Freund zu sagen, er möge sich die Begnadigung vom König erwirken. Während all dieses Aufruhrs und dieser Umwälzungen nun trat Peter ein, begleitet von einem Fähnlein Dragoner, die ihm hinter den Fersen herschritten; und als er von allen Seiten hörte, was in der Luft lag, warfen er und seine Bande nach mehreren Millionen von pöbelhaften Possen und Flüchen, die zu gleichgültig sind, um sie hier zu wiederholen, die beiden Brüder schönstens mit Gewalt zur Tür hinaus, um sie von jenem Tage an nie wieder unter seinem Dache aufzunehmen.

FÜNFTER TEIL.

EINE ABSCHWEIFUNG IN MODERNER ART.

Wir, die die Welt mit dem Titel moderner Autoren zu ehren geruht, wären nimmermehr imstande gewesen, unser großes Ziel dauernder Erinnerung und unsterblichen Ruhms zu erreichen, wenn nicht unsre Bemühungen dem allgemeinen Wohl der Menschheit so außerordentlich förderlich gewesen wären. Dies, o Weltall, ist mein – deines Sekretärs – abenteuerliches Ringen:

> ... QUEMVIS PERFERRE LABOREM
> SUADET ET INDUCIT NOCTES VIGILARE SERENAS.

Zu diesem Zweck habe ich seit einiger Zeit mit unendlicher Mühe und Kunst den Leichnam der Menschennatur seziert und viele nützliche Vorlesungen über die verschiedenen enthaltenden und enthaltenen Teile gehalten; bis der Leichnam schließlich so stark roch, daß ich ihn nicht mehr aufbewahren konnte. Da habe ich es mich denn viel kosten lassen, all die Knochen in rechter Symmetrie zu einem genauen System zusammenzufügen, so daß ich jetzt allen wißbegierigen Herrn und andern ein vollständiges Skelett zu zeigen bereit bin. Um aber mitten in einer Abschweifung nicht noch weiter abzuschweifen, wie ich es denn erlebt habe, daß einige Autoren immer eine Abschweifung in eine andre hineinsteckten, einem Satz Schachteln gleich, so behaupte ich, daß ich bei der sorgfältigen Sektion der Menschennatur eine sehr merkwürdige, neue und wichtige Entdeckung gemacht habe, die nämlich, daß das allgemeine Wohl der Menschheit auf zwei Wegen zu fördern ist: durch Belehrung und Zerstreuung. Und ich habe ferner in meinen genannten zahlreichen Vorlesungen, die die Welt vielleicht eines Tages sehen wird, wenn ich einen Freund überreden kann, ein Manuskript zu stehlen, oder gewisse Herrn unter meinen Bewunderern, mich sehr zu drängen – ich habe bewiesen, daß die Menschheit in ihrer jetzigen Stimmung viel mehr Nutzen davon hat, wenn man sie zerstreut, als wenn man sie belehrt; denn ihre epidemischen Krankheiten bestehn in wählerischem Wesen, Formlosigkeit und Schlaftrunkenheit; wohingegen im gegenwärtigen Universalreich des Witzes und der Gelehrsamkeit nur noch wenig vorhanden zu sein scheint, was sich lehren ließe. Im Einklang aber mit einer sehr alten und angesehenen Lehre habe ich versucht, die Sache in allen Höhen durchzusetzen: und ich habe durch diesen ganzen göttlichen Traktat hin beides sorgfältig durcheinander geknetet, indem ich immer eine Schicht des utile mit einer Schicht des dulce überdeckte.

Wenn ich mir überlege, wie außerordentlich unsre erlauchten Modernen die matten glimmenden Lichter der Alten in den Schatten gestellt und sie von dem ganzen eleganten Markt verdrängt haben, und zwar bis zu einem Grade, daß die auserlesensten Männer von Geist in unsrer Stadt allen Ernstes darüber streiten können, ob es überhaupt jemals Alte gegeben hat oder nicht: über welchen Punkt wir vermutlich von den höchst nützlichen Arbeiten und Abhandlungen jenes würdigen Modernen, des Doktor Bentley, die wunderbarste Aufklärung erhalten werden – ich sage, wenn ich mir all das überlege, so kann ich nur beklagen, daß es noch kein berühmter Moderner unternommen hat, in einem kleinen Taschenband ein Universalsystem all dessen zusammenzustellen, was man im Leben wissen, glauben, sich vorstellen oder üben muß. Ich sehe mich freilich gezwungen, einzuräumen, daß ein großer Philosoph von Obrasil vor einiger Zeit bereits an ein solches Unternehmen gedacht hat. Die Methode, die er vorschlug, ist in einem Geheimrezept niedergelegt, das ich nach seinem vorzeitigen Tode unter seinen Papieren fand und hier in meiner großen Liebe zu den modernen Gelehrten niederschreibe; denn ich zweifle nicht, daß es eines Tages einen würdigen Unternehmer ermutigen wird.

»Man nehme schöne, korrekte Exemplare, gebunden in Kalbleder und auf dem Rücken versehen mit dem Titel: Exemplare aller modernen Kompendien der Künste und Wissenschaften, und zwar in welcher Sprache man will. Die destilliere man in balneo Mariae, indem man Mohnsaft dazutue, nebst drei Litern Lethe, wie man es in den Apotheken erhält. Die sordes und das caput mortuum schäume man sorgfältig ab und lasse alles, was flüchtig ist, verdunsten. Nur den Vorlauf hebe man auf; der muß dann noch siebzehnmal destilliert werden, bis der Rest nur noch etwa zwei kleine Gläschen füllt; den tue man in eine Glasflasche, die man einundzwanzig Tage lang hermetisch verschlossen halte. Dann beginne man die Behandlung und nehme jeden Morgen bei nüchternem Magen (nachdem man die Flasche zuvor geschüttelt hat) drei Tropfen dieses Elixiers, indem man es kräftig durch die Nase hochziehe. Es wird sich in vierzehn Minuten im Gehirn (wo Gehirn vorhanden ist) verteilen, und auf der Stelle wird man in seinem Kopf eine unendliche Fülle von Abrissen, Auszügen, Kompendien, Übersichten, Dispositionen, Blütenlesen und dergleichen mehr erkennen, die alle in schönste Ordnung gebracht sind und sich sofort zu Papier bringen lassen.«

Ich muß gestehn, nur mit Hilfe dieses Geheimmittels habe ich, der ich sonst impar gewesen wäre, es gewagt, einen so verwegenen Versuch zu machen, der sonst noch nie gelang, ja noch nie unternommen wurde, außer von einem gewissen Autoren namens Homer, bei dem ich, wiewohl er sonst nicht ohne einige Begabung ist und für einen Alten immerhin einiges Genie besitzt, viele grobe Irrtümer entdeckt habe, die man selbst seiner Asche noch nicht vergeben darf, wenn etwa von ihr noch etwas übrig ist. Denn während man uns versichert, er habe sein Werk als ein vollständiges corpus jeglichen menschlichen, göttlichen, politischen und technischen Wissens gedacht, so ist es doch klar, daß er einiges ganz vergessen hat und in allem andern sehr unvollständig ist. Zunächst mögen seine Jünger ihn als einen noch so hervorragenden Kabalisten hinstellen, sein Bericht über das opus magnum ist außerordentlich ärmlich und mangelhaft; er scheint sowohl Sendivogus und Behmen wie die Anthroposophia theomagica nur sehr oberflächlich gelesen zu haben. Auch ist er in Dingen der ›sphaera pyroplastica‹ sehr im Irrtum; eine Versäumnis, die sich gar nicht sühnen läßt; und (wenn der Leser einen so strengen Tadel dulden will) vix crederem autorem hunc unquam audivisse ignis vocem. Auch in Dingen der Technik sind seine Lücken vielfach nicht minder bedeutend. Denn obwohl ich seine Schriften mit der größten Sorgfalt gelesen habe (wie sie unter Modernen gebräuchlich ist), habe ich doch niemals die geringste Anweisung über den Bau jenes nützlichen Instruments entdecken können, das man eine Lichtschere nennt. Hätten nicht die Modernen nachgeholfen, so könnten wir noch heute mangels ihrer im Dunkeln wandeln. Noch aber habe ich eine weit bekanntere Lücke in der Hinterhand, die dem Autor vorzuwerfen ist: ich meine seine grobe Unkenntnis des gemeinen Rechts in unserm Reiche und der Lehre wie auch der Verfassung der anglikanischen Kirche. Ein Mangel, dessenwegen er wie alle Alten höchst gerechterweise von meinem würdigen und geistreichen Freund, dem Herrn Wotton, Kandidaten der Theologie, getadelt worden ist, und zwar in seinem unvergleichlichen Traktat über die Alte und Moderne Gelehrsamkeit: es ist das ein Buch, das nie genug geschätzt werden kann, ob wir nun die glücklichen Wendungen und den Fluß des Witzes betrachten, den großen Nutzen seiner erhabenen Entdeckungen über die Fliegen und den Speichel oder die gefeilte Beredsamkeit seines Stils. Und ich kann nicht umhin, diesem Autor die Gerechtigkeit widerfahren zu lassen, daß ich ihm öffentlich für die große Hilfe und all die Fingerzeige danke, die mir sein unvergleichliches Werk gab, als ich diese Abhandlung niederschrieb.

Aber abgesehn von den bereits erwähnten Unterlassungen des Homer wird der sorgsame Leser auch noch allerlei andre Mängel in den Schriften dieses Autors finden, für die er nicht ganz so verantwortlich ist. Denn da alle Zweige des Wissens seit seiner Zeit eine so wunderbare Förderung erfahren haben, zumal innerhalb der letzten drei Jahre oder doch ungefähr, so ist es nicht möglich, daß er in modernen Entdeckungen so vollkommen bewandert sein konnte, wie seine Fürsprecher es behaupten. Wir erkennen an, daß er der Erfinder des Kompasses, des Schießpulvers und der Blutzirkulation war; aber ich fordere jeden seiner Bewunderer heraus, mir in all seinen Schriften eine vollständige Erklärung des Spleens zu zeigen. Läßt er uns nicht auch über die Kunst der politischen Wetten völlig im dunkeln? Was kann mangelhafter und unbefriedigender sein als seine lange Abhandlung über den Tee? Und was seine Methode der Speichelkur ohne Quecksilber angeht, die man letzthin so sehr gefeiert hat, so ist sie meines Wissens und meiner Erfahrung nach etwas, worauf man sich nicht sehr verlassen kann.

Um so bedeutende Lücken auszufüllen, ließ ich mich nach langen Bitten überreden, die Feder in die Hand zu nehmen; und ich kann wohl versprechen, daß der urteilsfähige Leser hier nichts vernachlässigt finden wird, was in irgendeiner Lebenslage von Nutzen sein kann. Ich bin überzeugt, daß ich alles aufgenommen und ausgeschöpft habe, wozu menschliche Phantasie empor- oder hinabsteigen kann. Vor allem empfehle ich der Lektüre der Gelehrten gewisse Entdeckungen, die von andern noch nie berührt worden sind und von denen ich unter vielen andern nur diese erwähnen will: Neues Handbuch für Schwätzer, oder die Kunst, tief gelehrt und doch flach belesen zu sein; Eine merkwürdige Entdeckung über Mausefallen; Universalkanon der Vernunft, oder jedermann der Schmied seines eigenen Glücks; nebst einer sehr nützlichen Vorrichtung, um Eulen zu fangen. All das wird der verständige Leser in den verschiedenen Teilen dieser Abhandlung ausführlich erörtert finden.

Ich halte mich für verpflichtet, die Schönheiten und Vorzüge dessen, was ich schreibe, so klar wie möglich zu beleuchten: denn das ist jetzt die verbreitetste Mode und Art geworden, wie die ersten Autoren dieses gebildeten und gelehrten Jahrhunderts das Übelwollen kritischer Leser abwehren oder der Unwissenheit freundlicher Leser zu Hilfe kommen möchten. Außerdem sind letzthin verschiedene berühmte Werke in Prosa wie Versen veröffentlicht worden, bei denen tausend gegen eins zu wetten ist, daß wir, hätten nicht die Verfasser in ihrer großen Menschlichkeit und ihrer Liebe zum Publikum bis ins kleinste hinein auf alles Erhabene und Wunderbare hingewiesen, was sie enthalten, von beiden nicht ein Körnchen hätten entdecken können. Ich meinerseits kann freilich nicht leugnen, daß alles, was ich bei dieser Gelegenheit gesagt habe, besser in eine Vorrede gepaßt hätte;

dann wäre es mehr mit der Sitte in Einklang geblieben, die es in der Regel dorthin verweist. Ich halte es aber für angebracht, hier mein großes und ehrenvolles Vorrecht als letzter Autor zu betonen. Ich erhebe als neuster Moderner Anspruch auf jene zu Recht bestehende unbedingte Macht, die mir despotische Gewalt über alle nach mir kommenden Autoren verleiht. Kraft dieses Anspruches mißbillige ich hier jene verderbliche Sitte, die die Vorrede zu einem Speisezettel für das ganze Buch macht, und ich erkläre mich ausdrücklich gegen sie. Ich habe es stets als eine schwere Indiskretion angesehn, wenn die Inhaber von Schaubuden, in denen man Ungeheuer und andre Sehenswürdigkeiten zeigt, ein schönes, großes, nach dem Leben gemaltes Bild mit einer beredten Beschreibung darunter über ihre Türen hängen. Ich habe dadurch manchen Groschen gespart, denn meine Neugier war befriedigt, und ich ging nicht mehr hinein, obgleich der drängende Redner mir folgte und mich mit seiner letzten, treibenden und stereotypen rhetorischen Wendung einlud: »Herr, auf mein Wort, die Vorstellung soll gerade beginnen.« So geht es heute auch mit Vorreden, Widmungsbriefen, Ankündigungen, Einleitungen, Prolegomenas, Übersichten und ›An den Leser‹s. Das war zunächst ein wunderbarer Kunstgriff; unser großer Dryden hat ihn längst so weit ausgebeutet, wie es möglich war, und zwar mit unglaublichem Erfolg. Er hat mir oft im Vertrauen gesagt, die Welt hätte ihn niemals für einen so großen Dichter gehalten, wenn er ihr nicht so oft in seinen Vorreden versichert hätte, es sei unmöglich, daß sie je daran zweifle oder es vergesse. Vielleicht ist es so. Ich fürchte jedoch, seine Lehren haben an verkehrter Stelle gewirkt und die Menschen in gewissen Dingen klüger gemacht, in denen er sie niemals klüger wünschte. Es ist beklagenswert, wenn man sehn muß, mit welcher trägen Geringschätzung viel der gähnenden Leser unsrer Zeit vierzig oder fünfzig Seiten Vorrede oder Widmung (denn mit einer solchen lassen wir Modernen es in der Regel bewenden) überschlagen, als wären sie lateinisch geschrieben. Freilich ist auf der andern Seite auch wieder zuzugeben, daß bekanntermaßen eine beträchtliche Anzahl dadurch zu geistreichen Männern oder Kritikern promoviert, daß sie sonst nichts lesen. Und in diese beiden Gruppen, scheint mir, lassen sich die heutigen Leser überhaupt am gerechtesten einteilen. Ich selber gestehe, daß ich zu den ersten gehöre; und da ich zugleich auch den modernen Hang habe, mich über die Schönheit meiner eigenen Erzeugnisse auszulassen und die glänzenden Teile meiner Abhandlung herauszustreichen, so hielt ich es für das beste, dies im Laufe des Werks zu tun; und hier ergibt nun diese Abschweifung eine beträchtliche Steigerung des Umfangs meines Bandes, ein Gesichtspunkt, den ein geschickter Schriftsteller keineswegs vernachlässigen darf.

Nachdem ich nun also einer feststehenden Sitte unsrer neusten Autoren die gebührende Huldigung und Anerkennung gezollt habe, indem ich eine lange, unerbetene Abschweifung und einen durch nichts provozierten allgemeinen Tadel einschob: indem ich mit vieler Mühe und großer Geschicklichkeit meine eigenen Vorzüge und die Mängel der andern ans Licht hob, sehr gerecht gegen mich selbst und aufrichtig gegen sie, nehme ich jetzt endlich zur unbegrenzten Genugtuung des Lesers wie des Verfassers mein Thema wieder auf.

SECHSTER TEIL.

MÄRCHEN VON EINER TONNE.

Wir haben Herrn Peter in offenem Bruch mit seinen beiden Brüdern verlassen; beide waren auf ewig aus seinem Hause verjagt und mit wenig oder nichts, worauf sie sich verlassen konnten, in die weite Welt verwiesen. Diese Umstände machen sie zu geeigneten Gegenständen für die Mildtätigkeit der Feder eines Schriftstellers, denn Szenen des Elends liefern großen Abenteuern stets die reichste Ernte. Und hierin kann die Welt den Unterschied zwischen der Unbestechlichkeit eines großherzigen Autors und der eines gewöhnlichen Freundes erkennen. Dieser, so läßt es sich beobachten, sucht im Glück engen Anschluß; aber wenn das Schicksal sich wendet, fällt er alsbald ab. Wohingegen der großherzige Autor seinen Helden auf einem Misthaufen findet, ihn von dort aus stufenweise bis zu einem Thron erhebt und sich dann auf der Stelle zurückzieht, ohne für seine Mühe auch nur einen Dank zu erwarten. Diesem Beispiel gemäß habe ich den Herrn Peter in ein vornehmes Haus gesetzt, ihm einen Titel gegeben, den er tragen, und Geld, das er ausgeben kann. Dort will ich ihn eine Weile allein lassen und inzwischen dahin zurückkehren, wohin mich mein Erbarmen ruft, um nämlich seinen beiden Brüdern in ihrer niedrigsten Ebbe zu helfen. Ich werde jedoch keineswegs vergessen, daß ich als Geschichtsschreiber, was auch geschehe und wohin ich auch kommen mag, Schritt für Schritt der Wahrheit zu folgen habe.

Die beiden durch ihre Verhältnisse und ihre Interessen so eng verbundenen Verbannten nahmen gemeinsame Wohnung und begannen dort gleich in ihren ersten Mußestunden über die zahllosen Mißgeschicke und Plagen ihres vergangenen Lebens nachzudenken; es gelang ihnen nicht so auf der Stelle, zu erkennen, welchem Fehler in ihrer Lebensführung sie all das zuschreiben sollten; aber nach einigem Sinnen fiel ihnen die Abschrift von dem Testament ihres Vaters ein, die sie sich so glücklich verschafft hatten. Sie holten sie auf der Stelle herbei und faßten mitsammen den festen Entschluß, zu ändern, was sie bereits verkehrt gemacht hatten, und ihre künftigen Maßnahmen streng in den dort verlangten Bahnen des Gehorsams zu halten. Der Hauptteil des Testaments bestand (wie der Leser es noch nicht gut vergessen haben kann) aus gewissen ausgezeichneten Regeln darüber, wie sie ihre Röcke tragen sollten; und als die beiden Brüder ihn durchlasen und bei jedem Satz Lehre und Befolgung verglichen, zeigte sich, daß niemals zwischen zwei Dingen so viel Unterschiede waren: jede Vorschrift war, es ist ein Grauen, offen übertreten worden. Woraufhin sie denn beschlossen, unverzüglich alles genau nach dem Willen ihres Vaters einzurichten.

Hier aber wird es gut sein, den eiligen Leser, der stets ungeduldig auf das Ende eines Abenteuers harrt, ehe wir Schriftsteller ihn genügend darauf vorbereiten können, einen Augenblick zurückzuhalten. Ich muß berichten, daß diese beiden Brüder sich um diese Zeit durch Namen zu unterscheiden begannen. Einer von ihnen wünschte Martin zu heißen; der andre nahm die Bezeichnung Jakob an. Die beiden hatten unter der Tyrannei ihres Bruders Peter in großer Freundschaft miteinander gelebt, wie es die Gabe von Brüdern im Leide ist; denn Menschen im Unglück sind wie Menschen im Dunkeln, denen alle Farben gleich scheinen. Aber als sie in die Welt hinaustraten und sich einander und dem Licht zu zeigen begannen, stellte sich heraus, daß sie von sehr verschiedener Art waren, was zu beweisen ihnen der gegenwärtige Stand ihrer Angelegenheiten alsbald Gelegenheit gab.

Hier aber kann mir der gestrenge Leser mit Recht den Vorwurf eines kurzen Gedächtnisses machen, ein Mangel, dem ein wahrer Moderner unbedingt ein wenig ausgesetzt sein muß. Denn da das Gedächtnis eine auf die vergangenen Dinge gerichtete Beschäftigung ist, so ist es auch eine Fähigkeit, die die Gelehrten unsres erlauchten Zeitalters zu üben wenig Gelegenheit finden; denn sie geben sich nur mit dem Erfinden ab und prägen alle Dinge aus sich selbst heraus, oder wenigstens nur durch den Zusammenprall aufeinander; aus diesem Grunde halten wir es für im höchsten Grade vernünftig, unsre große Vergeßlichkeit als einen unwiderleglichen Beweis für unsern großen Verstand anzuführen. Ich hätte den Leser von Rechts wegen etwa fünfzig Seiten früher davon unterrichten müssen, daß Herr Peter auf einen Einfall kam, den er auch seinen Brüdern einimpfte, nämlich den, jeden Putz, den die Mode aufbrachte, auf ihren Röcken zu tragen, ohne jemals den, der unmodern wurde, abzutrennen; sie behielten sie alle und trugen sie weiter, so daß mit der Zeit das närrischste Gemisch daraus wurde, das man sich nur vorstellen kann; es ging so weit, daß um die Zeit ihrer Entzweiung kaum noch ein Faden des ursprünglichen Rocks zu sehen war, sondern statt dessen nur eine unendliche Menge von Litzen und Bändern, Fransen, Stickereien und Spitzen (ich meine nur die, die mit Silber festgeheftet waren, denn die andern fielen ab!). Da nun diese wesentliche Einzelheit seinerzeit vergessen wurde, so trifft es sich sehr glücklich, daß sie mir hier einfällt, wo die beiden Brüder ihre Kleidung gerade wieder in den ursprünglichen Zustand versetzen wollen, wie er in ihres Vaters Testament beschrieben wird.

Sie machten sich beide einmütig an diese große Arbeit, indem sie bald auf ihre Röcke blickten und bald in das Testament. Martin war der erste, der Hand anlegte; mit einem einzigen Griff riß er eine große Handvoll Spitzen ab, mit einem zweiten zehn Dutzend Ellen Fransen. Als er aber so weit gegangen war, zauderte er eine Weile; er wußte recht gut, daß noch eine Menge zu tun blieb; als aber die erste Hitze vorüber war, kühlte seine Heftigkeit ab, und er beschloß, in der übrigen Arbeit maßvoller vorzugehn; er hatte bereits nur mit Mühe einen gewaltigen Riß vermieden, als er die Spitzen abnahm, denn da sie mit Silber besetzt waren (wie wir schon bemerkt haben), so hatte der verständige Schneider sie scharfsinnigerweise doppelt genäht, um ein Abfallen zu verhindern. Als er demnach beschloß, seinen Rock von einer großen Menge Goldborte zu befreien, suchte er sehr vorsichtig die einzelnen Stiche und zog die losen Fäden im Fortschreiten sorgfältig heraus; und es erwies sich, daß diese Arbeit Zeit verlangte. Dann machte er sich an die gestickten Figuren der Männer, Weiber und Kinder, gegen die sich, wie man an der betreffenden Stelle gehört hat, ihres Vaters Testament mit besonderer Strenge und Schärfe aussprach; diese waren nach einer Weile mit viel Geschick und Fleiß vollständig ausgerodet oder getilgt. Wo er im übrigen bemerkte, daß die Stickerei so eng aufgenäht war, daß man sie nicht beseitigen konnte, ohne das Tuch zu beschädigen, oder wo sie dazu diente, irgendeine schlechte Stelle im Tuch zu verdecken oder zu stärken – schlechte Stellen, wie sie entstanden waren durch die beständige Arbeit der Schneider an dem Tuch –, da kam er zu dem Schluß, es sei das weiseste, sie stehn zu lassen; denn er wollte auf keinen Fall, daß das Tuch selber jetzt noch Schaden litte, weil er glaubte, so diene er am besten dem echten Sinn und dem Zweck des Testaments. Dies aber ist der genaueste Bericht, den ich habe über Martins Vorgehn bei dieser Gelegenheit zusammenbringen können.

Sein Bruder Jakob aber, dessen Abenteuer so außerordentlich waren, daß sie im Rest dieser Abhandlung den Stoff für den größeren Teil abgeben werden, machte sich in andrer Gesinnung und in sehr verschiedenem Geist an die Arbeit. Denn die Erinnerung an Herrn Peters Beschimpfungen erzeugte einen Grad des Hasses und der Wut in ihm, der ihn weit stärker vorwärts trieb als irgendeine Rücksicht auf seines Vaters Befehle, und bestenfalls war sie den andern Beweggründen untergeordnet. Für dieses Gemisch von Launen gelang es ihm aber einen sehr schönen Namen zu finden, denn er ehrte es mit dem Titel des Eifers; und das ist vielleicht das bedeutungsvollste Wort, das irgendeine Sprache jemals hervorgebracht hat; ich denke, ich habe das in meiner ausgezeichneten analytischen Abhandlung über dieses Thema ausführlich bewiesen, denn ich habe dort einen histori-theo-physiologischen Bericht über den Eifer gegeben, indem ich zeigte, wie er zunächst aus einem Begriff zu einem Wort wurde, und aus einem Wort reifte er in einem heißen Sommer zu einer greifbaren Substanz. Dieses Werk, das drei große Foliobände umfaßt, gedenke ich in Kürze in der modernen Art und Weise als Subskriptionsdruck erscheinen zu lassen, und ich zweifle nicht daran, daß der hohe und niedere Adel des Landes mir jede nur erdenkliche Ermutigung wird angedeihen lassen, nachdem sie einen solchen Vorgeschmack von dem genossen haben, was ich zu leisten imstande bin.

Ich verzeichne also, daß Bruder Jakob, bis an den Rand voll von dieser wunderbaren Mischung und entrüsteten Gedanken an Peters Tyrannei, und ferner auch noch durch Martins Kleinmut erbittert, seine Entschließungen also einleitete: »Was!« rief er, »ein Halunke, der seinen Wein einschloß, unsre Weiber verjagte, uns um unser Vermögen betrog, uns seine verdammten Brotkrusten als Hammelfleisch aufhing und uns zum Schluß zur Tür hinauswarf – sollen wir nach dessen Mode gehn, zum Henker? Und dabei ist er ein Schurke, gegen den die ganze Straße anschreit!« Nachdem er sich so nach Kräften selbst entflammt und angeschürt hatte, war er natürlich nicht gerade in der richtigen Stimmung, um eine Reformation zu beginnen; aber er machte sich dennoch sofort ans Werk; in drei Minuten brachte er mehr fertig, als Martin in ebensoviel Stunden. Denn, höflicher Leser, du mußt verstehn, daß der Eifer niemals so freudig arbeitet, wie wenn man ihm etwas zu zerreißen gibt; und da Jakob jene Eigenschaft an sich selber liebte, so ließ er ihr diesmal freies Spiel. So begab es sich, daß er mit einem Bündel Goldborte, die er ein wenig zu hastig herunterzerrte, auch den Rumpf seines Rockes von oben bis unten auseinanderriß; und da er im Nähen nicht gerade sehr begabt war, wußte er nichts Besseres zu tun, als ihn mit einem Strick und einer Packnadel wieder zusammenzustopfen[1]. Unendlich viel schlimmer wurde die Sache aber noch (ich berichte es unter Tränen), als er zu den Stickereien kam; denn da er von Natur plump und von Charakter ungeduldig war und dabei Millionen von Stichen erblickte, die die geschickteste Hand und die ruhigste Veranlagung verlangten, so riß er in heller Wut das ganze Stück mit dem Tuch und allem heraus und warf es in die Gosse[2]; und indem er sein Werk in dieser Weise wütend fortsetzte, rief er: »Ach, guter Bruder Martin, um Gottes willen, tu wie ich; zerre, reiße, ziehe, schinde, damit wir dem Halunken Peter nur so unähnlich sehn wie möglich. Ich möchte nicht um hundert Pfund die geringste Spur an mir tragen, die den Nachbarn Gelegenheit gäbe, zu argwöhnen, ich sei mit einem solchen Schurken verwandt.« Martin aber, der um diese Zeit eben ganz besonders phlegmatisch und gesetzt war, bat seinen Bruder in aller Liebe, seinen Rock auf keinen Fall zu beschädigen; denn einen zweiten solchen würde er nimmermehr finden; er flehte ihn an, zu bedenken, daß es nicht ihre Aufgabe sei, ihre Handlungsweise nach irgendwelchen Gedanken an Peter zu richten, sondern die Regeln zu beobachten, die in ihres Vaters Testament gegeben sind. Er möchte nicht vergessen, daß Peter immer noch ihr Bruder wäre, welche Fehler oder unrechte Handlungen er auch begangen haben mochte; und deshalb müßten sie sich vor allen Dingen davor hüten, ihre Maßnahmen im guten wie schlimmen nach keiner andern Regel zu richten als der Opposition gegen ihn. Freilich spreche sich das Testament ihres guten Vaters in jeder Einzelheit über die Art, wie sie ihre Röcke tragen sollten, sehr genau aus; aber es drohe nicht weniger Strafen an und sei nicht minder streng, wo es Einigkeit, Freundschaft und Liebe zwischen ihnen dreien verlange. Und wenn man es schon in irgendeinem Punkt übertreten dürfe, so sei es sicherlich eher erlaubt, wo es der Förderung der Einigkeit als der Steigerung der Feindschaft diene.

Martin war ebenso ernst und ruhig fortgefahren, wie er begonnen hatte, und zweifellos hätte er einen wundervollen Vortrag über die Moral gehalten, der sowohl die seelische wie leibliche Ruhe meines

[1] Man vergesse durch das ganze Werk hin nicht, daß keineswegs Luther und Calvin direkt gemeint sind, sondern nur die anglikanische Kirche und die schottischen Presbyterianer; diese letzten machten ihre Geistlichen dadurch zu Bettlern, daß sie die Besitzungen der Klöster und Kirchen im Lande allzu plötzlich einzogen, ehe auf irgendeine Weise für Kircheneinkünfte gesorgt war.

[2] Die Presbyterianer schafften, als sie die Gebete und die unnötigen Kirchenzeremonien beseitigten, selbst diejenigen ab, die in der Schrift begründet waren. (Anm. Sir Walter Scotts.)

Lesers befördert hätte (und das ist das wahre Endziel jeder Ethik), wenn nicht Jakob bereits um einen Pfeilschuß jenseits der Grenze seiner Geduld gewesen wäre. Und in scholastischen Disputationen erregt nichts so sehr die Wut des Opponenten wie eine Art absichtlicher, pedantischer Ruhe bei dem Verteidiger; Disputierende sind in den meisten Fällen wie zwei ungleich belastete Waagschalen; die Schwere der einen Seite erhöht die Leichtigkeit der andern, so daß diese emporfliegt und wider den Balken stößt. So ging es denn auch hier: Martins Schwere erhöhte Jakobs Leichtigkeit, so daß er emporflog und wider seines Bruders Mäßigung ausschlug. Kurz, Martins Geduld brachte Jakob in Wut; was ihn aber am härtesten traf, war dies, daß er seines Bruders Rock so hübsch in den Stand der Unschuld zurückversetzt sah, während sein eigener entweder bis auf das Hemd zerrissen war oder – an den Stellen, die seine grausamen Krallen noch nicht erreicht hatten – immer noch Peters Livree trug. Daher sah er denn auch aus wie ein betrunkener Geck, der von ein paar Kerlen halb ausgezogen wurde, oder wie ein frischer Insasse des Gefängnisses, der sich geweigert hat, das Eintrittsgeld zu zahlen, oder wie ein entdeckter Ladendieb, der den Börsenweibern überlassen wird, oder wie eine Kupplerin in ihrem alten Samtunterrock, die den weltlichen Händen des Pöbels preisgegeben wurde. Gleich irgendeinem von diesen oder gleich allen erschien jetzt der unglückliche Jakob als ein Gemisch von Lumpen und Borten und Rissen und Fransen; er wäre sehr froh gewesen, wenn sein Rock ausgesehn hätte wie der Martins; unendlich viel froher aber noch, wenn der Martins ausgesehn hätte wie seiner. Da aber beides kaum eintreten konnte, so beschloß er, der ganzen Sache eine neue Wendung zu geben und die Not zur Tugend zu machen. Nachdem er also so viele Fuchsgründe angeführt hatte, wie er nur finden konnte, um Martin zur Vernunft zu bringen, wie er es nannte – er meinte aber, in seine eigene, verhunzte Verfassung –, und als er merken mußte, daß alles vergeblich war, was blieb da, ach, dem verlorenen Jakob anders übrig, als nach einer Million Schmähungen auf seinen Bruder vor Gift und Ärger und Widerspruchsgeist verrückt zu werden. Um es kurz zu sagen, so begann hier ein tödlicher Bruch zwischen den beiden. Jakob zog auf der Stelle in eine neue Wohnung, und nach ein paar Tagen wurde es als sicher berichtet, daß er den Verstand verloren hätte. Bald darauf erschien er in den Straßen und bestätigte den Bericht dadurch, daß er auf die wunderlichsten Possen verfiel, die je ein krankes Gehirn ausbrütete.

Und nun begannen ihn die kleinen Jungen in den Straßen mit allerlei Namen zu begrüßen. Bisweilen nannten sie ihn Jakob, den Kahlen[1]; bisweilen Jakob mit der Laterne; bisweilen Den hollandschen Jakob; bisweilen Hugo, den Franzmann; bisweilen Tom, den Bettler, und bisweilen den hauenden Jakob aus dem Norden. Und unter einer oder einigen oder allen dieser Benennungen (ich überlasse es dem gelehrten Leser, das zu entscheiden) rief er die höchst erlauchte und epidemische Sekte der Aeolisten ins Leben, die in ehrenvollem Gedenken noch jetzt den berühmten Jakob als ihren Urheber und Gründer anerkennt. Über ihren Ursprung und über ihre Prinzipien gedenke ich jetzt der Welt zu ihrer Befriedigung sehr genau Bericht zu erstatten.

MELLEO CONTINGENS CUNCTA LEPORE.

SIEBENTER TEIL.
EINE ABSCHWEIFUNG ZUM LOBE DER ABSCHWEIFUNGEN.

Ich habe bisweilen von einer Iliade in der Nußschale gehört; aber es war mein besonderes Glück, daß ich viel öfter eine Nußschale in einer Iliade zu sehen bekam. Es kann kein Zweifel darüber bestehn, daß die Menschheit von beiden die wundervollsten Segnungen erhalten hat; wem von beiden die Welt aber am meisten verdankt, das überlasse ich den Gelehrten zu entscheiden; es ist ein Problem, das ihrer genauesten Untersuchung würdig ist. Für die Erfindung der letztern, denke ich, ist die Gelehrtenrepublik vor allem der großen modernen Einrichtung der Abschweifungen zu Dank verpflichtet; denn die letzten Verfeinerungen im Wissen, die denen in der Kost unsrer Nation parallel laufen, wie sie jetzt unter Leuten von urteilsfähigem Geschmack mit Hilfe von allerlei Mischungen zubereitet wird, bestehn in Suppen, Allerleis, Frikassees und Ragouts.

Freilich gibt es eine Klasse mürrischer, nörgelnder, unerzogener Leute, die tun, als fänden sie absolut keinen Geschmack an diesen eleganten Neuerungen; und was das Gleichnis von der Kost angeht, so räumen sie ein, daß es zutrifft, aber sie erkühnen sich und behaupten, ein derartiger Vergleich bedeute an sich eine Verderbnis und Entartung des Geschmacks. Sie erzählen uns, die Mode, fünfzig verschiedene Dinge in einer Schüssel durcheinanderzurütteln, sei zuerst aus

[1] Diese Namen bedeuten nacheinander: Calvin; Jakob mit der inneren Erleuchtung; Jakob von Leyden; Die Hugenotten; die Geusen; und John Knox (Hauen Englisch = Knocking.)

Nachgiebigkeit gegen verderbte und ausschweifende Gelüste und kränkliche Konstitutionen eingeführt worden; und wenn man sehn muß, wie ein Mensch durch ein Allerlei dem Kopf und Gehirn einer Gans, einer Speckente oder einer Schnepfe nachjagt, so ist das ein Zeichen, daß sein Magen und seine Verdauung substantiellerer Nahrung nicht mehr gewachsen sind. Ferner behaupten sie, Abschweifungen in einem Buch seien wie fremde Truppen in einem Staat, die beweisen, daß es der Nation an einem eigenen Kopf und Herzen fehlt; und oft unterwerfen sie die Eingeborenen oder treiben sie in die unfruchtbarsten Winkel.

Was aber auch von diesen hochmütigen Tadlern eingewandt werden mag, es ist klar, daß die Gesellschaft der Schriftsteller bald zu einer unbeträchtlichen Anzahl zusammenschrumpfen würde, wenn die Menschen darauf angewiesen wären, unter der verhängnisvollen Einschränkung, daß sie nichts sagen dürfen, als was zur Sache gehört, Bücher zu machen. Es steht fest, daß es, ständen die Dinge bei uns wie bei den Griechen und Römern, als die Gelehrsamkeit noch in ihrer Wiege lag und erst noch durch die Erfindungsgabe gesäugt, genährt und bekleidet werden sollte – daß es da eine leichte Aufgabe wäre, ganze Bände über besondere Anlässe zu füllen, ohne daß man sich über müßige Nebenuntersuchungen, die das Hauptthema fördern oder beleuchten, hinaus vom Gegenstand zu entfernen brauchte. Aber mit dem Wissen ist es gegangen wie mit einem zahlreichen Heer, das in einem fruchtbaren Lande lagert und sich ein paar Tage von den Produkten des Bodens nährt, auf dem es sich befindet; wenn aber die Vorräte ausgehn, werden Teile der Truppen gar manche Meile weit geschickt, um zu fouragieren, einerlei, ob in Freundes- oder Feindesland. Derweilen werden die Nachbarfelder, die zerstampft und niedergetreten sind, unfruchtbar und dürr und geben keine Nahrung mehr außer Wolken Staubes.

Da so die ganze Lage der Dinge zwischen uns und den Alten verschieden ist, und da die Modernen sich dessen klugerweise bewußt sind, so haben wir Menschen dieses Jahrhunderts eine kürzere und gescheitere Methode gefunden, Gelehrte und Männer von Geist zu werden, ohne uns erst die Mühe des Lesens oder Denkens zu machen. Der vollkommensten Wege, Bücher zu benutzen, sind gegenwärtig zwei. Man behandelt sie, wie manche Leute große Herrn behandeln: lernt ihre Titel auswendig und prahlt dann mit ihrer Bekanntschaft. Oder aber, und das ist denn freilich die vornehmere, tiefere und gebildetere Methode, man nimmt gründliche Einsicht in das Register, durch das das ganze Buch gelenkt und gewendet wird wie die Fische durch ihren Schwanz. Denn durch das große Tor in den Palast der Gelehrsamkeit einzuziehen erfordert beträchtlichen Aufwand an Zeit und Förmlichkeiten; und deshalb begnügen sich Leute, die es eilig haben und auf Formen keinen Wert legen, damit, durch die Hintertür hineinzuschlüpfen. Denn die Künste sind alle auf fliegendem Marsch und also am leichtesten zu unterjochen, wenn man sie von der Nachhut her angreift. So entdecken Ärzte den Gesundheitszustand des ganzen Körpers, indem sie nur untersuchen, was von hinten kommt. So greifen die Menschen das Wissen auf, indem sie ihren Verstand einem Buch auf den Hintern werfen, genau wie Knaben Spatzen fangen, indem sie ihnen Salz auf die Schwänze streuen. So versteht man nach der Regel des Weisen das Leben des Menschen am besten, wenn man sich das Ende besieht. So werden die Wissenschaften gleich den Ochsen des Herkules gefunden, indem man sie rückwärts verfolgt; so werden alte Wissenschaften alten Strümpfen gleich aufgeräufelt, indem man an ihren Fersen beginnt... Abgesehn von alldem aber hat sich das Heer der Wissenschaften jüngst mit unendlich viel militärischer Zucht zusammengeschlossen, so daß man in allergrößter Beschleunigung eine Musterung abhalten kann. Diese große Segnung haben wir einzig den Systemen und Abrissen zu verdanken, in denen die modernen Väter der Gelehrsamkeit gleich klugen Wucherern ihren Schweiß zu unsrer, ihrer Kinder, Erleichterung hergaben. Denn Mühe ist die Saat des Müßiggangs, und es ist das besondere Glück unsrer Zeit, daß sie die Früchte erntet.

Da nun die Methode, um weise, gelehrt und erhaben zu werden, zu etwas so Regelrechtem geworden ist und in allen Formen so fest steht, so muß sich die Zahl der Schriftsteller demgemäß vermehrt haben, und zwar bis zu einem Grade, der es unbedingt notwendig gemacht hat, daß sie sich unablässig ins Gehege kommen. Außerdem hat man ausgerechnet, daß gegenwärtig in der Natur nicht mehr genügend Stoff vorhanden ist, um irgendein besonderes Thema so zu versehn und auszuschmücken, daß es noch einen Band zu füllen vermag. Das habe ich von einem sehr geschickten Rechner gehört, der es nach allen Regeln der Arithmetik genau nachgewiesen hat.

Hiergegen werden vielleicht jene, die die Unendlichkeit des Stoffs verteidigen und also nicht zugeben, daß irgendeine Art des Stoffs sich erschöpfen läßt, Einwendungen erheben. Zur Antwort darauf wollen wir den edelsten Zweig modernen Witzes oder moderner Erfindung untersuchen, der gepflanzt und gepflegt wurde von dem gegenwärtigen Jahrhundert und der von allen die meisten und die schönsten Früchte getragen hat. Denn obgleich uns einige Trümmer von ihm auch von den Alten hinterlassen wurden, so sind sie doch, soweit ich weiß, niemals übersetzt noch auch für den modernen Gebrauch in Systeme zusammengetragen worden. Deshalb können wir zu unsrer eigenen Ehre versichern, daß er gewissermaßen von denselben Händen erfunden und bis zur Vollkommenheit gebracht worden ist. Ich meine aber jenes viel gepriesene Talent der modernen Leute von Geist, Gleichnisse, Anspielungen und Parallelen, die überraschend, treffend und passend sind, den Schamteilen beider Geschlechter und ihrem jeweiligen Gebrauch zu entnehmen. Und wahrlich, als ich beobachtete, wie wenig Erfindung Anklang findet, wenn sie nicht in diese Kanäle einlenkt, so habe ich mir bisweilen gedacht, daß der glückliche Genius unsres Jahrhunderts und Landes prophetisch dargestellt wurde in jeder alten allegorischen Schilderung der indischen Pygmäen; sie waren nicht mehr als zwei Fuß hoch; sed quorum pudenda crassa et ad talos usque pertingentia. Nun habe ich die jüngsten Erzeugnisse, in denen derlei Schönheiten am sichtbarsten erschienen, sehr emsig durchsucht. Und obwohl diese Ader so reichlich Blut gespendet hat und man jede nur in der Macht des menschlichen Atems stehende Anstrengung machte, um sie zu erweitern, zu verlängern und offen zu halten: den Skythen gleich, die ein Instrument besaßen, mit dem sie nach einer ihrer Sitten die Schamteile ihrer Stuten aufbliesen, auf daß sie mehr Milch hergäben, so fürchte ich doch, daß diese Ader bald versiegen wird, und zwar ganz hoffnungslos; und daß man entweder wird für eine neue Quelle des Witzes sorgen müssen, wenn das möglich ist, oder daß wir uns auch hier wie in allen andern Dingen mit der bloßen Wiederholung begnügen müssen.

Dies wird als ein unbestreitbares Beispiel dafür dienen, daß unsre modernen Männer von Geist nicht auf die Unerschöpflichkeit des Stoffes rechnen dürfen, um beständig Vorrat an Themen zu haben. Was also bleibt da noch übrig, als daß wir zuletzt unsre Zuflucht zu großen Inhaltsverzeichnissen und kleinen Kompendien nehmen. Man muß in Fülle Zitate sammeln und alphabetisch ordnen; und obwohl man zu diesem Zweck nur wenig Autoren zu Rate zu ziehen braucht, so muß man doch Kritiker, Kommentatoren und Wörterbücher sorgfältig lesen. Vor allem aber muß man liebevoll in jenen verständigen Sammlern glänzender Einfälle und ›Blüten‹ und Sentenzen suchen, wie manche sie die Siebe und Mehlbeutel der Gelehrsamkeit nennen, wiewohl es unbestimmt bleibt, ob sie mit Perlen oder Mehl handeln, und also auch, ob wir höher zu schätzen haben, was darin bleibt oder was durchstaubt.

Durch diese Methoden schießt in wenigen Wochen gar mancher

Schriftsteller empor, der imstande ist, die tiefsten und allgemeinsten Themen zu behandeln. Wenn nur sein Gemeinplatzbuch voll ist, so mag sein Kopf immerhin leer sein; und wenn man ihm nur die Kleinigkeiten der Methodik, des Stils und der Grammatik und Erfindung vorgibt und ihm die allgemeinen Privilegien zugesteht, daß er, sooft er seine Gelegenheit ersieht, aus andern abschreiben und von sich selber abschweifen darf, so wird er weiter nichts verlangen, um einen Traktat zurechtzuflicken, der sich auf dem Bücherbrett des Buchhändlers stattlich ausnehmen und zierlich und sauber eine Ewigkeit hindurch dort stehen bleiben wird, geziert mit dem Wappen seines Titels, der schön auf ein Etikett geschrieben ist; nie darf er von Lernbegierigen mit Daumenabdrücken oder Fettflecken versehen noch auch in einer Bibliothek an ewige Ketten des Dunkels gebunden werden. Wenn aber die Zeit erfüllet ist, so wird er sich selig dem Gericht des Fegefeuers unterwerfen, um zum Himmel emporzusteigen.

Wie wäre es ohne dergleichen Zugeständnisse möglich, daß wir modernen Leute von Geist je Gelegenheit haben sollten, unsre Sammlungen, die unter so vielen tausend Titeln verschiedener Art auftreten, an den Mann zu bringen; ohne sie aber wäre die gelehrte Welt unendlicher Freude sowohl wie unendlicher Belehrung beraubt, und wir selber versänken hoffnungslos in ruhmloser und unterschiedsloser Vergessenheit.

Auf Grund solcher Elemente denke ich noch den Tag zu erleben, an dem die Gilde der Autoren all ihre Brüder aus dem Felde schlagen kann. Dieses Glück ist uns nebst manchen andern von unsern skythischen Vätern her überkommen, unter denen die Zahl der Federn so unendlich groß war, daß die griechische Beredsamkeit sie nicht anders zu schildern vermochte, als indem sie sagte: in den Regionen des hohen Nordens könne der Mensch kaum reisen, weil die ganze Luft von Federn angefüllt sei.

Die Notwendigkeit dieser Abschweifung wird ihre Länge leicht entschuldigen; ihre Stelle habe ich so gut gewählt, wie ich nur konnte. Wenn der urteilsfähige Leser mir eine bessere zu zeigen vermag, so ermächtige ich ihn hierdurch, sie an jede beliebige andre Stelle zu rükken. Und damit kehre ich in großer Behendigkeit zu wichtigeren Dingen zurück.

ACHTER TEIL

MÄRCHEN VON EINER TONNE.

Die gelehrten Aeolisten[1] behaupten, der erste Ursprung aller Dinge sei der Wind; aus diesem Prinzip sei zu Anfang das ganze Weltall entstanden, und in dies Prinzip müsse es sich schließlich wieder auflösen; derselbe Hauch, der die Flamme der Natur entfacht und geschürt habe, werde sie eines Tages auch ausblasen:

Quod procul a nobis flectat fortuna gubernans.

Es ist dies das, was die adepti unter ihrer ›anima mundi‹ verstehn; das heißt der Geist oder Hauch oder Wind der Welt; denn man prüfe das ganze System nach den Einzelheiten der Natur, und man wird finden, daß es sich nicht anfechten läßt. Denn ob man nun die forma informans des Menschen mit den Namen spiritus, animus, afflatus oder anima belege; was sind diese Worte andres als verschiedene Benennungen des Windes, des herrschenden Elements in allen Zusammensetzungen, in das sie sich auch bei ihrer Verwesung wieder auflösen? Und was ist er ferner selbst als der Hauch unsrer Nase? Daher denn auch die Naturkundigen mit Recht anmerken, daß der Wind noch immer in gewissen Mysterien, die namenlos bleiben mögen, von großem Nutzen ist und Anlaß gibt zu jenen glücklichen Beiworten turgidus und inflatus, die man anwendet auf die ausscheidenden oder aufnehmenden Organe.

Nach dem, was ich aus alten Berichten entnommen habe, sehe ich, daß ihre Lehre zweiunddreißig Punkte umfaßte, die einzeln aufzuführen aber zu weitläufig wäre. Ein paar ihrer wichtigsten Vorschriften jedoch, die sich daraus ableiten lassen, dürfen nicht fortbleiben. Vor allem war folgender Grundsatz von großer Wichtigkeit. Da der Wind in allen Zusammensetzungen den Hauptbestandteil bildet, wie er denn auch das wirkende Ingredienz ist, so müssen natürlich jene Wesenheiten von besonderer Vortrefflichkeit sein, in denen jenes primordium am deutlichsten vorherrscht; und demnach bedeutet der Mensch die höchste Vollkommenheit aller erschaffenen Dinge, denn er ist durch die große Güte der Philosophen mit drei verschiedenen Animas oder Winden begabt worden, denen die gelehrten Aeolisten mit großer Freigebigkeit sogar noch einen vierten hinzugefügt haben, der ebenso notwendig ist wie die andern drei und ebensosehr zur Zierde gereicht, und dieses quartum principium bezieht die vier

[1] Alle, die auf irgendwelche Inspiration oder Eingebung Anspruch machen.

Himmelsrichtungen ein. Was wiederum jenem berühmten Kabalisten Bombastus Gelegenheit gab, den Körper des Menschen den vier Himmelsrichtungen gegenüber in die richtige Stellung zu bringen.

Demnach lautete ihr nächster Grundsatz, daß der Mensch einen bestimmten Anteil oder Keim des Windes mit zur Welt bringt, den man die quinta essentia nennen kann, weil er aus den andern vier entnommen ist. Diese Quintessenz ist in allen Lagen des Lebens allgemein anwendbar; sie läßt sich zu allen Künsten und Wissenschaften ausarbeiten und durch gewisse Methoden der Erziehung wunderbar verfeinern und erweitern. Und wenn sie ihre Vollkommenheit erreicht hat, sollte sie nicht gierig aufgespeichert, erstickt oder unter dem Scheffel verborgen, sondern der Menschheit freigebig mitgeteilt werden. Aus diesen und andern ebenso schwerwiegenden Gründen behaupten die Aeolisten, daß die Gabe des Rülpsens der edelste Teil eines vernunftbegabten Wesens ist. Um diese Kunst zu pflegen und der Menschheit noch dienstbarer zu machen, wandten sie verschiedene Methoden an. Zu gewissen Jahreszeiten konnte man ihre Priester sehn, wie sie in ungeheurer Anzahl dastanden, die weiten Münder offen gegen den Sturm gerichtet. Zu andern Zeiten konnte man mehrere hundert von ihnen zu einer kreisförmigen Kette verbunden sehn, und jeder hatte seinem Nachbar einen Blasebalg in den Hintern gesteckt; so bliesen sie sich auf, bis sie Gestalt und Umfang einer Tonne hatten, und aus diesem Grunde nannten sie ihre Körper in der Regel ihre Gefäße. Wenn sie dann durch diese und ähnliche Dinge voll genug geworden waren, so brachen sie auf der Stelle auf und entluden zum allgemeinen Nutzen einen reichlichen Anteil ihrer Errungenschaften in die Kiefer ihrer Jünger. Denn wir müssen hier anmerken, daß jede Gelehrsamkeit unter ihnen als aus demselben Prinzip herrührend galt. Erstens wird allgemein behauptet und anerkannt, daß Gelehrsamkeit den Menschen aufbläst, und zweitens bewiesen sie es noch durch folgenden Syllogismus: Worte sind nichts als Wind, und die Gelehrsamkeit besteht aus nichts als Worten; ergo ist Gelehrsamkeit nichts als Wind. Aus diesem Grunde teilten die Gelehrten unter ihnen in den Schulen ihren Schülern ihre ganzen Lehren und Anschauungen nur durch Rülpsen mit, und darin hatten sie es bis zu einer wunderbaren Beredsamkeit von ganz unglaublicher Mannigfaltigkeit gebracht. Das große Merkmal aber, durch das ihre größten Weisen sich am besten unterschieden, war eine gewisse Gesichtsverfassung, die unzweifelhaft verriet, bis zu welchem Grade und in welchem Verhältnis der Geist die inneren Massen erregte. Denn nach einem gewissen Bauchgrimmen erst strömten die Winde und Dünste heraus; und zuvor verursachten sie durch ihren inneren Aufruhr und ihre Erschütterungen ein Erdbeben in der kleinen Welt des Menschen; sie verzerrten den Mund, blähten die Wangen auf und gaben den Augen ein furchtbares Relief. In solchen Lagen galten all ihre Rülpser als heilig; je saurer sie waren, um so besser; und ihre magern Jünger verschlangen sie unter unendlicher Befriedigung. Und um sie noch vollkommener zu machen, wurden, da der Lebenshauch des Menschen in seiner Nase liegt, die auserlesensten, erbaulichsten und belebendsten Rülpser durch diesen Kanal ausgestoßen, der ihnen beim Durchgang seine Färbung lieh.

Ihre Götter waren die vier Winde, und sie verehrten sie als die Geister, die das Weltall durchdringen und beleben, und als diejenigen, von denen, wie man mit Recht sagen kann, alle Inspiration ausgeht. Der wichtigste unter ihnen jedoch, derjenige, vor dem sie die ›Latria‹-Andacht vollführten, war der allmächtige Nordwind[1], eine uralte Göttin, die auch die Bewohner von Megalopolis in Griechenland in höchsten Ehren hielten: omnium deorum Boream maxime celebrant. Obwohl dieser Gott die Gabe der Allgegenwart besaß, so nahmen die tieferen Aeolisten doch an, er habe eine besondere Behausung oder (um ganz korrekt zu reden) einen coelum empyraeum, in dem er intimer anwesend war. Dieser besondere Himmel nun lag in einer bestimmten Region, die den alten Griechen genau bekannt war und die sie Skotia oder das Land des Dunkels nannten. Und obwohl sich über dieses Thema viel Streit erhoben hat, so ist doch das eine unbestreitbar, daß die raffiniertesten Aeolisten aus einer Gegend gleichen Namens stammten, und aus ihr haben zu allen Zeiten die Eiferer unter ihrer Priesterschaft ihre erlesensten Eingebungen geholt, die sie in gewissen Blasen mit eigner Hand von der Quelle holten, um sie in allen Nationen unter den Sektierern auszubreiten, die täglich danach lechzten und keuchten, lechzen und keuchen und ewig lechzen und keuchen werden.

Nun wurden ihre Mysterien und Riten in dieser Weise vollzogen. Es ist den Gelehrten wohlbekannt, daß die Techniker früherer Zeiten ein Mittel kannten, Winde in Fässern und Tonnen zu transportieren und zu konservieren, was auf langen Seereisen von großem Nutzen war; und daß eine so nützliche Kunst heute völlig verlorengegangen ist, ist sehr zu beklagen, obwohl sie, ich weiß nicht wie, sehr nachlässigerweise von Pancirollus ausgelassen wurden. Es war eine Erfindung, die

[1] Wiederum Anspielung auf die Nonkonformisten in Schottland.

man Aeolus selber zuschrieb, nach dem diese Sekte sich nannte; und um das Andenken ihres Gründers zu ehren, hat diese Sekte bis auf den heutigen Tag eine große Anzahl jener Fässer aufbewahrt, von denen sie in jedem ihrer Tempel eins anbringen; den Deckel schlagen sie heraus; und in dieses Faß steigt an den Tagen der Feste der Priester hinein, und nachdem er sich zuvor mit Hilfe der schon geschilderten Methoden sorgfältig vorbereitet hat, wird von seinem Hintern aus eine geheime Röhre zum Boden des Fasses geführt, die durch einen nach Norden gerichteten Spalt oder eine Ritze die Zufuhr neuer Inspiration ermöglicht. Da kann man dann sehn, wie er auf der Stelle anschwillt und Form und Umfang seines Gefäßes annimmt. In dieser Haltung nun entleert er ganze Stürme auf sein Auditorium, je nachdem der Geist von unten ihm den Atem leiht, der ihn, kommend ex adytis et penetralibus, nicht ohne große Schmerzen und viel Bauchgrimmen verläßt. Und wenn der Wind hervorbricht, wirkt er auf sein Gesicht, wie er auf die Oberfläche des Meeres wirkt, indem er es erst schwärzt, dann in Falten wirft und schließlich zu Schaum emporpeitscht. Auf diese Weise gibt der geheiligte Aeolist seine Mundrülpser weiter an seine Jünger, die mit offenem Munde dastehn; manche von ihnen schnappen gierig nach dem geweihten Hauch, und andre summen derweilen das Lob der Winde vor sich hin; und so, sanft von ihrem eigenen Gesumm hin und her getrieben, verkörpern sie den linden Hauch ihrer befriedigten Gottheiten.

Auf Grund dieser Sitte der Priester behaupten einige Autoren, diese Aeolisten seien in der Welt sehr alten Ursprungs. Denn die Feier ihrer Mysterien, die ich soeben geschildert habe, deckt sich offenbar genau mit der gewisser alter Orakel, deren Inspiration gewissen unterirdischen Ausströmungen des Windes entsprangen, die für den Priester mit denselben Schmerzen und für das Volk mit derselben Wirkung verbunden waren. Freilich wurden diese Orakel oft von Priesterinnen geleitet und mitgeteilt, weil man glaubte, ihre Organe seien besser geeignet für die Aufnahme jener Windstöße, denn sie eilten in und durch ein Gefäß von größerer Fassungskraft und verursachten unterwegs auch noch einen gewissen Kitzel, der aus einer fleischlichen in eine geistige Wollust verwandelt wurde. Und um diese tiefe Vermutung noch zu bekräftigen, macht man ferner geltend, daß die Sitte, weibliche Priester anzustellen, in gewissen besonders verfeinerten Schulen der modernen Aeolisten noch immer besteht, und diese Priesterinnen erhalten, darüber ist man sich einig, ihre Inspiration durch vorbenannten Kanal genau gleich ihren Vorfahrinnen, den Sibyllen.

Und da nun der Geist des Menschen, wenn er seinem Denken Sporn und Zügel zu fühlen gibt, nicht mehr innehält, sondern ganz von selber in die beiden Extreme rennt, ins Hohe und Niedre, Gute und Böse, so entrückt ihn sein erster Gedankenflug in der Regel zu den Vorstellungen all dessen, was im höchsten Grade vollkommen, abgeschlossen und erhaben ist; dann aber schwingt er sich aus seinem eigenen Bereich und seiner Sehweite hinaus und merkt nicht, wie nah die Grenzen der Höhe und der Tiefe nebeneinander liegen; und im gleichen Lauf und Schwung fällt er, plumps, hinab auf den tiefsten Boden der Dinge, dem gleich, der über den Osten in den Westen reicht, oder auch einer geraden Linie, die durch ihre eigene Länge schließlich zum Kreise wird. Sei es nun, daß eine Beimischung der Bosheit in unserm Wesen uns den Hang eingibt, jeder glänzenden Vorstellung auch ihr Gegenteil beizugesellen, oder daß die Vernunft, wenn sie das Gesamtbild der Dinge überschaut, der Sonne gleich nur dazu dienen kann, die eine Hälfte des Erdballs zu erleuchten, während sie die andre notwendigerweise im Schatten und im Dunkel läßt; oder daß die Phantasie, wenn sie emporfliegt zu den Begriffen all dessen, was das Höchste und Herrlichste ist, ihr Ziel überschießt und ihre Kräfte ausgibt und müde wird und plötzlich wie ein toter Paradiesvogel zu Boden stürzt; oder daß ich schließlich nach all diesen metaphysischen Vermutungen den echten Grund noch ganz verfehlte – auf jeden Fall ist der Satz, auf den es mir hier so sehr ankam, darum doch vollkommen wahr; der Satz nämlich, daß die zivilisiertesten Teile der Menschheit, wie sie auf die eine oder andre Art emporkletterten zu einer Vorstellung von Gott oder von der höchsten Macht, so auch selten vergaßen, ihren Ängsten schauerliche Begriffe zu liefern, die ihnen an Stelle von bessern einigermaßen als Teufel dienen konnten. Und dieses Vorgehn scheint natürlich genug zu sein; denn es geht den Menschen, deren Phantasie sich sehr hoch erhebt, ebenso wie denen, deren Körper hoch erhoben wird; wie sie der Vorzug einer näheren Betrachtung des Oben entzückt, so beängstigt sie der grauenhafte Blick in einen Abgrund unten. Und in der Wahl eines Teufels hat demnach die Menschheit in der Regel die Methode verfolgt, daß sie sich ein wirkliches oder visionäres Wesen auserkor, wie es zu dem Gott, den sie geformt hatte, im schärfsten Gegensatz stand. Auch die Sekte der Aeolisten also schuf sich die Angst und das Grauen und den Haß wider zwei boshafte Wesen, die mit den Gottheiten ihrer Verehrung in beständiger Feindschaft lebten. Das erste war das Chamäleon, der geschworene Feind der Inspiration, der große Wirkungen ihres Gottes verschlingt, ohne auch nur den geringsten Hauch durch Rülpser wieder herzugeben. Das andre war ein riesiges furchtbares Ungeheuer namens Moulinavent[1], das vermöge vier starker Arme mit all ihren Gottheiten ewigen Krieg führte, indem es sich geschickt drehte, um ihren Schlägen auszuweichen und sie ihnen mit Zinsen heimzuzahlen.

So gut wurde die Sekte mit Gottheiten und Teufeln versehen, jene berühmte Sekte, die noch heutigen Tages in der Welt eine so erlauchte Rolle spielt und von der jene gebildete Nation der Lappländer einen gut beglaubigten Zweig bildet, daher ich denn auch nicht unterlassen kann, ihrer hier ehrenvoll Erwähnung zu tun, zumal sie in allen Dingen sowohl des Interesses wie der Neigungen mit ihren Bruderäolisten in unserm Lande so eng verbunden sind, daß sie nicht nur ihre Winde im großen von denselben Kaufleuten einkaufen, sondern sie auch im Kleinhandel zu den gleichen Preisen und in derselben Weise und an ziemlich ähnliche Kunden vertreiben.

Ob nun das hier vorgetragene System ganz und gar von Jakob erfunden oder, wie einige Autoren es glauben, vielmehr nach dem Vorbild von Delphi kopiert worden ist, natürlich mit gewissen Zusätzen und Verbesserungen, wie sie zur Zeit und zu den Umständen passen, das will ich nicht mit Sicherheit entscheiden. Soviel aber kann ich behaupten, daß Jakob ihm wenigstens eine neue Wendung gab und ihm die Gewandung und die Form verlieh, wie ich sie dargestellt habe.

Ich habe lange nach dieser Gelegenheit gesucht, einer Gesellschaft von Menschen Gerechtigkeit widerfahren zu lassen, die ich ganz besonders ehre und deren Anschauungen und Bräuche durch die Bosheit oder Unwissenheit ihrer Gegner außerordentlich falsch dargestellt und verleumdet worden sind. Ich halte es für eine der größten und besten Taten des Menschen, wenn er Vorurteile beseitigt und die Dinge in ihr gerechtestes und wahrstes Licht rückt; das tue ich deshalb, ohne irgend etwas für mich selbst zu erwarten außer der Beruhigung meines Gewissens, der mir erwachsenden Ehre und dem Dank, der mir gebührt.

NEUNTER TEIL.

EINE ABSCHWEIFUNG ÜBER DEN URSPRUNG, DEN NUTZEN UND DIE FÖRDERUNG DES WAHNSINNS IM STAATE.

Auch wird es den gerechten Ruf dieser berühmten Sekte nicht schmälern, daß ihre Einsetzung und Errichtung einem Manne zu ver-

[1] Moulin à vent = Windmühle.

danken sind, wie ich Jakob geschildert habe – einem Menschen, dessen Intellekt auf dem Kopf stand und dessen Gehirn aus seiner natürlichen Lage herausgeschüttelt worden war; wir halten das in der Regel für eine geistige Störung und nennen es mit dem Namen des Wahnsinns oder Irrsinns. Denn wenn wir die größten Taten überblicken, die unter dem Einfluß einzelner in der Welt vollbracht worden sind: die Errichtung neuer Reiche durch Eroberung; die Förderung und die Fortschritte neuer philosophischer Systeme: und die Erfindung und Ausbreitung neuer Religionen – so werden wir erkennen, daß all ihre Urheber Leute waren, deren natürliche Vernunft durch ihre Diät, ihre Erziehung, das Vorherrschen irgendeines Hanges und zugleich durch die besondre Wirkung der Luft und des Klimas großen Revolutionen zugänglich gewesen war. Außerdem enthält der menschliche Geist etwas Individuelles, was sich durch die zufällige Annäherung und den Anprall gewisser Verhältnisse leicht entzündet; mögen diese Verhältnisse auch anscheinend geringfügig und unerheblich sein, so explodieren sie doch gar oft und werden dann zu den größten Erregern des Lebens. Denn große Wendungen werden nicht immer durch starke Hände herbeigeführt, sondern durch ein glückliches Zugreifen im geeigneten Augenblick; und es ist gleichgültig, wo das Feuer entzündet wurde, wenn nur der Dunst ins Gehirn eingedrungen ist. Denn die obere Region des Menschen ist ausgestattet wie die mittlere Region der Luft; die Stoffe entstammen äußerst verschiedenen Ursprüngen und bringen doch schließlich die gleiche Substanz und Wirkung hervor. Nebel erheben sich aus der Erde, Dämpfe aus Misthaufen und der Rauch aus dem Feuer; und doch sind alle Wolken sowohl ihrer Zusammensetzung nach wie in ihren Folgen untereinander gleich, und die Dünste, die aus einem Abtritt kommen, werden einen ebenso schönen und nützlichen Nebel liefern wie der Weihrauch von einem Altar. So viel, denke ich, wird man mir leicht zugestehn; und daraus folgt, daß, wie das Angesicht der Natur niemals Regen hervorbringt, es sei denn, daß es bewölkt und trübe ist, so auch der menschliche Verstand, der seinen Sitz im Gehirn hat, von Dünsten getrübt und überzogen sein muß, von Dünsten, die aus den unteren Fähigkeitsregionen emporsteigen, um die Erfindungsgabe zu bewässern und fruchtbar zu machen. Obwohl nun diese Dünste, wie bereits gesagt, ebenso verschiedenen Ursprungs sind wie die des Himmels, so unterscheiden sich doch ihre Erzeugnisse in Art und Grad einzig nach dem Boden. Ich will zwei Beispiele anführen, um zu beweisen und klarzumachen, was ich behaupte.

Ein gewisser großer Fürst[1] hob ein gewaltiges Heer aus, füllte seine Kassen mit unendlichen Schätzen, sorgte für eine unbesiegliche Flotte; und all das, ohne seinen größten Ministern oder seinen nächsten Günstlingen im geringsten davon Mitteilung zu machen. Auf der Stelle war die ganze Welt in Ängsten; die Nachbarkronen standen in zitternder Erwartung, nach welchem Punkt der Sturm losbrechen würde, und die kleinen Politiker stellten überall tiefe Vermutungen auf. Manche glaubten, seine Absicht gehe auf eine Weltmonarchie; andre entschieden sich nach vieler Überlegung dafür, es handle sich um einen Plan, den Papst zu entthronen und die reformierte Kirche einzuführen, der er einst selber angehört hatte. Wieder andre, deren Scharfsinn noch tiefgründiger war, schickten ihn nach Asien, um die Türken zu unterjochen und Palästina zu befreien. Und mitten unter all diesen Projekten und Vorbereitungen erkannte ein gewisser Staatschirurg[2] die Art der Krankheit an all diesen Symptomen; er unternahm die Kur, vollzog die Operation auf einen einzigen Schlag, durchstach den Beutel und ließ die Dünste entfliegen; und nichts fehlte daran, um die Sache zu einer vollkommenen Kur zu machen, als daß der Fürst unglücklicherweise während der Operation verstarb. Nun ist der Leser im höchsten Grade neugierig darauf, woher dieser Dunst stammte, der die Nationen so lange geblendet hatte. Welches geheime Rad, welche verborgene Feder konnte eine so wundervolle Maschine in Bewegung setzen? Man entdeckte später, daß die Bewegung dieser ganzen Rüstung geleitet worden war durch die Abwesenheit einer Dame, deren Augen eine Erektion bewirkt hatten, während sie vor dem Erguß in Feindesland entrückt worden war. Was sollte nun ein unglücklicher Fürst unter diesen kitzligen Umständen beginnen? Vergebens versuchte er es mit des Dichters nie versagendem Rezept der corpora quaeque; denn

IDQUE PETIT CORPUS MENS UNDE EST SAUCIA AMORE
UNDE FERITUR, EO TENDIT, GESTITQUE COIRE.

LUCR.

Nachdem er erfolglos alle friedlichen Bemühungen unternommen hatte, wurde der gesammelte Same, indem er aufstieg und sich entzündete, erst feurig und dann zu Galle; worauf er sich ins Rückenmark wandte und zum Gehirn emporstieg. Dasselbe Prinzip, das einen Ei-

[1] Heinrich der Große von Frankreich.
[2] Ravillac, der den König erstach.

senfresser treibt, einer Hure, die ihn abgeschüttelt hat, die Fenster einzuwerfen, treibt auch ganz von selber einen großen Fürsten, gewaltige Heere auszuheben und von nichts mehr zu träumen als von Belagerungen, Schlachten und Siegen.

TETERRIMA BELLI
CAUSA

Das andre Beispiel besteht in dem, was ich irgendwo bei einem sehr alten Autoren über einen mächtigen König[1] gelesen habe, der sich mehr als dreißig Jahre hindurch damit amüsierte, Städte zu erobern und zu verlieren, Heere zu schlagen und sich schlagen zu lassen, Fürsten aus ihren Ländern zu vertreiben, Kinder von Brot und Butter fortzuschrecken, zu brennen und zu verwüsten und Untertanen und Fremde, Freund und Feind, Mann und Weib durch Militärmacht vom Protestantismus zu bekehren und hinzuschlachten. Es wird berichtet, daß die Philosophen aller Länder ernsthaft darüber disputierten, welche natürlichen, moralischen und politischen Ursachen für diese Erscheinung eine Erklärung zu liefern vermöchten. Schließlich aber packte der Dunst oder Geist, der des Helden Gehirn beseelte, dieweil er in ständigem Kreislauf war, auch jenen Teil des menschlichen Körpers, der dafür berühmt ist, daß er die zibeta occidentalis[2] liefert; und indem er sich dort zu einem Geschwür sammelte, verschaffte er dem Rest der Welt auf eine Weile Frieden. So ungeheuer folgenreich ist der Umstand, wo sich dergleichen Ausdünstungen festsetzen; und so wenig kommt es darauf an, woher sie stammen. Dieselben Dünste, die bei ihrem Lauf durch die oberen Körperteile ein Königreich erobern würden, enden, wenn sie zum Hintern niedersinken, in einer Fistel.

Jetzt aber wollen wir die großen Erfinder neuer philosophischer Systeme untersuchen und nachforschen, bis wir entdecken, aus welcher Fähigkeit der Seele bei den Sterblichen der Hang entspringt, mit gierigem Eifer neue Systeme über Dinge aufzustellen, die nach allseitigem Anerkenntnis niemand wissen kann, welcher Saat dieser Hang entsproßt und welcher Eigenschaft in der menschlichen Natur diese großen Neuerer die Zahl ihrer Schüler verdanken. Denn es ist klar, daß viele von den Größten unter ihnen in der Regel von ihren Gegnern, ja von allen außer ihren eigenen Anhängern für verrückt oder von Sin-

[1] Ludwig XIV.
[2] Ein Parfum, das Paracelsus aus den Exkrementen destillieren wollte; occidentalis, weil der Hintere nach ihm den Westen des Menschen darstellt.

nen gehalten wurden, weil sie meist in ihren alltäglichen Worten und Handlungen eine Methode verfolgten, die sich von den gewöhnlichen Anforderungen unverfeinerter Vernunft sehr stark unterschied; dagegen stimmten sie in ihren verschiedenen Erscheinungen meist sehr genau mit ihren gegenwärtigen unstrittigen Nachfolgern in der Akademie von Bedlam überein (deren Verdienste und Prinzipien ich an der gebührenden Stelle des ferneren untersuchen werde). Zu dieser Gattung gehörten Epikur, Diogenes, Apollonius, Lucretius, Paracelsus, Descartes und andre mehr; und wenn diese alle jetzt, von ihren Anhängern abgetrennt und streng gefesselt in der Welt lebten, so würden sie in unsrer Zeit, die keine Unterschiede macht, klärlich Gefahr laufen, daß man sie zur Ader ließe, peitschte und in Ketten und dunkle Kammern auf Strohlager würfe. Denn welcher Mensch könnte wohl bei natürlicher Denkart je darauf verfallen, es stände in seiner Macht, die Begriffe aller Menschen in genau dieselbe Länge und Breite und Höhe zu bringen wie seine eigenen? Und doch ist dies die erste demütige und höfliche Absicht aller Neuerer im Kaiserreich der Vernunft. Epikur hoffte in aller Bescheidenheit, irgendwann würde sich von ungefähr ein Zusammenstrom der Ansichten aller Menschen nach beständigem Kampf des Scharfen mit dem Glatten, des Leichten mit dem Schweren, des Runden mit dem Viereckigen, vermöge gewisser ›clinamina‹ zu den Vorstellungen der Atome und der Leere herausbilden, wie es mit diesen Dingen selber bei der Erstehung der Welt geschah. Cartesius hoffte es vor seinem Tode noch zu erleben, daß die Gesinnungen aller Philosophen gleich ebensoviel geringeren Sternen in seinem romantischen System in seinen eigenen Zenith einbezogen und gerissen würden. Nun würde ich gern erfahren, wie es möglich ist, solche Phantasien zu erklären, ohne daß man seine Zuflucht zu meinem Phänomen der Dünste nimmt, die aus den unteren Kräften emporsteigen, um das Gehirn zu überschatten und sich dort zu Begriffen zu destillieren, für die die Beschränktheit unsrer Muttersprache noch keinen andern Namen gefunden hat als den des Wahnsinns oder Irrsinns. Jetzt also wollen wir untersuchen, woher es kommt, daß es keinem dieser großen Lehrer je mißlingt, sich und ihre Anschauungen mit einer Anzahl unbedingter Jünger zu versehn. Und ich denke, der Grund ist leicht zu erkennen; denn es gibt eine bestimmte Saite in der Harmonie des menschlichen Verstandes, die bei verschiedenen Individuen genau gleich gestimmt ist. Und wenn man sie geschickt bis zur rechten Oktave spannt und dann leicht anschlägt, so werden alle, die den gleichen Klang in sich bergen, falls man das Glück hat, unter einige von ihnen geraten zu sein, vermöge einer geheimen, notwendigen Sympathie zugleich genau dieselbe Saite erklingen lassen. Und in diesem einen Umstand liegt alles Glück und alle Geschicklichkeit bei der Sache; denn wenn man die Saite unter solchen anschlägt, die entweder über oder unter der eignen Klanghöhe bleiben, so werden sie einen, statt Beifall zu zollen, mit Fesseln binden, werden einen wahnsinnig nennen und mit Wasser und Brot ernähren. Es ist daher eine Sache großen Taktes, daß man unterscheide und dieses edle Talent je nach den Verschiedenheiten der Zeit und den Menschen anpasse. Cicero wußte das sehr genau, als er an einen Freund in England schrieb und ihn unter anderm warnte, sich zu hüten, daß ihn unsre Droschkenkutscher nicht betrögen (denn es scheint, sie waren in jenen Zeiten schon ebenso arge Halunken wie heutzutage); er hat da diese bemerkenswerte Stelle: Est quod gaudeas te in ista loca venisse, ubi aliquid sapere viderere. Denn um eine verwegene Wahrheit auszusprechen, so ist es ein verhängnisvoller Mißgriff, wenn man die Dinge so übel einrichtet, daß man in der einen Umgebung als ein Narr gilt, während man in der andern als Philosoph behandelt werden würde. Ich wollte, daß einige Herren meiner Bekanntschaft diesen Spruch als einen sehr zeitgemäßen Fingerzeig in ihrem Herzen bewahrten.

Das war denn auch der verhängnisvolle Mißgriff jenes würdigen Herrn, meines höchst scharfsinnigen Freundes, des Herrn Wotton, eines Menschen, der allem Anschein nach für große Dinge und Leistungen vorbestimmt war, einerlei, ob man nach seinen Begriffen oder nach seinem Aussehn schloß. Sicherlich ist niemand jemals mit besseren Gaben des Geistes und des Körpers vor die Öffentlichkeit getreten, wo es galt, eine Religion auszubreiten. Oh, wären diese glücklichen Talente, statt fälschlicherweise auf eine eitle Phantasie verwandt zu werden, in die rechten Kanäle der Träume und Visionen gelenkt worden, wo die Verwachsenheit des Geistes und freche Stirn so triumphierend von Nutzen sind, so hätte die gemeine schmälende Welt nie zu berichten gewagt, es sei etwas nicht in Ordnung und sein Gehirn habe eine unglückliche Erschütterung erlebt; und das flüstern selbst seine Brudermodernisten, die Undankbaren, so laut, daß es bis in die Dachstube hinaufklingt, in der ich jetzt schreibe.

Und wer sich schließlich die Mühe macht, die Quelle der Begeisterung zu untersuchen, aus der zu allen Zeiten ewig so kräftig düngende Ströme entsprangen, der wird erkennen, daß die Quelle genauso trüb und kotig war wie der Strom selber. So ungeheuer nützlich ist eine Beimischung dieses Dunstes, den die Welt Wahnsinn nennt, daß die Welt ohne ihre Hilfe nicht nur jener zwei großen Segnungen, Eroberungen und Systeme beraubt bliebe, sondern daß auch die ganze

Menschheit zu ihrem Unglück gezwungen wäre, in allen unsichtbaren Dingen den gleichen Glauben zu bekennen. Da nun unser früheres Postulatum lautete, es sei gleichgültig, welchen Ursprungs diese Dünste sind, und es komme nur darauf an, in welchen Winkeln sie auf den Verstand stoßen, um ihn von dort aus zu durchdringen, oder in welche Art des Gehirns sie emporstiegen, so wird es eine heikle Aufgabe sein, einem anspruchsvollen und gelehrten Leser haarscharf die verschiedenen Gründe auseinanderzuspalten, die Gründe dafür, weshalb dieser Zahlenunterschied im Gehirn so ungeheuer verschiedene Wirkungen eines und desselben Dunstes hervorrufen kann, daß er der einzige Anlaß der Individuation zwischen Alexander dem Großen, Jakob von Leyden und Herrn Descartes ist. Diese Beweisführung ist die abstrakteste, auf die ich mich jemals eingelassen habe; sie verlangt, daß ich meine Fähigkeiten bis aufs äußerste anspanne; und ich möchte, daß der Leser unter schärfstem Grübeln acht gebe, denn ich mache mich jetzt daran, diesen schwierigen Punkt zu entwirren.

Es gibt in der Menschheit einen gewissen...

(Hic multa desiderantur.)

...Und dies erscheint mir als eine klare Lösung des Problems.

Nachdem ich also diese verwickelte Schwierigkeit so genau durchforscht habe, wird der Leser, davon bin ich überzeugt, mit mir in der Schlußfolgerung übereinstimmen, daß, wenn die Modernen unter dem Wahnsinn nur eine Störung oder Verschiebung des Gehirns verstehn, wie sie sich durch gewisse Dünste ergeben, die aus den unteren Kräften emporsteigen, daß dann dieser Wahnsinn der Vater all jener gewaltigen Umwälzungen war, die in der Herrschaft, in der Philosophie und der Religion stattgefunden haben. Denn das Gehirn macht seinen Besitzer, solange es in seiner natürlichen Lage und in seinem Zustand der Heiterkeit verharrt, geneigt, sein Leben in den gewohnten Formen zu verleben, ohne daß er daran denkt, seiner Herrschaft, seinen Gründen oder seinen Visionen Menschenmengen zu unterwerfen. Und je mehr er seinen Verstand nach dem Muster menschlicher Gelehrsamkeit gestaltet, um so weniger ist er geneigt, nach seinen eigenen Begriffen Parteien zu bilden, denn das unterrichtet ihn über seine eignen Schwächen und über die steifnackige Unwissenheit des Volkes. Wenn aber eines Menschen Phantasie rittlings seine Vernunft besteigt, wenn die Einbildungskraft mit seinen Sinnen im Kampfe liegt und der gesunde Menschenverstand zur Tür hinausgeworfen wird, so ist er selbst der erste Proselyt, den er macht; und sowie das erreicht ist, ist es nicht mehr schwer, auch andre zu gewinnen; eine starke Täuschung wirkt stets von außen her ebenso kräftig wie von innen. Denn

Phrase und Vision sind für das Auge und das Ohr dasselbe, was ein Kitzeln für das Gefühl ist. Die Unterhaltungen und Vergnügungen, die wir im Leben am meisten schätzen, sind jene, die die Sinne täuschen und den Schalk mit ihnen spielen. Denn wenn wir prüfen, was im allgemeinen unter Glück verstanden wird, wenigstens soweit es sich auf den Verstand und die Sinne bezieht, so werden wir erkennen, daß all seine Haupt- und Nebeneigenschaften sich unter dieser kurzen Definition zusammenfassen lassen: Es ist ein dauernder Besitz des Gut-getäuscht-Werdens. Und zunächst ist es in bezug auf Geist und Verstand ganz klar, welche gewaltigen Vorzüge die Dichtung vor der Wahrheit besitzt; und der Grund liegt direkt an unserm Ellbogen, denn die Phantasie kann edlere Szenen aufbauen und wunderbarere Revolutionen hervorrufen, als das Schicksal oder die Natur sie zu liefern übernehmen werden. Auch ist die Menschheit nicht so sehr zu tadeln, wenn ihre Wahl sie in dieser Weise bestimmt, denn es handelt sich in dem Streit nur um vergangene Dinge oder eingebildete Dinge, und die Frage steht so: ob man nicht von Dingen, die nur in der Phantasie vorhanden sind, ebenso gut sagen kann, sie existierten, wie von Dingen, die ihren Sitz im Gedächtnis haben; und diese Frage läßt sich mit Recht bejahen, ja, sogar sehr zum Vorteil jener ersten, denn die Phantasie ist anerkannt als der Mutterleib der Dinge, während man von der Vergangenheit höchstens sagen kann, sie sei ihr Grab. Und wenn wir andrerseits diese Definition des Glückes nehmen und sie im Hinblick auf die Sinne untersuchen, so werden wir erkennen, daß sie da gleichfalls wundervoll paßt. Wie blaß und fad reden alle Dinge zu uns, die nicht durch das Gefäß der Täuschung kommen! Wäre es nicht um die Hilfe künstlicher Medien, falscher Lichter, scharfer Brechungswinkel, des Firnisses und Flittergolds, so würde im Glück und in den Genüssen sterblicher Menschen eine gewaltige Nivellierung eintreten. Wenn die Welt sich dies so ernsthaft überlegen wollte, wie sie es – ich habe allen Grund zu der Annahme – schwerlich tun wird, so würden die Menschen die Kunst, schwache Seiten bloßzustellen und Angriffspunkte zu veröffentlichen, nicht mehr unter die Errungenschaften ihrer Weisheit rechnen; es ist das meiner Ansicht nach eine Beschäftigung, weder besser noch schlechter als die der Demaskierung, die man, denke ich, weder in der Welt noch im Spielhaus je als anständig angesehn hat.

In demselben Grade, in dem die Leichtgläubigkeit ein friedlicherer Besitz des Geistes ist als die Neugier, in demselben Grade ist auch jene Weisheit, die sich an der Oberfläche hält, jener angeblichen Philosophie vorzuziehen, die in die Tiefe der Dinge hinuntertaucht und dann ernsthaft mit der Nachricht und Entdeckung zurückkehrt, daß sie im Innern nichts taugen. Die beiden Sinne, an die alle Dinge sich zunächst einmal wenden, sind das Gesicht und das Gefühl; die untersuchen niemals mehr als die Farbe, die Gestalt, die Größe und die andern Eigenschaften, die auf der Oberfläche wohnen oder durch die Kunst nach außen gezogen werden; und dann kommt diensteifrig die Vernunft herbei mit ihren Werkzeugen zum Schneiden und Öffnen, zum Zerstückeln und Durchbohren, und sie erbietet sich, zu beweisen, daß sie nicht durch und durch von gleicher Beschaffenheit sind. Nun halte ich all das für den letzten Grad der Verfälschung der Natur, zu deren ewigen Gesetzen auch dieses gehört, daß sie stets ihren besten Besitz nach außen kehrt. Und um mir also in Zukunft die Mühe so kostspieliger Sektionen zu ersparen, so halte ich es hier für angebracht, dem Leser zu erklären, daß bei solchen Schlüssen die Vernunft zweifellos recht hat und daß bei den meisten körperhaften Dingen, die mir bekannt geworden sind, die Außenseite der Innenseite weit vorzuziehen war, wovon ich mich noch jüngst durch einige Experimente überzeugte. In der letzten Woche sah ich, wie eine Frau geschunden wurde, und man wird mir kaum glauben, wie sehr das ihre Erscheinung im schlechten Sinn veränderte. Gestern ließ ich die Leiche eines Dandys vor meinen Augen entkleiden, und wir alle waren erstaunt, unter einem einzigen Anzug soviel unerwartete Fehler zu finden. Dann legte ich sein Gehirn, sein Herz und seine Milz bloß; aber bei jedem Schnitt erkannte ich deutlich, daß wir, je tiefer wir drangen, auch immer zahlreichere und umfangreichere Fehler fanden; und aus all dem zog ich mit Recht bei mir selber diesen Schluß, daß ein Philosoph oder Pläneschmieder, der die Kunst erfände, die Fehler und Unvollkommenheiten der Natur zu überlöten und zu verdecken, sich weit mehr um die Menschheit verdient machen und uns eine nützlichere Wissenschaft lehren würde als es jene ist, die jetzt so hoher Achtung genießt: die Wissenschaft, sie zu erweitern und bloßzulegen (sie gleicht jenem, der die Anatomie für das äußerste Ziel der Heilkunde hielt). Und der Mann, den sein Vermögen und seine Anlage an die rechte Stelle stellten, um die Früchte dieser edlen Kunst zu genießen; der Mann, der wie Epikur seinen Gedanken mit den Nebeln und Bildern genug tun kann, wie sie von der Oberfläche der Dinge auf seine Sinne hinüberfliegen – ein solcher, wahrhaft weiser Mensch schöpft von der Natur nur den Rahm ab, und er überläßt es der Philosophie und der Vernunft, das Saure und die Hefe aufzuschlecken. Dies ist der erhabene und raffinierte Punkt der Seligkeit, der da heißt der Besitz des Gut-getäuscht-Werdens; der heitere, friedvolle Zustand, in dem man unter Halunken ein Narr ist. Um aber auf den Wahnsinn zurückzukommen, so ist es sicher, daß nach dem von mir oben abgeleiteten System jede seiner Arten einem Überfluß an Dünsten entspringt; und wie demnach gewisse Gattungen des Wahnsinns den Sehnen doppelte Kraft verleihen, so gibt es andre Gattungen, die dem Gehirn Kraft, Leben und Mut zuführen. Nun trifft es sich in der Regel, daß jene aktiven Geister, die vom Gehirn Besitz ergreifen, jenen gleichen, die andre wüste und öde Orte heimsuchten, und aus Mangel an Beschäftigung verschwinden sie entweder und nehmen ein Stück vom Hause mit, oder sie bleiben darin und werfen es ganz zu den Fenstern hinaus. So lassen sich auf mystische Weise die beiden Hauptzweige des Wahnsinns darstellen, und einige Philosophen, die sie nicht so genau untersucht haben wie ich, halten sie für ursächlich verschieden, indem sie den ersten einem Mangel, den zweiten aber einer Überfülle zuschreiben.

Ich halte es also nach dem, was ich ausgeführt habe, für klar, daß es die Hauptaufgabe der Geschicklichkeit und Gewandtheit ist, diesem Überfluß der Dünste Beschäftigung zu verschaffen und seine Wirkungsperiode vorsichtig zu regeln; auf diese Weise kann er sicherlich im Staat hervorragend und allgemein nützlich werden. So springt ein Mensch, indem er sich den rechten Augenblick aussucht, in einen Abgrund, und es entsteht ein Held, den man den Retter des Vaterlands nennt; ein andrer vollführt dasselbe Unternehmen, aber da er den Zeitpunkt schlecht gewählt hat, so ruht das Brandmal des Wahnsinns als Vorwurf auf seinem Gedächtnis; auf Grund einer so feinen Unterscheidung lehrt man uns den Namen des Curtius voll Ehrfurcht und Liebe nennen, den des Empedokles aber voll Haß und Verachtung. So nimmt man auch in der Regel an, der ältere Brutus habe nur zum Wohle der Allgemeinheit den Narren und Wahnsinnigen gespielt; es war aber nichts andres als eine Überfülle desselben Dunstes, der lange falsch angewandt wurde und den die Lateiner ingenium par negotiis nennen, das heißt (um es so genau zu übersetzen, wie ich kann) eine Art des Wahnsinns, der nicht eher in seinem Element ist, als bis man ihn in den Dienst des Staates aufnimmt.

Kraft all dieser und noch vieler andrer Gründe von gleichem Gewicht, wenn auch nicht von gleicher Merkwürdigkeit, ergreife ich hier mit Freuden die Gelegenheit, nach der ich lange gesucht habe, es Sir Edward Seymour, Sir Christopher Musgrave, Sir John Bowls, John How, Esq., und andern Patrioten, die es angeht, als ein edles Unternehmen zu empfehlen, wenn sie einen Antrag stellen wollten dahingehend, ein Gesetz zu schaffen, das Kommissionäre zur Revision des

Irrenhauses und der umliegenden Gegenden ernennt; sie müßten die Macht erhalten, sich Personen, Papiere und Berichte kommen zu lassen, um die Verdienste und Befähigungen jedes seiner Studenten und Professoren zu untersuchen und ihre Anlagen und ihr Benehmen mit der größten Genauigkeit zu beobachten; dadurch könnten sie, wenn sie ihre Talente scharf sichten und gut anpassen, wunderbare Werkzeuge für die verschiedenen bürgerlichen und militärischen Staatsämter entdecken; und zwar müßten sie dabei nach den Methoden verfahren, die ich hier in aller Demut vorschlagen werde. Und ich hoffe, der freundliche Leser wird einige Nachsicht mit meinem großen Eifer in dieser wichtigen Sache haben, und zwar wegen der großen Achtung, die ich jener ehrenwerten Gesellschaft entgegenbringe, der ich eine Zeitlang als unwürdiges Mitglied anzugehören das Glück besaß.

Wenn irgendein Student sein Stroh zu Häcksel zerreißt, flucht und lästert, in sein Gitter beißt, Schaum vor dem Munde hat und dem Zuschauer seinen Nachttopf ins Gesicht entleert, so mögen die ehrenwerten Inspektionskommissionäre ihm ein Dragonerregiment geben und ihn zu den andern nach Flandern schicken. Wenn ein andrer ewig schwätzt, mit schwerer Zunge redet, den Mund aufreißt und ohne Abschnitt und Periode brüllt, so sind da wunderbare Talente an den falschen Ort gestellt! Man gebe ihm auf der Stelle eine grüne Tasche und Papiere und drei Groschen[1] in den Geldbeutel, und dann fort mit ihm nach Westminster-Hall. Einen dritten wird man dabei finden, wie er ernsthaft sein Loch ausmißt; das ist ein Mann von Voraussicht und Einsicht, obwohl er ganz im Dunkeln gehalten wird; denn gleich Moses, ecce cornuta erat ejus facies. Er schreitet, wie es sich gehört, gleichmäßig daher, bittet einen mit der gebührenden Würde und Förmlichkeit um einen Groschen, redet viel von den schweren Zeiten, den Steuern und der Hure von Babylon, versperrt regelmäßig um acht Uhr das hölzerne Fenster seiner Schwelle und träumt von Feuer und Ladendieben, Hofgästen und Freiplätzen. Was für eine Rolle nun würden all diese guten Eigenschaften ihn zu spielen befähigen, wenn der Eigentümer in die Stadt und unter seine Brüder geschickt würde? Seht da, ein vierter in angeregtem und tiefem Gespräch mit sich selber: er beißt sich in den geeigneten Augenblicken in die Daumen; sein Gesicht wird scheckig vor Geschäften und Plänen; bisweilen schreitet er sehr schnell aus, die Augen auf ein Papier geheftet, das er in der Hand hält; das ist ein großer Zeitersparer, ein wenig schwerhörig, sehr

[1] Droschkenfahrgeld eines Anwalts.

kurzsichtig und noch kürzer von Gedächtnis; ein Mann, der es stets eilig hat, der immer Geschäfte brütet und ausheckt, ein Künstler in der berühmten Kunst, nichts vor sich hinzuflüstern; ein großer Verehrer einsilbiger Worte und des Zauderns, und stets so bereit, jedermann sein Wort zu geben, daß er es niemals hält; einer, der den ganz gewöhnlichen Sinn der Worte vergessen hat, aber den Klang ausgezeichnet wiedererkennt; ein Sklave des lockeren Lebens, denn seine Gelegenheiten rufen ihn beständig ab. Wenn man in seinen vertraulichen Augenblicken an sein Gitter tritt, so sagt er: »Herr, geben Sie mir einen Groschen, und ich singe Ihnen ein Lied. Aber geben Sie mir den Groschen erst!« Daher kommt der Spruch und der noch gebräuchlichere Brauch, daß man sein Geld für ein Lied hingibt. Welch ein vollkommenes System der höfischen Geschicklichkeit ist hier in jedem Zweig geschildert; und es geht ganz verloren, weil es falsch angewandt wird! Man trete an die Tür eines weitern Lochs; doch verstopfe man sich zuvor die Nase; und man wird einen griesgrämigen, düstern, schmutzigen, liederlichen Sterblichen sehn, der in seinem eigenen Kot herumwühlt und in seinem Urin herumplätschert. Der größere Teil seiner Kost besteht aus den Resten seiner eignen Exkremente, die zu Dämpfen verdunsten, beständig umherwirbeln und schließlich wieder hineinfließen. Seine Haut ist von schmutzigem Gelb und ebenso sein dünner, wirrer Bart – einem Gelb, das genau zu der Farbe seiner Nahrung nach ihrer ersten Verdauung stimmt, wie denn ja auch andre Insekten, die in Exkrementen geboren und auferzogen werden, ihnen Farbe und Geruch entlehnen. Der Student in diesem Gemach geht mit seinen Worten sparsam um, doch ein wenig allzu verschwenderisch mit seinem Atem. Er streckt die Hand bereitwillig aus, um einen Groschen entgegenzunehmen, aber sowie er ihn erhalten hat, zieht er sich wieder an seine bisherige Beschäftigung zurück. Ist es nun nicht erstaunlich, daß die Gesellschaft von Warwick-Lane sich nicht eifriger darum bemüht, ein so nützliches Mitglied wieder zu gewinnen; ein Mitglied, das, wenn man nach diesem Schein urteilen darf, die größte Zierde der erlauchten Gilde werden würde? Ein andrer Student stelzt einem stolz bis in die Zähne hinein, indem er die Lippen bläht und die Augen halb herausdrückt; und huldvoll hält er einem die Hand zum Kuß entgegen. Der Wärter bittet einen, vor diesem Professor keine Angst zu haben, denn er würde einem nichts antun; er allein hat freien Zutritt zum Vorsaal, und der Redner der Anstalt gibt einem zu verstehn, daß diese feierliche Persönlichkeit ein Schneider ist, der vor Hochmut irre wurde. Viele andre Eigenschaften noch zieren diesen Gelehrten, aber ich will mich gegenwärtig nicht weiter über sie auslassen - Horch in dein Ohr - - - Ich müßte mich sehr irren, wenn nicht sein ganzer Anstand, seine Bewegungen und sein Wesen dann sehr natürlich und ganz am rechten Platze wären.

Ich will mich nicht so sehr in Einzelheiten einlassen, daß ich auch noch bei der ungeheuren Anzahl von Dandys, Fiedlern, Dichtern und Politikern verweilte, die die Welt durch eine solche Reformation zurückgewinnen würde. Was aber wichtiger ist als der Reingewinn, der sich für den Staat durch die Rückgewinnung so vieler arbeitsfähiger Menschen ergeben würde, deren Talente und Kenntnisse jetzt, wenn ich so kühn sein darf, diese Behauptung aufzustellen, begraben liegen oder mindestens falsch angewandt werden: so wäre es für die Öffentlichkeit ein ungeheurer Vorteil, der aus dieser Untersuchung erwüchse, daß sie erführe, wie sehr sich all diese auszeichnen könnten und bis zu welcher Vollkommenheit sie es in ihren verschiedenen Berufen zu bringen vermöchten. Und ich denke, das erhellt zur Genüge aus dem, was ich bereits gezeigt habe, und ich werde es noch durch ein beredtes Beispiel verstärken; ich selber nämlich, der Entdecker dieser wichtigen Wahrheiten, bin ein Mensch, dessen Phantasie hartmäulig ist und sehr dazu neigt, mit seiner Vernunft durchzugehn; denn ich habe bereits durch lange Erfahrung gelernt, daß sie ein leichter Reiter ist, der sich leicht abwerfen läßt. Aus diesem Grunde lassen mich auch meine Freunde niemals allein, es sei denn, daß ich ihnen feierlich verspreche, meinen Spekulationen auf diese oder ähnliche Art Luft zu verschaffen, und zwar zum allgemeinen Wohl der ganzen Menschheit; der freundliche, höfliche und wohlwollende Leser aber, den bis an den Rand jene Barmherzigkeit und Zärtlichkeit erfüllt, die in der Regel mit seinem Amt verbunden ist, wird sich kaum überreden lassen, das zu glauben.

ZEHNTER TEIL.

EINE WEITERE ABSCHWEIFUNG.

Es ist das unwiderlegliche Anzeichen eines sehr verfeinerten Jahrhunderts, daß in den letzten Jahren zwischen der Nation der Autoren und der der Leser so wunderbare Höflichkeiten ausgetauscht worden sind. Kaum noch kann ein Schauspiel, eine Broschüre oder ein Gedicht erscheinen, ohne daß eine Vorrede der Welt für die allgemeine gute Aufnahme und den Beifall dankt, den sie dem Werk gezollt hat; Gott weiß, wo oder wann oder wie oder von wem er gezollt worden ist.

In der gebührenden Rücksicht auf eine so löbliche Sitte sage ich hier Seiner Majestät, den beiden Häusern des Parlaments, den Herren von des Königs höchst ehrenwertem geheimem Rat, den löblichen Herren Richtern, der Geistlichkeit, dem niedern Adel und den Freisassen dieses Landes demütigen Dank; im einzelnen aber ganz besonders meinen würdigen Brüdern in Wills Kaffeehaus und im Greshamkollegium, in Warwick Lane und Moorfields, Scotland Yard, Westminster Hall und Guildhall; kurz allen Einwohnern und Lehnsleuten, die es am Hof, in der Kirche, im Lager, in Stadt und Land nur gibt, und zwar für die großherzige, allgemeine und günstige Aufnahme dieses göttlichen Traktats. Ich nehme ihren Beifall und ihre gute Meinung in höchster Dankbarkeit entgegen, und ich werde bis an die Grenzen meiner geringen Kräfte jede Gelegenheit ergreifen, die Verpflichtung, die ich gegen sie habe, wettzumachen.

Ich bin auch glücklich, daß das Schicksal mich in ein so gesegnetes Zeitalter geworfen hat, gesegnet durch gegenseitige Glückseligkeit der Verleger und der Autoren, die, das kann ich in aller Ruhe behaupten, die beiden einzigen zufriedenen Parteien in England sind. Man frage einen Autoren, welchen Erfolg sein letztes Stück gehabt hat: Ei, wahrhaftig, er dankt seinem Stern, die Welt ist sehr gnädig gewesen, und er hat nicht den geringsten Grund, sich zu beklagen: und doch, bei Gott, er hatte es in einer Woche geschrieben, stückweise, ruckweise, sooft er seinen dringenden Geschäften eine Stunde abringen konnte – hundert gegen eins kann man wetten, daß es also in seiner Vorrede zu lesen steht, auf die er einen verweist; im übrigen aber verweist er einen an den Verleger. Zu dem also geht man als Kunde und stellt ihm die gleiche Frage. Er dankt seinem Gott, daß die Sache so wundervoll einschlägt, er druckt gerade die zweite Auflage, und er hat nur noch drei Exemplare im Laden. Man feilscht um den Preis. »Wir wollen uns nicht streiten, Herr.« Und in der Hoffnung auf fernere Kundschaft gibt er das Exemplar so billig her, wie man nur wünscht. »Und bitte, schicken Sie uns möglichst viele von Ihren Bekannten; um Ihretwillen werde ich ihnen zu gleichem Preise liefern.«

Nun hat man niemals genug erwogen, welchen Zufällen und Gelegenheiten die Welt den größern Teil dieser edlen Schriften verdankt, wie sie stündlich emporschießen, um sie zu unterhalten. Gäbe es keine verregneten Tage, durchwachten Räusche, Anfälle der Hypochondrie, Kuren, schläfrigen Sonntage, unglücklichen Würfelpartien, langen Schneiderrechnungen, Bettlerbörsen, aufrührerischen Köpfe, keine heiße Sonne, keine Hartleibigkeit, keinen Mangel an Büchern und keine gerechte Verachtung aller Gelehrsamkeit – ich sage, gäbe es all das und vieles andere, was aufzuzählen zu weit führen würde (vor allem die kluge Versäumnis, innerlich Schwefel zu nehmen), nicht, so dünkt mich, würde die Anzahl der Schriftsteller und der Schriften so zusammenschmelzen, daß es jämmerlich anzusehen wäre. Zur Bestätigung dieser Anschauung höre man die Worte des berühmten troglodytischen Philosophen: »Es ist sicher«, sagt er, »daß stets ein paar Körnchen der Narrheit in dem Gemisch vorhanden sind, aus dem die menschliche Natur besteht; uns bleibt nur die Wahl, ob wir sie eingelegt oder als erhabene Arbeit tragen wollen, und wir brauchen nicht weit zu suchen, wenn wir sehn wollen, wie das in der Regel entschieden wird, wenn wir nur bedenken, daß es mit den menschlichen Fähigkeiten geht wie mit den Flüssigkeiten: die leichtesten schwimmen immer oben auf.«

Es gibt auf dieser berühmten Insel Britannien einen gewissen erbärmlichen, bändereichen Skribenten, mit dessen Charakter der Leser nicht ganz unbekannt sein kann. Er gibt sich mit einer verderblichen Art von Schriften ab, die man ›zweite Teile‹ nennt, und er läuft in der Regel unter dem Namen des Verfassers des ersten Teiles um. Ich kann leicht voraussehn, daß dieser behende Arbeiter meine Feder, sowie ich sie niederlege, auch schon gestohlen haben wird, um mich dann ebenso unmenschlich zu behandeln, wie er Dr. Blackmore, Lestrange und viele andre, die namenlos bleiben mögen, bereits behandelt hat. Ich fliehe deshalb mit der Bitte um Gerechtigkeit und Hilfe in die Hände jenes großen Mannes, der die Sättel aufs rechte Pferd legt, jenes Freundes der Menschheit, des Doktor Bentley, und flehe ihn an, er möge diesen ungeheuerlichen Mißstand in seine ganz moderne Erwägung ziehen; und wenn es so kommen sollte, daß mir für meine Sünden versehentlich in Gestalt eines zweiten Teils das Geschirr eines Esels auf den Rücken gelegt wird, so möge er auf der Stelle geruhen, mich vor dem Angesicht der Welt von der Bürde zu befreien und sie in sein eigenes Haus zu tragen, bis das rechte Tier es für gut befindet, sie für sich in Anspruch zu nehmen.

Inzwischen erlasse ich hier die öffentliche Anzeige, daß ich entschlossen bin, innerhalb dieser Abhandlung den ganzen Stoff zu verbrauchen, den ich seit so viel Jahren aufgespeichert habe. Da meine Ader sich einmal geöffnet hat, so bin ich einverstanden, sie zum besondern Vorteil meines teuren Landes und zum allgemeinen Wohl der Menschheit auf einmal zu erschöpfen. In gastfreundlicher Rücksicht auf die Anzahl meiner Gäste will ich ihnen alles, womit ich bewirten kann, in einer einzigen Mahlzeit vorsetzen, und ich verschmähe es, die Überbleibsel wieder in den Schrank zu tun. Was die Gäste nicht verzehren können, das mag man den Armen geben, und die Hunde unterm Tisch mögen die Knochen benagen. Ich halte das für ein großherzigeres Verfahren, als wenn man der Gesellschaft Ekel erregt, indem man sie für den folgenden Tag noch einmal an eine Tafel voll schäbiger Überreste lädt.

Wenn der Leser die Beweiskraft dessen, was ich im vorhergehenden Teil vorgebracht habe, gebührend erwägt, so bin ich überzeugt, daß es in seinen Begriffen und Anschauungen eine wunderbare Umwälzung herbeiführen wird; er wird unendlich viel besser darauf vorbereitet sein, den Schluß dieses wunderhaften Traktats aufzunehmen und zu würdigen. Leser lassen sich in drei Teile teilen – die oberflächlichen, die unwissenden und die gelehrten; ich habe meine Feder mit viel Glück dem Genius und dem Vorteil eines jeden angepaßt. Der oberflächliche Leser wird wunderbar zum Lachen gereizt werden; das Lachen aber reinigt Brust und Lungen, es ist ein herrliches Mittel gegen die Hypochondrie und die unschuldigste aller urintreibenden Medizinen. Der unwissende Leser (der Unterschied zwischen ihm und dem vorgenannten ist außerordentlich fein) wird geneigt sein, offenen Mundes zu starren; das hilft wunderbar gegen kranke Augen; es dient dazu, die Lebensgeister aufzurichten und anzufeuern und unterstützt die Schweißbildung wunderbar. Aber der wirklich gelehrte Leser, zu dessen Wohl ich wache, wenn andre schlafen, und schlafe, wenn andre wachen, wird hier des Stoffes genügend finden, um für den Rest seiner Tage seine Spekulationen zu beschäftigen. Es wäre sehr zu wünschen, und ich schlage dieses Experiment hier in aller Demut vor, daß jeder Fürst der Christenheit sieben der tiefgründigsten Gelehrten seiner Reiche nähme und sie sieben Jahre lang in sieben Kammern einschlösse, und zwar mit dem Befehl, sieben ausführliche Kommentare über diese allumfassende Abhandlung zu schreiben. Ich will die Behauptung wagen, welcher Unterschied sich auch zwischen ihren Vermutungen ergeben möge, daß diese Vermutungen sämtlich klar aus dem Text werden abzulciten sein. Inzwischen bitte ich ernstlich, daß ein so nützliches Unternehmen (wenn es Ihren Majestäten gefällt) mit aller nur möglichen Beschleunigung begonnen werde; denn es verlangt mich sehr danach, ehe ich die Welt verlasse, eine Segnung zu kosten, die uns geheimnisvollen Schriftstellern selten zuteil wird, ehe wir in unser Grab gestiegen sind; ob es nun daran liege, daß der Ruhm als eine Frucht, die dem Leibe aufgepfropft wird, nicht recht wachsen und viel weniger noch reifen kann, bevor ihr Boden in die Erde versenkt wird: oder daran, daß er ein Raubvogel ist, den wie die andern der Geruch eines Leichnams anlockt; oder endlich daran, daß er meint, seine Trompete schalle am lautesten und am weitesten hin, wenn er auf dem Grabe steht, das heißt auf einer Erhöhung des Bodens und auf einem hohlen Gewölbe, das seinen Resonanzboden bildet.

Freilich ist die Republik der dunklen Autoren, nachdem sie dieses treffliche Auskunftsmittel des Sterbens einmal entdeckt hatten, sowohl in der Mannigfaltigkeit wie auch in der Ausdehnung ihres Rufs ganz besonders glücklich gewesen. Denn da die Nacht die Weltenmutter aller Dinge ist, so halten weise Philosophen alle Schriften in eben dem Grade für fruchtbar, in dem sie dunkel sind; und daher haben die wahrhaft Erleuchteten (das heißt, die allerdunkelsten) so zahllose Kommentatoren gefunden, deren scholastische Hebammenkunst sie von Bedeutungen entbunden hat, von denen die Verfasser selber sich vielleicht nie etwas träumen ließen, obwohl man sie darum doch als die rechtmäßigen Väter ansehn kann: denn die Worte solcher Schriftsteller sind wie die Saat; man mag sie noch so willkürlich ausstreun, wenn sie auf einen fruchtbaren Boden fällt, so wird sie sich weit über jede Hoffnung und jede Vorstellung des Sämanns hinaus vermehren.

Und um daher ein so nützliches Werk zu fördern, will ich mir hier erlauben, ein paar Winke zu geben, wie sie jenen erhabenen Geistern, die dazu ernannt werden sollten, einen allgemeinen Kommentar zu dieser wundervollen Abhandlung zu schreiben, sehr von Nutzen sein werden. Zunächst habe ich ein tiefes Mysterium in die Zahl der Os hineingelegt, die man mit sieben zu multiplizieren und durch neun zu dividieren hat. Wenn ferner ein frommer Bruder der Rosenkreuzer sechsunddreißig Morgen hindurch im lebendigen Glauben glühend betet und dann im zweiten und fünften Teil gewisse Silben und Lettern der Vorschrift gemäß umstellt, so werden sie sich ihm sicherlich als ein ausführliches Rezept des opus magnum offenbaren. Wer sich schließlich aber noch die Mühe macht, die Gesamtzahl eines jeden Buchstabens in diesem Traktat nachzuzählen und die genauen Unterschiede zwischen den verschiedenen Zahlen auszurechnen, indem er für jede derartige Differenz die wahre und natürliche Ursache sucht, der wird in dem Ergebnis reichlichen Lohn für seine Arbeit finden. Dann aber muß er sich vor Bythus und Sigè hüten und sichergehn, daß er die Eigenschaften des Ahamoth nicht vergißt, a cujus lacrimis humecta prodit substantia, a risu lucida, a tristitia solida et a timore mobilis; denn darin hat Eugenius Philalethes einen unverzeihlichen Fehler begangen.

ELFTER TEIL.

MÄRCHEN VON EINER TONNE.

Nachdem ich einen so weiten Kreis durchwandert habe, hole ich jetzt voll Freuden mein Thema wieder ein und packe es von neuem; und hinfort will ich bis zum Ziel meiner Reise gleichen Schritt mit ihm halten, es sei denn, daß dicht neben meinem Pfade eine schöne Aussicht aufblitzt; und wenn ich es auch gegenwärtig weder vermute noch erwarte, so werde ich doch in solchem Fall meinen Leser um Erlaubnis und um sein Geleit ersuchen, damit er mir gestatte, ihn selbst hindurchzuführen. Denn es geht mit dem Schreiben wie mit einer Reise: hat, wer reist, es eilig, nach Hause zu kommen (und ich gebe zu, das ist bei mir nicht der Fall, denn ich habe nie so wenig zu tun wie dort), und ist sein Pferd müde vom langen Ritt und von einer schlechten Straße, oder ist es von Natur nur eine elende Mähre, so rate ich ihm klärlich, den geradesten und betretensten Pfad einzuschlagen, mag er noch so schmutzig sein; aber sicherlich müssen wir zugeben, daß ein solcher Mensch bestenfalls ein armseliger Gefährte ist; er bespritzt sich und seine Mitreisenden bei jedem Schritt: all ihre Gedanken und Wünsche drehen sich wie ihr Gespräch einzig um das Ziel ihrer Reise; und bei jeder aufspritzenden Pfütze, bei jedem Schritt ins Wasser und bei jedem Stolpern wünschen sie einander von Herzen zum Teufel.

Wenn dagegen ein Reisender und sein Pferd in guter Verfassung sind, wenn sein Geldbeutel voll ist und der Tag vor ihm liegt, so folgt er der Straße nur da, wo sie sauber und bequem ist, und er unterhält dort seine Gefährten so angenehm wie er es vermag; bei jeder Gelegenheit aber führt er sie zu jeder entzückenden Aussicht, sei das Schauspiel nun ein solches der Kunst, der Natur oder einer Vereinigung beider; und wenn sie ihm aus Borniertheit oder Müdigkeit das Geleit versagen, so mögen sie allein weitertraben und sich hängen lassen; er wird sie in der nächsten Stadt wieder einholen; doch bei seiner Ankunft reitet er wütend durch; Männer und Weiber und Kinder stürzen heraus, um ihn anzustarren; hundert lärmende Köter rennen ihm kläffend nach, und wenn er den Kühnsten unter ihnen mit einem Hieb seiner Gerte beehrt, so geschieht es mehr zum Scherz als aus Rache; doch sollte irgendein Bastard sich zu nah heranwagen, so erhält er durch einen zufälligen Streich der Hufe des Rosses (ohne daß durch den Schlag an Vorsprung das geringste verloren geht) einen Kuß auf die Backen, der ihn heulend und hinkend nach Hause schickt.

Ich gehe jetzt dazu über, die sonderbaren Abenteuer meines berühmten Jakob zusammenzufassen; des Standes seiner Gesinnungen und seiner Glücksumstände wird sich der sorgfältige Leser ohne Zweifel aufs genaueste entsinnen, da ich mich von ihnen erst am Schluß eines früheren Teiles trennte. Er muß also zunächst die Arbeit auf sich nehmen, aus zweien der vorhergehenden ein System der Begriffe auszuziehen, wie es seinem Verstande am meisten zusagt, denn nur so wird er, was folgt, ganz auskosten können.

Jakob hatte nicht nur die ersten Umwälzungen in seinem Gehirn so klug berechnet, daß er jene epidemische Sekte der Aeolisten ins Leben rief; sondern da er auch in eine ganz neue und seltsame Reihe von Entdeckungen hineingeriet, so führte ihn die Fruchtbarkeit seiner Phantasie zu gewissen Vorstellungen, die, obwohl dem Anschein nach recht unerklärlich, doch nicht eines geheimnisvollen Sinns entbehrten noch auch der Anhänger ermangelten, die ihnen Beifall zollten und sie ausbauten. Ich werde demnach sorgfältig und genau alle wesentlichen Züge seines Wesens wiedergeben, wie ich sie habe aus unzweifelhafter Überlieferung oder durch unermüdliche Lektüre sammeln können; und ich werde sie so genau schildern, wie es nur möglich ist, und soweit sich Begriffe von solcher Höhe und Weite überhaupt von einer Feder fassen lassen. Auch bezweifle ich keineswegs, daß sie jenen, deren umbildende Phantasie sie geneigt macht, alle Dinge in Typen zu verwandeln, viel herrlichen Stoff liefern wird; sie können ohne Hilfe der Sonne Schatten bilden und sie ohne Hilfe der Philosophie in Substanzen verwandeln; ihr besonderes Talent liegt darin, figürliche Wendungen und Allegorien wörtlich auszulegen und, was wörtlich gemeint war, zu Figuren und Geheimnissen zu destillieren.

Jakob hatte sich eine schöne Abschrift von seines Vaters Testament verschafft, die sauber auf ein großes Pergament geschrieben war; und in dem Entschluß, die Rolle eines sehr gehorsamen Sohns zu spielen, verliebte er sich so sehr darin, wie es bei einem Geschöpf nur möglich ist. Denn obwohl es, wie ich dem Leser oft gesagt habe, ganz aus gewissen einfachen und leichten Anweisungen über die Art bestand, wie die Röcke zu behandeln und zu tragen waren, verbunden mit Legaten und Strafen im Fall des Gehorsams oder des Ungehorsams, so begann er sich doch einzubilden, daß die Sache tiefer und dunkler sei und daß also auf ihrem Grunde noch viel mehr Geheimnisse schlummern müßten. »Meine Herren«, sprach er, »ich will beweisen, daß eben dieses Pergament Speise, Trank und Kleidung, der Stein der Weisen und das Allheilmittel ist.« Infolge solcher Entzückungen beschloß er, von ihm bei aller Notdurft sowie auch bei den elendsten Anlässen des Lebens Gebrauch zu machen. Er besaß die Kunst, ihm jede Form zu geben, die er wollte, so daß es ihm als Nachtmütze diente, wenn er zu Bett ging, und bei regnichtem Wetter als Schirm. Er band sich ein Stück davon um einen wunden Zeh, oder wenn er Krämpfe hatte, so verbrannte er zwei Zoll davon unter seiner Nase; wenn ihm aber etwas schwer auf dem Magen lag, so kratzte er ein wenig davon ab und verschluckte von dem Pulver so viel, wie auf einem Silbergroschen liegen konnte: all das waren unfehlbare Mittel. Diesen Tifteleien gemäß bewegten sich all seine Reden und Gespräche einzig im Wortschatz des Testaments, und seine höchste Beredsamkeit blieb innerhalb dieser Grenzen gefangen, denn er wagte nicht, auch nur eine Silbe fallenzulassen, wenn sie sich in diesem Schriftstücke nicht belegen ließ. Einmal befiel ihn in einem fremden Hause sehr plötzlich eine dringende Notdurft, bei der im einzelnen zu verweilen uns vielleicht nicht erlaubt ist; und da es ihm nicht möglich war, sich mit der Plötzlichkeit, die der Anlaß erforderte, auf die verbürgte Wendung zu besinnen, mit der man nach dem Weg zu den Hintergebäuden fragt, so sah er es als das Klügere an, die Strafe auf sich zu nehmen, die auf derlei Dingen steht. Auch gelang es der vereinten Rhetorik der ganzen Menschheit nicht, ihn dahin zu bringen, daß er sich säuberte; denn als er bei dieser Gelegenheit das Testament zu Rate zog, traf er ziemlich am Schluß auf eine Stelle (ob sie durch den Abschreiber eingeschoben worden war oder nicht, ist nicht bekannt), die das zu verbieten schien[1].

Er sah eine Pflicht seiner Religion darin, nie ein Tischgebet zu verrichten; und die ganze Welt konnte ihn nicht überreden, seine Nahrung wie ein Christenmensch zu sich zu nehmen, um mich dieser Redensart zu bedienen.

Er hatte ein seltsames Gelüst nach Schnappdrachen und nach den entfärbten Lichtschnuppen brennender Kerzen, die er mit wunderbarer Behendigkeit auffing und verschluckte; dadurch entstand in seinem Bauch eine Flamme, die dauernd brannte, und sie drang ihm in glühendem Strom aus beiden Augen, aus den Nasenlöchern und dem Mund hervor, so daß in dunkler Nacht sein Kopf aussah wie ein Eselsschädel, in den ein boshafter Junge zum Schreck der Untertanen Seiner Majestät eine Pfennigkerze gesteckt hat. Daher brauchte er auch weiter kein Hilfsmittel, um sich nach Hause zu leuchten; sondern er pflegte zu sagen, ein weiser Mann sei seine eigene Laterne.

Er schloß, wenn er des Weges dahinging, die Augen, und wenn er einmal mit dem Kopf wider einen Pfahl anrannte oder in eine Gosse fiel (und selten versäumte er es, entweder das eine oder das andre zu

[1] »Wer unrein ist, der sei fernerhin unrein«; eine Stelle, die in dem ältesten Manuskript des Neuen Testaments nicht steht; Offenb. Joh. 22, 11.

tun), so sagte er den höhnenden Lehrbuben, die ihm zusahen, er füge sich dem in voller Resignation, als einem Streich und einem Schlage des Schicksals; denn er habe durch lange Erfahrung gefunden, wie eitel es sei, mit ihm ringen oder sich balgen zu wollen; und wer das eine oder das andre unternehme, der käme sicherlich nur mit einem gewaltigen Fall oder einer blutigen Nase davon. »Es wurde«, so sprach er, »ein paar Tage vor der Schöpfung vorbestimmt, daß meine Nase und eben dieser Pfahl ein Zusammentreffen haben sollten, und daher hielt die Natur es für angebracht, uns beide zu gleicher Zeit in die Welt zu senden und uns zu Landsleuten und Stadtgenossen zu machen. Hätte ich nun die Augen offengehalten, so ist es sehr wahrscheinlich, daß die Sache sehr viel schlimmer abgelaufen wäre; denn wie manchen elenden Fehltritt tut nicht der Mensch tagtäglich all seiner Vorsicht zum Trotz. Außerdem sehen die Augen des Verstandes am besten, wenn die Augen der Sinne nicht im Wege stehn; und daher kann man beobachten, daß Blinde ihre Schritte mit weit mehr Vorsicht und Haltung und Urteil leiten als jene, die sich allzu zuversichtlich auf die Kraft der Sehnerven verlassen, den jeder kleine Zufall erschüttert und in Unordnung bringt, während ihn ein Tropfen Wassers und ein Nebel vollends der Fassung berauben, einer Laterne gleich unter einer Bande brüllender Eisenfresser, die die Straßen durchtoben, denn da setzt sie sowohl ihren Besitzer wie sich selber nur den Tritten und den Hieben aus, denen beide entgangen wären, wenn das Eitelkeitsverlangen, gesehn zu werden, sie hätte im Dunkeln wandern lassen. Aber wenn wir ferner die Lebensführung dieser gerühmten Lichter untersuchen, so wird sie sich als noch weit ärger denn ihr Schicksal erweisen. Freilich habe ich mir an diesem Pfahl die Nase zerbrochen, weil das Schicksal es entweder vergaß oder es nicht für angebracht hielt, mich in den Arm zu kneifen und mich zu warnen, damit ich ihm auswich. Aber das möge weder das gegenwärtige Zeitalter noch auch die Nachwelt ermutigen, ihre Nasen der Obhut ihrer Augen anzuvertrauen; denn das wäre der beste Weg, sie auf ewig zu verlieren. Denn, o ihr Augen, o ihr blinden Führer, elende Hüter seid ihr unsrer gebrechlichen Nasen; ihr, sag ich, die ihr euch an den ersten Abgrund hängt, den ihr erblickt, und dann unsre elenden, bereitwilligen Leiber nachzieht, bis an den Rand des Verderbens. Aber ach, dieser Rand ist verwittert, unsre Füße gleiten aus, und wir stürzen in die Tiefe, wenn nicht ein gastfreundlicher Strauch den Fall aufhält – einen Fall, dem keine menschliche Nase gewachsen ist, es sei denn die des Riesen Laurcalco, des Herrn der Silberbrücke. Passenderweise also, o Augen, und mit großem Recht laßt ihr euch jenen Irrlichtern vergleichen, die den Menschen durch

Schmutz und Dunkel leiten, bis er in eine tiefe Höhle fällt oder in einen eklen Sumpf.«

Diese Stelle habe ich als eine Probe für Jakobs große Beredsamkeit und für die Kraft seiner Beweisführung angeführt, wie er sie in solchen tief verborgenen Dingen zu entfalten wußte.

Er war außerdem ein Mann von großem Unternehmungsgeist und Reformtrieb in Dingen des Gottesdienstes; er hatte nämlich eine neue Gottheit eingeführt, die seither eine ungeheure Anzahl von Anbetern gefunden hat. Manche nennen sie Babel, andre Chaos, und sie hatte einen alten Tempel gotischer Arbeit auf der Ebene von Salisbury, der berühmt war wegen seines Altars und als Wallfahrtsziel der Pilger.

Wenn er irgendeinen Schelmenstreich zu spielen hatte, kniete er nieder, hob die Augen gen Himmel und begann zu beten, und stand er auch mitten in der Gosse. Wer aber seine Possen schon kannte, sorgte alsdann dafür, daß er ihm weit genug aus dem Wege ging; und wenn die Neugier Fremde herbeizog, die lachen wollten oder auf ihn lauschen, so riß er plötzlich mit der einen Hand seine Rute heraus und pißte ihnen voll in die Augen, und mit der andern bewarf er sie mit Kot.

Im Winter ging er stets offen und unzugeknöpft einher, so dünn wie möglich gekleidet, um die Hitze der Luft hereinzulassen; im Sommer aber hüllte er sich dicht und dick ein, um sie von sich abzuhalten.

Bei allen Umwälzungen in der Regierung brachte er seine Werbung um das Amt des obersten Henkers ein; und in der Ausübung dieser Amtswürde, in der er sehr geschickt war, machte er von keiner andern Maske Gebrauch als der eines langen Gebets.

Seine Zunge war so muskulös und beweglich, daß er sie bis in seine Nase hinaufschlängeln konnte, um von dort aus merkwürdige Reden zu halten. Er war auch der erste in diesen Königreichen, der die spanische Kunst des Iahens zu vervollkommnen begann; und da er lange Ohren hatte, die immer nackt und aufgerichtet dastanden, brachte er es in dieser Kunst zu einer solchen Vollkommenheit, daß es außerordentlich schwierig war, durchs Auge oder durchs Ohr zwischen dem Original und der Kopie zu unterscheiden.

Ihn plagte eine Krankheit, die die Umkehrung jener andern war, die der Stich der Tarantel heißt; und beim Klang der Musik, und besonders des Dudelsacks, wurde er tollwütig. Aber er heilte sich dann, indem er zwei- oder dreimal durch die Westminster Hall ging oder über den Fischmarkt oder in eine Schule, an die Börse oder in ein Paradekaffeehaus.

Er war ein Mensch, der keine Farben fürchtete, aber alle tödlich haßte und deshalb den Malern eine grausame Abneigung entgegenbrachte; sie ging so weit, daß er in seinen Anfällen, wenn er durch die Straßen ging, die Taschen voller Steine hatte, um sie nach den Schildern zu werfen.

Da er vermöge seiner Lebensweise oft gezwungen war, sich zu waschen, so sprang er oft bis über die Ohren ins Wasser[1], und wenn es auch mitten im Winter war; man beobachtete aber, daß er stets viel schmutziger wieder herauskam, wenn das möglich war, als er hineinsprang.

Er war der erste, der jemals das Geheimnis fand, ein Schlafmittel durch die Ohren einzuführen; es war eine Mischung von Schwefel und Gileadbalsam mit ein wenig Pilgersalbe.

Auf dem Magen trug er ein großes Pflaster aus künstlichen Ätzmitteln, mit dessen Glut er sich selber zum Stöhnen bringen konnte, wie es das berühmte Gericht durch Anwendung eines rotglühenden Eisens tat.

Er stellte sich auch an irgendeine Straßenecke, rief denen, die vorübergingen, und sprach zu einem: »Würdiger Herr, erweist mir die Ehre und gebt mir einen hübschen Schlag in die Kiefer«; und zu einem andern: »Ehrlicher Freund, bitte, gib mir einen schönen Tritt in den Arsch.« »Gnädige Frau, darf ich Euer Gnaden schöne Hände um einen leichten Schlag hinter die Ohren anflehn?« »Edler Hauptmann, leiht mir um Gotteswillen einen Hieb mit jenem Eurem Stock über diese armen Schultern.« Und wenn es ihm durch solcherlei ernsthafte Werbungen gelungen war, sich eine Tracht Prügel zu verschaffen, die ihm Phantasie und Flanken schwellte, so kehrte er sehr getröstet heim und voll von furchtbaren Berichten über das, was er zum allgemeinen Wohl ertragen hatte. »Seht diesen Streich«, sagte er, indem er seine nackten Schultern zeigte, »den versetzte mir heute morgen um acht Uhr ein verwünschter Janitschare, als ich den Großtürken vertrieb. Nachbarn, beachtet, dieser gebrochene Schädel verdient ein Pflaster; hätte Jakob um sein Oberstübchen Angst gehabt, so hättet Ihr den französischen König und den Papst schon längst unter Euren Weibern und Euren Waren gesehn. Ihr lieben Christen, der Großmogul war schon bis Whitechapel gekommen, und Ihr könnt diesen armen Flanken danken, daß er nicht Mann, Weib und Kind (Gott behüte uns!) schon verschluckt hat.«

Es war im höchsten Grade der Mühe wert, die merkwürdigen Wir-

[1] Vollständiges Untertauchen bei der Taufe.

kungen jener Abneigung oder Antipathie zu beobachten, die Jakob und sein Bruder Peter einander bis zur Geziertheit entgegenbrachten. Peter hatte jüngst ein paar Halunkereien begangen, die ihn zwangen, sich zu verbergen; und selten wagte er sich vor Einbruch der Nacht hinaus, so sehr fürchtete er sich vor den Bütteln. Ihre Wohnungen lagen an den entgegengesetzten Enden der Stadt, und so oft Geschäfte oder Laune sie hinausführten, wählten sie die wunderlichsten, unwahrscheinlichsten Stunden und die sonderbarsten Umwege, die sie nur finden konnten, um einander zu vermeiden; und trotzdem war es ihr Schicksal, daß sie sich beständig begegneten. Der Grund dafür ist leicht zu erkennen; denn da der Wahnsinn und die Verrücktheit beide derselben Wurzel entspringen, so können wir sie als zwei Kompasse von gleichem Radius ansehn, deren fester Punkt stets an derselben Stelle blieb; und wenn sie sich nun auch zunächst in entgegengesetzter Richtung bewegten, so mußten sie schließlich doch irgendwo am äußeren Umfang zusammenstoßen.

Außerdem gehörte es zu den großen Mißgeschicken Jakobs, daß er mit seinem Bruder Peter ungeheure Ähnlichkeit hatte. Nicht nur waren sie sich nach Laune und Anlage gleich, sondern auch in Gestalt, Wuchs und Miene hatten sie sehr viel gemein. Daher denn auch nichts häufiger vorkam, als daß ein Büttel Jakob an der Schulter packte und rief: »Herr Peter, Sie sind des Königs Gefangener.« Und ein andermal sprach einer von Peters engsten Freunden Jakob mit offenen Armen an: »Teurer Peter, ich freue mich, dich zu sehn, bitte, schicke mir ein wenig von deiner besten Medizin wider die Würmer.« Man kann sich denken, daß dies ein demütigendes Entgelt für all die Mühen und Plagen war, die Jakob so lange durchgemacht hatte; und als er sah, daß all seine Bemühungen ihn zu etwas brachten, was dem einzigen Ziel, das er sich gesteckt hatte, genau entgegengesetzt war – wie sollte das da auf einen Kopf und ein Herz wie seins nicht die furchtbarste Wirkung haben? Doch die armen Reste seines Rockes hatten all die Strafe zu tragen; nie konnte die Sonne im Osten die tägliche Reise beginnen, ohne ein Stück von ihm zu vermissen. Er dang sich einen Schneider, der ihm den Kragen so eng zunähn mußte, daß er ihn fast erstickte und ihm die Augen so stark herausdrückte, daß man nur noch das Weiße sah. Was von dem Stoff des Rocks noch übrig war, das rieb er täglich zwei Stunden lang an einer mit Spritzwurf verkleideten Mauer, um die Reste der Borten und der Stickerei abzuscheuern; zugleich aber machte er solche Fortschritte, daß er zum heidnischen Philosophen promovierte. Und doch enttäuschte der Erfolg, so viel er auch in dieser Art tun mochte, immer noch die Erwartung. Denn da es im Wesen der Lumpen liegt, daß sie wie zum Spott eine gewisse Ähnlichkeit mit großem Putz tragen, weil beide etwas Flatterndes haben, was sich aus der Ferne, im Dunkeln oder von kurzsichtigen Augen nicht unterscheiden läßt, so erging es in diesem Fall auch Jakob mit seinen Fetzen nicht anders, denn auf den ersten Blick zeigten sie einen lächerlichen Flitterprunk; und das durchkreuzte im Verein mit der Ähnlichkeit in Gesicht und Erscheinung all seine Trennungspläne, und es hatte zwischen ihnen eine so große Ähnlichkeit zur Folge, daß es oft sogar beider Jünger und Anhänger täuschte.

Desunt nonnulla.

Das alte slavische Sprichwort hat recht: es ist mit den Menschen wie mit den Eseln; wer sie fest packen will, muß sehn, daß er ihre Ohren zu fassen bekommt. Und doch, denke ich, können wir behaupten, daß auch jenes andre sich durch wiederholte Erfahrung bestätigt hat:

Effugiet tamen haec sceleratus vincula Proteus.

Es ist daher nur gut, wenn man die Grundsätze unserer Vorfahren unter starker Berücksichtigung der Zeit und der Personen liest: wenn wir Berichte der ersten Zeiten lesen, so werden wir finden, daß keine Umwälzungen so groß und so häufig waren, wie die in den menschlichen Ohren. In früheren Zeiten gab es eine merkwürdige Erfindung, um sie zu fangen und festzuhalten; ich denke, wir können sie mit Recht unter die artes perditae rechnen; und wie kann es auch wohl anders sein, da in den letzten Jahrhunderten nicht nur die ganze Gattung auf einen beklagenswert geringen Umfang zusammengeschrumpft, sondern auch noch der armselige Überrest so weit entartet ist, daß er selbst unsres geschicktesten Griffes spottet? Denn wenn sich die Spaltung des einen Ohrs bei einem Hirsch als ausreichend erwies, um den Fehler durch einen ganzen Wald hin zu verbreiten, weshalb wollten wir uns da wundern, wenn so viele Verkürzungen und Verstümmelungen, wie die Ohren unsrer Väter und unsre eigenen sie letzthin so oft erfahren haben, die größten Folgen mit sich bringen. Als freilich diese unsre Insel unter der Herrschaft der Gnade stand, wurden viele Versuche gemacht, das Wachstum der Ohren unter uns zu fördern. Die verhältnismäßige Größe galt nicht nur als eine Zierde des äußern Menschen, sondern auch als ein Zeichen der Gnade im Innern. Außerdem glauben die Naturkundigen, wenn in der obern Gegend des Körpers starke Vorsprünge vorhanden sind, wie zum Beispiel in den Ohren und der Nase, so müssen auch die untern ihnen entsprechen; daher sich denn auch in jener wahrhaft frommen Zeit die Männer in allen Gesellschaften je nach dem, was ihnen zuteil geworden war, sehr bereit zeigten, ihre Ohren den Blicken auszusetzen; und ebenso auch die umgebenden Teile, denn Hippokrates sagt uns, wenn die Ader hinterm Ohr durchschnitten werde, so werde der Mensch zum Eunuchen; und die Frauen standen nicht zurück und schauten aus und erbauten sich an ihnen; und jene, denen das Mittel schon bekannt war, sahen sich angelegentlich um, weil sie hofften, durch solche Ausschau geeignete Sprossen zu empfangen; während jene, die noch als Bewerberinnen um dergleichen Wohltat lebten, reichliche Auswahl hatten und sich sicherlich für die entschieden, die die größten Ohren zeigten, damit die Zucht zwischen ihnen nicht zusammenschrumpfte. Und schließlich ehrten sicherlich die frommeren Schwestern, die jede außergewöhnliche Verlängerung jenes Gliedes als einen Auswuchs des Eifers oder als eine geistliche Protuberanz ansahen, jedes Haupt, an dem sie saß, als wäre sie ein Zeichen der Gnade, besonders aber die des Priesters, dessen Ohren in der Regel von ganz besonderer Größe waren; daher er sie dem Volk sehr oft und eifrig im vorteilhaftesten Licht zu betrachten gab und während seiner rhetorischen Paroxismen bald das eine vorstreckte und bald das andre.

Das war das Streben der Heiligen, die Größe dieses Gliedes zu fördern; und man ist allgemein der Ansicht, daß der Erfolg den Bemühungen in jeder Hinsicht entsprochen hätte, wenn nicht im Laufe der Zeit ein grausamer König gekommen wäre, der eine blutige Verfolgung wider alle Ohren begann, die ein gewisses Maß überstiegen. Worauf manche froh waren, ihre blühenden Sprossen unter einem schwarzen Streif verbergen zu können, während andre ganz unter eine Perücke krochen; einige wurden gespalten, andre beschnitten, und eine große Anzahl bis auf die Wurzel abgesichelt. Doch davon später mehr in meiner allgemeinen »Geschichte der Ohren«, die ich dem Publikum baldigst darzubringen gedenke.

Aus diesem kurzen Überblick über den Verfall der Ohren im letzten Jahrhundert und aus der geringen Sorgfalt, mit der man in der Gegenwart ihr ehemaliges Wachstum wieder zu fördern sucht, erhellt klärlich, mit wie wenig Grund wir uns darauf verlassen können, wenn wir ein so kurzes, so schwaches und schlüpfriges Glied zu fassen bekommen; und wer also die Menschheit festhalten möchte, der muß zu andern Methoden greifen. Wenn wir nun aber die menschliche Natur mit der genügenden Umsicht untersuchen, so werden wir mehrere Handhaben finden, von denen die sechs Sinne (einschließlich dessen Scaligers) jeder eine geben, und ferner noch eine große Anzahl, die an die Leidenschaften festgeschraubt, und einige wenige, die mit dem Intellekt vernietet sind. Unter den letztern bietet die Neugier von allen den festesten Halt: die Neugier, jener Sporn in der Flanke, jener Zügel im

Munde, jener Ring in der Nase des faulen und ungeduldigen und des brummenden Lesers. An dieser Handhabe sollte der Autor den Leser packen, und ist ihm das einmal gelungen, so ist aller Widerstand und alles Ringen vergeblich, und er wird sein Gefangener, wird sklavisch, wie er nur will, bis jenen Ermüdung oder Langeweile zwingen, den Griff zu lockern.

Und daher sehe ich, der Verfasser dieses wunderhaften Traktats, nachdem ich bisher über Erwarten lange meinen freundlichen Leser an besagter Handhabe festgehalten habe – daher sehe ich mich wider Willen gezwungen, jetzt meinen Griff zu lockern und ihn bei der Lektüre dessen, was noch übrigbleibt, jener natürlichen Schlaftrunkenheit zu überlassen, die dem ganzen Geschlecht eingeboren ist. Ich kann dir nur zu unser beider Trost versichern, höflicher Leser, daß ich eben so traurig bin wie du, traurig über das Mißgeschick, daß ich den Rest dieser Denkschrift verloren oder unter meinen Papieren verlegt habe; er bestand aus zugleich neuen, angenehmen und überraschenden Zufällen, Wendungen und Abenteuern; und daher war er in jeder Hinsicht für den feinen Geschmack unsrer edlen Zeit berechnet. Aber ach, trotz meiner größten Anstrengungen wollten mir nur ein paar der Kapitel wieder einfallen. Es war darunter ein ausführlicher Bericht, wie Peter sich vom Oberhofgericht einen Schutzbrief verschaffte; ferner ein Bericht über die Versöhnung zwischen Jakob und ihm, veranlaßt durch ihre Absicht, ihren Bruder Martin in ein Arresthaus zu locken und dort bis auf die Haut auszuziehen. Martin aber zeigte ihnen funkelnagelneues Fersengeld. Dann kam ein neuer Verhaftsbefehl wider Peter heraus, und Jakob ließ ihn im Stich, stahl ihm seinen Schutzbrief und benutzte ihn für sich selber. Jakobs Lumpen wurden Mode am Hof und in der Stadt, und er setzte sich auf ein hohes Pferd und aß Eierrahm[1]. Aber die Einzelheiten all dieser Ereignisse, die meinem Gedächtnis entschlüpft sind, bleiben hoffnungslos verloren. Und indem ich es meinen Lesern überlasse, sich gegenseitig ob dieses Mißgeschicks ihr Beileid auszusprechen, soweit sich das mit ihrer jeweiligen Konstitution verträgt, sie jedoch zugleich bei der ganzen Freundschaft, die sich vom Titelblatt an bis zu dieser Seite zwischen uns ergeben hat, beschwöre, nicht so weit zu gehn, daß sie sich ob eines Unfalls, an dem nichts mehr zu ändern ist, an ihrer Gesundheit schädigen, mache ich mich jetzt an die zeremonielle Aufgabe eines vollendeten Schriftstellers, die also auch ein höfischer Moderner von allen am wenigsten übergehen darf.

[1] Eierrahm ist ein berühmtes Gericht beim Gastmahl des Londoner Oberbürgermeisters; gemeint natürlich, daß Nonkonformisten hohe Ämter bekleideten.

Zu lange Schwangerschaft ist eine ebenso wirksame, wenn auch nicht so häufige Ursache von Fehlgeburten wie zu kurze Schwangerschaft; das trifft ganz besonders für die Wehen des Gehirns zu. Wohl gehe es dem Herzen jenes edlen Jesuiten, der es zuerst wagte, im Druck zu bekennen, daß die Bücher wie die Kleider und die Kost und die Vergnügungen ihren verschiedenen Jahreszeiten angepaßt werden müssen; und besser noch ergehe es unsrer edlen Nation, dieweil sie unter andern französischen Moden auch diese noch feiner ausbaute. Ich werde die Zeit noch erleben, da ein Buch, das seinen Zeitpunkt verfehlt, so wenig beachtet werden wird wie der Mond bei Tage oder wie Makrelen eine Woche nach ihrer Zeit. Nun hat niemand unser Klima genauer beobachtet als der Verleger, der das Manuskript dieses Werks gekauft hat. Er weiß bis aufs Tüpfelchen, was für Themen in einem trockenen Jahr abgehn und welche man vorrücken muß, wenn das Wetterglas auf viel Regen gefallen ist. Als er diesen Traktat gesehn und den Almanach darüber um Rat gefragt hatte, gab er mir zu verstehn, daß er offenbar die beiden wichtigsten Dinge erwogen hätte, nämlich Umfang und Thema; und er habe gefunden, daß es nur nach langer Ruhezeit einschlagen würde, und auch dann nur, wenn es in ein Jahr fallen sollte, in dem die Rüben schlecht gedeihen. Daraufhin wünschte ich in Anbetracht meiner drängenden Nöte zu wissen, was in diesem Monat annehmbar sein mochte. Er schaute nach Westen aus und sagte: »Ich glaube, wir werden eine Zeit schlechten Wetters bekommen. Wenn Sie aber einen hübschen kleinen Ulk schreiben könnten (aber nicht in Versen) oder einen kleinen Traktat über den... das würde gehn wie das griechische Feuer. Wenn das Wetter sich aber hält, so habe ich schon einen Autor gedungen, um etwas wider Doktor Bentley zu schreiben, was sich, davon bin ich überzeugt, lohnen wird.«

Schließlich verfielen wir auf diesen Ausweg. Wenn irgendein Kunde kommt und eins dieser Werke verlangt und im Vertrauen nach dem Namen des Verfassers fragt, so soll er ihm vertraulich als einem Freund eben den Mann von Geist nennen, der in der betreffenden Woche gerade Anklang findet; und wenn Durfeys letztes Schauspiel eben ›geht‹, so soll er mir ebenso lieb sein wie Congreve. Ich erwähne dies, weil ich wundervoll genau mit dem gegenwärtigen Gelüst der höflichen Leser bekannt bin und oft zu meinem besondern Vergnügen bemerkt habe, daß eine Fliege, die man von einem Honigtopf vertreibt, mit sehr gutem Appetit auf einen Kothaufen fliegt und ihre Mahlzeit in Exkrementen beschließt.

Ein Wort habe ich noch über die tiefen Schriftsteller zu sagen, die letzthin so zahlreich geworden sind; und ich weiß sehr genau, daß die urteilsfähige Welt auch mich unter ihre Zahl einreihen wird. Ich denke mir also, was das Tiefsein angeht, so ist es da mit den Schriftstellern wie mit den Brunnen – wer gute Augen hat, kann dem tiefsten auf den Grund sehn, wenn nur Wasser darin ist; oft aber, wenn auf dem Boden nichts liegt als Schmutz und Dürre, und befinde sich dieser Boden auch nur anderthalb Ellen unter der Erde, so wird das Loch aus keinem andern Grunde für wunderbar tief gelten, als weil es wunderbar dunkel ist.

Ich versuche eben jetzt ein Experiment, das unter modernen Autoren außerordentlich häufig ist; es besteht darin, über nichts zu schreiben; wenn das Thema völlig erschöpft ist, so lasse man die Feder ruhig weitergleiten; manche nennen das das Gespenst des Witzes, das voller Entzücken noch umgeht, wenn sein Leib schon tot ist. Und die Wahrheit zu sagen, so scheint keine Wissenschaft in wenigen Händen zu ruhn als die der Erkenntnis, wann man aufhören muß. Bis ein Autor sein Buch zu Ende geschrieben hat, sind er und seine Leser alte Bekannte geworden, und es wird ihnen schwer, sich zu trennen; ich habe daher bisweilen erkannt, daß es beim Schreiben ist, wie wenn man Besuche macht; da nimmt die Zeremonie des Abschiednehmens mehr Zeit in Anspruch als die ganze Unterhaltung zuvor. Der Schluß eines Buches gleicht dem Schluß eines menschlichen Lebens, das bisweilen mit dem Ende eines Festes verglichen worden ist, von dem nur wenige gern aufbrechen, ut plenus vitae conviva. Denn die Menschen setzen sich selbst nach der reichlichsten Mahlzeit noch einmal, und wäre es auch nur, um in halbem Schlummer die Zeit zu vertrödeln oder den Rest des Tages zu verschlafen. In diesem letzten aber unterscheide ich mich außerordentlich stark von andern Schriftstellern, und ich werde nur zu stolz sein, wenn ich durch all meine Mühen irgendwie dazu habe beitragen können, in so aufrührerischen und unruhigen Zeiten die Menschheit zu beruhigen. Auch halte ich eine solche Aufgabe nicht für des Amtes eines Mannes von Geist so unwürdig, wie manche es wohl annehmen möchten. In einer sehr gebildeten Nation Griechenlands wurden dem Schlaf und den Musen die gleichen Tempel erbaut und geweiht; und das Volk glaubte, daß zwischen den beiden Gottheiten die engste Freundschaft bestände.

Ich habe zum Schluß meinen Leser noch um eine Gunst zu bitten; er möge nicht erwarten, durch jede Zeile oder jede Seite dieser Abhandlung in gleichem Maße unterhalten und belehrt zu werden, sondern einige Nachsicht mit des Verfassers Hypochondrie und mit seinen Anfällen oder Intervallen der Langeweile haben, genau wie mit seinen eigenen; er möge ernsthaft sein Gewissen prüfen, ob er es, wenn er bei schmutzigem Wetter an einem regnichten Tage ausginge, für recht halten würde, daß Leute, die behaglich in ihren Fenstern lägen, seinen Gang kritisierten und unter diesen Umständen seine Kleidung lächerlich machten.

In meiner Verteilung der Ämter im Gehirn habe ich es für angebracht gehalten, die Erfindungsgabe zur Herrin zu machen, während die Methode und die Vernunft die Stellung von Lakaien innehatten. Der Grund dieser Verteilung war die Beobachtung, daß ich in meinem besondern Fall oft in Versuchung war, witzig zu werden, wo ich weder klug noch verständig, noch irgend etwas sonst sein könnte, was zur Sache gehört. Ich bin aber zu sehr Sklave der modernen Art, um derlei Gelegenheiten zu versäumen, wie schwer es mir auch werde und welche Ungeschicklichkeiten ich auch begehen muß, um sie einzuflechten. Denn ich habe beobachtet, daß es mir nicht gelingen wollte, aus einer mühsam hergestellten Sammlung von siebenhundertundachtunddreißig Blüten und glänzenden Anspielungen aus den besten modernen Autoren, die ich unter großer Lektüre in mein Gemeinplatzsammelbuch hinein verdaut habe, jetzt nach fünf Jahren mehr als ein Dutzend in irgendeine Unterhaltung hineinzuziehen, hineinzuschmuggeln oder hineinzuschwingen. Von welchem Dutzend die eine Hälfte ohne Erfolg blieb, weil sie unter ungeeignete Gesellschaft fiel; während es mich so viel Anstrengungen, Fallen und Umwege kostete, die andere Hälfte einzuführen, daß ich schließlich beschloß, es aufzugeben. Nun muß ich gestehn (um ein Geheimnis zu enthüllen), daß eben diese Enttäuschung mich zuerst trieb, mich als Autor aufzutun; und ich habe seither unter einigen vertrauten Freunden gefunden, daß die Klage sehr allgemein geworden ist und noch auf viele andre die gleiche Wirkung gehabt hat. Ich habe bemerkt, daß manches treffende Wort in der Unterhaltung völlig vernachlässigt oder verschmäht wurde, aber nach seiner Beförderung und Sanktion durch den Druck sehr glatt einige Achtung und einiges Ansehn fand. Da ich nun aber durch die Freiheit und Ermutigung der Presse zum absoluten Herrn der Anlässe und Gelegenheiten geworden bin, bei denen ich die erworbenen Talente entfalten kann, so entdecke ich bereits, daß die Lieferungen meiner observanda für die Aufnahmegelegenheiten zu groß zu werden beginnen. Deshalb werde ich hier eine Weile innehalten, bis ich durch das Betasten des Pulses der Welt und meines eigenen erkenne, daß es für uns beide zur absoluten Notwendigkeit wird, wieder zur Feder zu greifen.

Wie Jakob und Martin sich nach ihrer Trennung jeder für sich niederließen. Wie sie über Hügel und Tal hinwanderten, vielerlei Unheil erlebten, viel für die gute Sache duldeten und mit Not und Mühsal rangen, da sie nicht hatten, wohin sie ihr Haupt legen sollten; durch all das bewiesen sie später, daß sie ihres Vaters rechte Söhne wären, Peter aber untergeschoben. Da sie in der Nähe von Peters Wohnsitz kein Obdach fanden, so reiste Martin nach Norden, und da er die Thüringer und die Nachbarvölker zu einem Wechsel bereit fand, so nahm er seinen ersten Aufenthalt unter ihnen; und da er es dort zu seiner Aufgabe machte, Peters Pulver, Pflaster, Salben und Tränke herunterzureißen, die er lange um teuren Preis verkauft hatte, ohne Martin von seinem Gewinnst etwas abzugeben, obwohl er ihn oft benutzt hatte, um sie zu empfehlen und herauszustreichen, so begannen die guten Leute, die ihre Groschen gern sparen wollten, auf Martins Reden zu hören. Mehrere große Herren griffen das auf und erklärten sich aus demselben Grunde für Martin; besonders einer, der an einem Weibe nicht genug hatte und ein zweites heiraten wollte; da er aber wußte, daß Peter dergleichen Erlaubnisscheine nur um einen ungeheuren Preis verkaufte, so schloß er einen Handel mit Martin ab, den er umgänglicher fand und der ihm versicherte, er habe gleichfalls die Macht, dergleichen Dinge zu erlauben. Nun entzogen die meisten der Herren des Nordens aus privaten Gründen sich und alle, die von ihnen abhängig waren, Peters Macht und schlossen sich Martin an. Peter donnerte in seiner Wut über den Verlust so großer Gebiete und also auch so großer Einkünfte wider Martin und schickte die stärksten und furchtbarsten seiner Bullen aus, um ihn zu verschlingen; da aber dies nicht wirkte und Martin sich kühn und gewandt verteidigte, so erließ Peter schließlich Proklamationen, die Martin und all seine Anhänger zu Rebellen und Verrätern erklärten und all seine getreuen Untertanen ersuchten und aufforderten, zu den Waffen zu greifen und sie alle zu erschlagen, zu verbrennen und zu vernichten; wobei er hohe Belohnungen usw. versprach, so daß blutige Kriege und viel Verzweiflung folgten.

Nun schickte Heinrich Großmaul[1], der Herr von Albion, einer der ärgsten Prahlhänse seiner Zeit, Martin eine Herausforderung zum Kampf auf einer Bühne, und zwar zum Kampf mit Knittel, Stock,

[1] Heinrich VIII.

Haudegen usw. Das der Ursprung jener feinen Sitte des Preisboxens, die unter diesen gebildeten Insulanern bis auf den heutigen Tag so allgemein bekannt ist und geübt wird, obwohl sie überall sonst unbekannt blieb. Martin aber war ein verwegener, ungestümer Bursche und nahm die Herausforderung an. Sie trafen zusammen und fochten zur großen Belustigung der Zuschauer; und nachdem sie einander die Köpfe zerbrochen und sich viele blutige Wunden und Beulen beigebracht hatten, zogen sie beide als Sieger ab; diesem Beispiel sind seither oft die größten Gelehrten und andere Leute gefolgt. Martins Freunde zollten seinem Siege Beifall; Herrn Heinrichs Freunde machten ihm aus demselben Grunde Komplimente; besonders tat das Herr Peter, der ihm eine schöne Feder für seine Mütze schenkte[1], die er und seine Nachfolger als ewiges Andenken an seine kühne Verteidigung der Sache des Herrn Peter tragen sollten. Heinrich, den sein angeblicher Sieg über Martin aufblähte, begann auch Peter ins Bockshorn zu jagen, und schließlich zankte er sich ganz offen mit ihm um eine Dirne. Ein paar der Gefolgsmannen Heinrichs, die jeden Wechsel willkommen hießen, begannen von Martin freundlich zu reden, wofür er sie gründlich verprügelte; wie er es übrigens auch mit denen machte, die zu Peter hielten. Einzelne verjagte er von Haus und Hof, andre ließ er hängen oder verbrennen usw.

Nach langem Prahlen, Huren und Bramarbasieren starb Heinrich Großmaul; ihm folgte ein gutmütiger Knabe[2], der dem allgemeinen Wunsch seiner Gefolgsleute nachgab und erlaubte, daß Martins Anschauungen sich überall ausbreiteten und in Albion tiefe Wurzel schlugen. Nach seinem Tode fiel sein Gut einer Dame in die Hände, die in den Herrn Peter heftig verliebt war[3]. Sie säuberte das ganze Land mit Feuer und Schwert und beschloß, von Martin weder Namen noch Erinnerung übrigzulassen. Peter triumphierte und tat von neuem Läden zum Verkauf seiner Pulver, Pflaster und Salben auf, die jetzt die einzig wahren genannt wurden, während man die Martins alle für Fälschungen erklärte. Große Scharen der Freunde Martins verließen das Land und wurden, als sie in fremden Ländern hin und wieder reisten, mit vielen Anhängern Jakobs bekannt, und viele ihrer Anschauungen und Sitten gefielen ihnen sehr. Sie brachten sie später mit nach Albion, das nun unter einer andern Gutsherrin stand[4], die maßvoller und

[1] Den Titel »Verteidiger des Glaubens«.
[2] Eduard VI.
[3] Maria.
[4] Elisabeth.

schlauer war als die frühere, ihre ältere Schwester. Sie versuchte, sowohl mit Peter wie mit Martin Freundschaft zu halten, und schwankte eine Weile zwischen den beiden, während sie zugleich viele von Jakobs Anhängern ermutigte und unterstützte; da sie aber keine Möglichkeit fand, die drei Brüder miteinander zu versöhnen, weil jeder Herr sein und nie erlauben wollte, daß andre Salben, Pulver oder Pflaster verkauft wurden als seine eignen, so schickte sie alle drei fort und errichtete einen Laden für die Leute ihres Guts, den sie mit Pulvern, Pflastern, Salben und allen andern Medizinen wohl versah, nachdem sie sie recht und gut nach den Rezepten selbsternannter Ärzte und Apotheker hatte herstellen lassen; die Rezepte entnahmen sie den Rezeptbüchern Peters, Martins und Jakobs zugleich, und aus dieser Mischung oder diesem Mischmasch stellten sie eine eigene Arzneiliste zusammen, indem sie verboten, daß irgendwelche andern und vor allem, daß die Peters benutzt würden, dem doch der größere Teil dieser neuen Arzneien gestohlen worden war. Um aber diesen Wandel ferner zu befestigen, degradierte die Dame, darin klugerweise ihrem Vater folgend, Peter von dem Rang eines ältesten Bruders, auf den er Anspruch machte; und sie erklärte sich selber an seiner Stelle als Haupt der Familie und trug hinfort ihres Vaters alte Mütze mit der schönen Feder, die er von Peter erhalten hatte, weil er zu ihm stand. Und seither ist sie nicht ohne absichtliches Prunken bis auf den heutigen Tag von all ihren Nachfolgern getragen worden, obwohl sie Peters erklärte Feinde waren. Als aber Dame Bess und ihre Ärzte von vielen Mängeln und Unvollkommenheiten in ihrer neuen gemischten Arzneiliste vernahmen, entschlossen sie sich zu einer weiteren Änderung; sie wollten die Liste vor allem von einem großen Teil dessen säubern, was noch von Peters Schund darin war; doch hinderte der Tod der Dame sie daran. Ihr folgte ein Gutsherr aus dem Norden, der sich großen Geschicks in der Verwaltung von Gütern rühmte, obwohl er nicht einmal seinen eignen kleinen Bauernhof hatte leiten können; und als er dieses große Gut erhielt, konnte er auch da nichts ausrichten[1]. Um seine Tapferkeit und seine Gewandtheit zu zeigen, kämpfte dieser neue Gutsherr wider Zauberer, Kräuter, Riesen und Windmühlen, und er verlangte große Ehren für seine Siege, obwohl er sich oft besch..., wenn gar keine Gefahr vorhanden war. Sein Nachfolger war nicht klüger als er und veranlaßte große Wirren durch die neuen Methoden der Bewirtschaftung seines Guts. Er versuchte, auf seinem nördlichen

[1] Jakob I.

Bauernhof dieselbe Arzneiliste einzuführen, die auf dem Gut im Süden benutzt wurde, aber das mißlang; denn dort oben hatten Jakobs Pulver, Pillen, Salben und Pflaster großen Anklang gefunden.

Der Verfasser ist in großer Verlegenheit, weil er in diese Geschichte eine neue Sekte eingeführt hat, die sich von den dreien, die zu behandeln er unternommen hatte, unterscheidet; seine unverletzliche Ehrfurcht vor der Zahl Drei zwingt ihn, diese vier wieder auf die gleiche Zahl zu beschränken, wie er es mit allen Dingen zu tun gedenkt; zu dem Zweck läßt er den einstigen Martin fallen und setzt an seine Stelle die Einrichtung der Dame Bess, die in der Folge dieser wahrhaften Geschichte unter dem Namen Martins umlaufen soll. Da nun dieser wichtige Punkt geklärt ist, so fährt der Verfasser fort und schildert gewaltige Streitigkeiten zwischen Jakob und Martin: Zur großen Verzweiflung beider Güter hatte bald der eine die Oberhand und bald der andre, bis schließlich beide Seiten dahin übereinkamen, den Gutsherrn, der tat, als sei sein Tod ein Martyrium für Martin, aufzuhängen; in Wahrheit war er keiner der beiden Seiten wirklich treu gewesen, und viele hatten ihn in Verdacht, sehr an Peter zu hängen[1].

EINE ABSCHWEIFUNG ÜBER DAS WESEN, DEN NUTZEN UND DIE NOTWENDIGKEIT DER KRIEGE UND STREITIGKEITEN.

Da dies ein Thema von großer Wichtigkeit ist, so gedenkt der Verfasser es methodisch und ausführlich in einer getrennten Abhandlung zu erörtern und hier nur einige Andeutungen über das zu geben, was dieser große Traktat enthalten wird. Der Kriegszustand ist allen Geschöpfen natürlich. Der Krieg ist ein Versuch, andern gewaltsam einen Teil dessen zu nehmen, was sie haben und was uns fehlt. Jedermann, der sich seines eignen Verdienstes vollauf bewußt ist, aber sieht, daß es von andern nicht genügend beachtet wird, hat von Natur das Recht, den andern alles zu nehmen, was, wie er meint, ihm gebührt; und jedes Geschöpf, das sieht, wie seine eigenen Bedürfnisse diejenigen der andern übersteigen, hat gleichfalls das Recht, sich alles zu nehmen, was seine Natur verlangt, Tiere sind viel bescheidener in ihren Ansprüchen dieser Art als Menschen und geringe Menschen bescheidener als große. Je höher einer seine Ansprüche hinaufschraubt, um so mehr Geschrei erhebt er darum; und je mehr Erfolg er hat, ein

[1] Karl I.

um so größerer Held ist er. So beanspruchen größere Seelen im Verhältnis zu ihrem überlegenen Verdienst auch ein größeres Recht, geringeren Leuten alles zu nehmen. Dies die wahre Grundlage der Größe und des Heroismus und des Gradunterschiedes unter den Menschen. Der Krieg also nötig, um Subordination zu erzwingen, Städte, Reiche usw. zu gründen, und ferner, um politische Gebilde von schlechten Säften zu befreien. Kluge Fürsten erkennen die Notwendigkeit, im Ausland Kriege zu führen, um im Innern Ruhe zu haben. Krieg, Hungersnot und Seuchen die gewöhnliche Kur für Korruption in politischen Gebilden. Vergleich zwischen den dreien. Der Verfasser will auf jedes dieser Mittel einen Panegyrikus schreiben. Der größere Teil dieser Menschheit liebt den Krieg mehr als den Frieden. Nur wenige Feiglinge leben mit allen Menschen im Frieden. Die Bescheidenen und Demütigen jeder Art stets die Beute derer von edleren oder stärkeren Gelüsten. Die Neigung zum Kriege allgemein. Wer nicht selbst Krieg führen kann oder es zu tun nicht wagt, benutzt andre dazu. Davon leben Eisenfresser, Bravos, Halsabschneider, Anwälte und Soldaten. Die meisten Berufe wären zwecklos, wenn alle friedlich wären. Daher brauchen die Tiere weder Schmiede noch Anwälte, weder Behörden noch Schreiner, weder Soldaten noch Wundärzte. Da die Tiere nur eng begrenzte Gelüste haben, sind sie außerstande, gegen ihre eigene Gattung dauernde Kriege zu führen oder sich in Truppen und Scharen hinausführen zu lassen, um einander zu vernichten. Diese Vorrechte gehören nur dem Menschen an. Die Überlegenheit der menschlichen Natur wird erwiesen durch die ungeheure Reihe von Gelüsten, Leidenschaften, Bedürfnissen usw., die ihr eigen sind. Das des genaueren auseinanderzusetzen in des Verfassers Panegyrikus auf die Menschheit.

FORTSETZUNG DER GESCHICHTE MARTINS.

Als nun Jakob den alten Gutsherrn losgeworden war, setzte er einen andern nach seinem Sinne ein; er zankte sich mit Martin und warf ihn zur Tür hinaus. Er plünderte all seine Läden und hob die ganze Arzneiliste auf. Der neue Gutsherr schlug um sich, verprügelte Peter, verfolgte Martin und jagte der ganzen Nachbarschaft ein Zittern durch die Glieder. Jakobs Freunde entzweiten sich untereinander, spalteten sich in tausend Parteien und warfen alles kopfüber kopfunter durcheinander, bis jedermann ihrer müde wurde; und als schließlich der Prahlhans und Gutsherr starb, wurde Jakob zur Tür hinausgeworfen und Martin wieder hereingerufen[1], indem man einen neuen Gutsherrn ernannte[2]. Dieser neue Gutsherr ließ Martin tun, was er wollte, und Martin willigte in alles, was dieser fromme Gutsherr wünschte, wenn nur Jakob machtlos blieb. Jakob machte allerlei Anstrengungen, den Kopf zu heben, aber vergebens; bis schließlich der Gutsherr starb und ein anderer ihm folgte, der ein großer Freund Peters war und Jakob einige Freiheit gewährte, um Martin dadurch zu demütigen[3]. Martin geriet darüber in Wut, rief einen Fremdling ins Land und warf den Gutsherrn hinaus; Jakob half Martin dabei, weil dieser Gutsherr Peter völlig ergeben war, dem er sich denn auch in die Arme warf, als er das Land verließ[4]. Der neue Gutsherr bestätigte Martin im vollen Besitz seiner früheren Rechte, doch wollte er ihm nicht erlauben, Jakob zu vernichten, da der stets sein Freund gewesen war. Jakob erhob den Kopf im Norden und ergriff von einer ganzen Provinz Besitz, sehr zu Martins Unzufriedenheit. Als nun Martin fand, daß man einigen der Freunde Jakobs erlaubte, auch in den südlichen Teilen des Landes zu leben und sich ihr Brot zu verdienen, wurde er mit dem neuen Gutsherrn, den er zu seiner Hilfe herbeigerufen hatte, sehr unzufrieden. Der Gutsherr aber zwang Martin, Frieden zu halten, worauf der einem Wutfieber verfiel und schwor, er würde sich aufhängen oder sich Peter anschließen, wenn nicht Jakobs Kinder alle hinausgestoßen würden, damit sie verhungerten. Es wurden mehrere Versuche gemacht, Martin zu heilen und zwischen ihm und Jakob Frieden zu stiften, damit sie sich wider Peter verbündeten; aber alle Versuche scheiterten an der großen Gewandtheit einer Anzahl der Freunde Peters, die sich unter die Martins mischten und scheinbar am eifrigsten für seine Interessen kämpften. Als Martin in diesem Wahnsinnsanfall das Haus verließ, sah er in seinem Wesen und seiner Kleidung so sehr Peter gleich, und er redete so vollkommen wie er, daß viele der Nachbarn den einen nicht mehr vom andern unterscheiden konnten; zumal als Martin in Peters Rüstung auf und nieder stelzte; denn dic hatte er sich geliehen, um Jakob zu bekämpfen. Die Mittel, die angewandt wurden, um Martin von seiner Krankheit zu heilen...

Da der Verfasser hier von einem Stumpfsinnsanfall ergriffen wurde (solchen Anfällen ist er stark ausgesetzt) – und zwar, nachdem er

[1] Die Restauration.
[2] Karl II.
[3] Jakob II.
[4] Wilhelm III.

eine poetische Epistel an... gelesen hatte), beruhigte das seine Sinne so sehr, daß er seither nicht eine Zeile mehr geschrieben hat.

NB. Einiges, was jetzt noch folgt, steht nicht mehr im Manuskript, scheint aber seither geschrieben worden zu sein, um den Raum dessen auszufüllen, was damals für den Druck nicht geeignet schien.

EIN PLAN ZUM ALLGEMEINEN WOHL DER MENSCHHEIT.

Nachdem der Verfasser sich so lange abgemüht und soviel getan hat, um der Allgemeinheit zu nützen und sie zu unterrichten, und zwar ohne irgendwelchen Vorteil für sich selber, ist ihm schließlich ein Projekt eingefallen, das der ganzen Menschheit Nutzen bringen und dem Verfasser ein hübsches Einkommen sichern wird. Er gedenkt gegen Subskription in 96 starken Foliobänden eine genaue Schilderung der Terra Australis incognita zu drucken, die mit großer Sorgfalt und viel Mühe aus 999 gelehrten und frommen Autoren von unzweifelhafter Wahrhaftigkeit gesammelt wurde. Das ganze Werk, das mit Karten und Stichen, wie sie zu dem Thema passen und von den besten Meistern hergestellt sind, illustriert werden wird, soll die Subskribenten nur eine Guinee für jeden Band kosten; eine Guinee wird im voraus gezahlt und dann bei Empfang jeden weiteren Bandes bis auf den letzten wieder je eine Guinee. Dieses Werk wird für alle Menschen von großem Nutzen sein, ja, für alle Familien geradezu notwendig, denn es enthält genaue Berichte über alle Provinzen, Kolonien und Schlösser jenes geräumigen Landes, in das durch einen allgemeinen Rechtsspruch alle Übertreter der Gesetze zu überführen sind; und jeder, der dieses Werk besitzt, kann sich den geeignetsten und besten Platz aussuchen, da für alle Raum genug ist, so daß jeder vollkommen zufriedengestellt wird.

Der Verfasser nimmt an, daß für jede Pfarrkirche in den drei Königreichen und in allen Gebieten, die zu ihnen gehören, je ein Exemplar auf Staatskosten oder aus den Gemeindesteuern erstanden werden wird, und daß auch jede Familie, die im Jahr über zehn Pfund verfügen kann, und müßte sie sich auch in weniger notwendigen Ausgaben einschränken, auf eins subskribiert. Er denkt nicht mehr als neun Bände jährlich herauszugeben; und in Anbetracht der erforderlichen Anzahl gedenkt er die erste Auflage in einer Höhe von mindestens 100000 zu drucken. Zum nächsten Quartal wird er die Prospekte nebst einer Probe und einer merkwürdigen Landkarte der Hauptstadt mit ihren zwölf Toren herstellen; sie stammt von einem bekannten Autor, der im Traum einen genauen Abriß von ihr aufnahm. In Anbetracht der großen Sorgfalt und Mühewaltung des Verfassers und der Nützlichkeit des Werks hofft er, daß jedermann zu seinem eigenen Wohl wie auch zu dem des Verfassers bereit sein werde, freudig das Seine beizutragen, ohne daß er ihm den Gewinn mißgönnt, den er vielleicht dabei haben wird, zumal wenn es, wie er in Bälde erwartet, zu einer dritten oder vierten Auflage kommt.

Er zweifelt nicht daran, daß es von den meisten Nationen Europas wie auch Asiens und Afrikas in fremde Sprachen übersetzt werden wird, denn es wird für all diese Länder von ebensoviel Nutzen sein wie für sein eigenes. Aus diesem Grunde gedenkt er sich von all den verschiedenen Fürsten und Staaten Freibriefe und Privilegien zu verschaffen, die ihm selber den ganzen Gewinn sichern, und er hofft, in diesen verschiedenen Ländern und Sprachen noch vor seinem Tode viele Millionen Exemplare seines großen Werks gedruckt zu sehn.

Wenn dieses Geschäft dann einigermaßen im Gange ist, so hat er versprochen, einen Freund in einem andern Projekt zu lancieren, das fast ebenso gut ist, indem er überall Versicherungsämter errichtet, um die Leute gegen Schiffbruch und andre Unfälle zu versichern, wenn sie sich auf die Seefahrt nach jenem Lande machen. Diese Ämter sollen auch gegen bestimmte Gebühren Lotsen zur Verfügung stellen, die mit dem Weg genau vertraut sind und alle Felsen, Sandbänke und Flugsandwolken kennen, wie sie solchen Pilgern und Reisenden Gefahren bringen. Solcher Leute kennt der Verfasser in den meisten Ländern eine große Zahl; aber den ganzen Plan soll er erst noch ausführlich entwerfen, um ihn dann seinem Freunde mitzuteilen.

Die Bücherschlacht

Ein ausführlicher und wahrhaftiger Bericht über die Schlacht, die letzten Freitag in der St. Jakobsbibliothek zwischen den alten und den modernen Büchern ausgefochten wurde.

DER VERLEGER AN DEN LESER.

Wie die folgende Abhandlung unfraglich von demselben Verfasser ist, so scheint sie auch ungefähr um dieselbe Zeit geschrieben worden zu sein wie die vorhergehende; ich meine, im Jahre 1697, als der berühmte Streit über die alte und die moderne Gelehrsamkeit im Schwange war. Die Polemik entstand infolge einer Schrift Sir William Temples über jenes Thema, auf die W. Wotton antwortete, während Dr. Bentley für diese Antwort einen Appendix schrieb, indem er das Ansehn des Aesop und des Phalaris als Autoren zu vernichten suchte, die Sir William Temple in genannter Schrift aufs höchste gepriesen hatte. In jenem Appendix fällt der Doktor über eine neue Ausgabe des Phalaris her, die der ehrenwerte Charles Boyle veranstaltet hatte, der jetzige Lord Orrery; Herr Boyle entgegnete ausführlich und mit viel Gelehrsamkeit und Witz; worauf der Doktor von neuem eine umfangreiche Erwiderung schrieb. In diesem Streit empfand es die Stadt als im höchsten Grade ungehörig, daß ein Mann von Sir William Temples Ruf und Methodik von den beiden vorbenannten ehrwürdigen Herrn ohne jede Provokation scharf angefaßt wurde. Da nun dem Streit kein Ende abzusehn war, so erzählt unser Autor uns, wie schließlich die Bücher in der St. Jakobsbibliothek, die sich selber als Hauptbeteiligte ansahn, den Streit aufgriffen und eine entscheidende Schlacht begannen; da aber das Manuskript an verschiedenen Stellen durch Zufall oder durch die Witterung Schaden gelitten hat und sehr unvollständig ist, so erfahren wir nicht, welcher Seite der Sieg zufiel.

Ich muß den Leser warnen, damit er nicht auf Personen bezieht, was hier nur im buchstäblichsten Sinn von Büchern gemeint ist. Wenn also Vergil genannt wird, so haben wir darunter nicht die Person jenes berühmten so benannten Dichters zu verstehn, sondern nur gewisse Bogen Papier, die in Leder gebunden sind und die gedruckten Werke besagten Dichters enthalten; und so auch mit allen andern.

Die Satire ist eine Art Spiegel, in dem die Beschauer allgemein jedermanns Gesicht erkennen, nur ihr eigenes nicht; das ist der Hauptgrund, weshalb sie in der Welt eine so gute Aufnahme findet und weshalb so wenig Leute an ihr Anstoß nehmen. Wenn es aber anders gehn sollte, so ist auch da die Gefahr nicht groß, und die lange Erfahrung hat mich gelehrt, niemals von einem Verstand Unheil zu befürchten, den ich habe reizen können; denn wenn Zorn und Wut auch die Kraft der Sehnen des Körpers steigern, so zeigt sich doch, daß sie die der Sehnen des Geistes schwächen und all seine Anstrengungen matt und ohnmächtig machen.

Es gibt ein Gehirn, das nur ein einziges Abschäumen gestattet; der Besitzer möge das Ergebnis sorgfältig sammeln und seinen kleinen Vorrat sparsam verwalten; vor allen Dingen aber möge er sich hüten, ihn unter die Peitsche Überlegner zu bringen, denn dann wird das Ganze in Unverschämtheit aufschäumen, und er wird keinen neuen Vorrat finden. Witz ohne Wissen ist eine Art Rahm, der über Nacht nach oben steigt und sich von geschickter Hand gar schnell zu Schaum schlagen läßt; ist er aber einmal abgeschäumt, so wird, was darunter zu Tage tritt, für nichts mehr taugen, als daß man es den Schweinen vorwirft.

EIN AUSFÜHRLICHER UND WAHRHAFTIGER BERICHT USW.

Wer mit der nötigen Umsicht die ›jährlichen Zeitberichte‹ durchsieht, wird angemerkt finden, daß der Krieg das Kind des Stolzes, der Stolz aber der Sohn des Reichtums sei. Die erste Behauptung wird man ohne weiteres anerkennen, aber die zweite kann man nicht so leicht unterschreiben, denn der Stolz ist durch seinen Vater oder seine Mutter und bisweilen durch beide eng mit dem Bettelstab und dem Mangel verwandt; und um ohne Umschreibung zu reden, so zeigt er sich selten unter den Menschen, wenn alle genug haben, denn Angriffe wandern in der Regel von Norden nach Süden, das heißt, von der Armut zur Fülle. Die ältesten und natürlichsten Anlässe aller Streitigkeiten sind Wollust und Habgier; und obgleich wir beide als Schwestern oder als Seitenverwandte des Stolzes anerkennen können, so sind sie sicherlich doch Nachkommen des Mangels. Um in der Sprache politischer Schriftsteller zu reden, so können wir in der Republik der Hunde (als welche ihrem Ursprung nach eine Einrichtung der

Masse zu sein scheint) beobachten, daß der ganze Staat nach einer reichlichen Mahlzeit stets im tiefsten Frieden lebt und daß sich Bürgerkriege zwischen ihnen nur dann erheben, wenn ein einziger, großer Knochen von irgendeinem führenden Hund aufgeschnappt wird, der ihn entweder unter die wenigen verteilt, was auf eine Oligarchie hinausläuft, oder für sich behält, was sich zur Tyrannei versteigt. Derselbe Gedankengang bleibt unter ihnen auch bei jenen Streitigkeiten stichhaltig, die wir erleben, wenn eins ihrer Weibchen anschwillt. Denn da das Besitzrecht allgemein ist (in so heiklen Fragen ist es unmöglich, Eigentumsrechte festzustellen), so ist die Eifersucht und der Argwohn so allgemein verbreitet, daß der ganze Staat einer Straße klärlich in Kriegszustand gerät: jeder Bürger kämpft wider jeden Bürger, bis irgendeiner, der mehr Mut, mehr Sicherheit oder mehr Glück hat als die andern, die Beute packt und genießt, worauf sich natürlich viel Ingrimm, Neid und Knurren wider den glücklichen Hund erhebt. Und wenn wir dann einen jener Staaten betrachten, die in der Fremde in einen Angriffs- oder Verteidigungskrieg verwickelt sind, so werden wir sehn, daß auch in bezug auf die Gründe und Anlässe dieselben Gedanken ihre Gültigkeit behalten und daß die Armut oder der Mangel in irgendeinem Grade (und es macht dabei keinen Unterschied, ob sie wirklich sind oder eingebildet) auf der Seite des Angreifers ebenso stark beteiligt ist wie der Stolz.

Wer nun geruht, dieses System zu nehmen und es entweder auf einen intellektuellen Staat oder auf die Gelehrtenrepublik anzuwenden oder anzupassen, der wird bald erkennen, welches der erste Anlaß des Streites zwischen den beiden großen Parteien war, die jetzt unter Waffen stehn; und er kann richtige Schlüsse auf die Verdienste der beiden Sachen ziehn. Aber der Ausgang dieses Krieges läßt sich nicht so leicht erraten; denn der Zank ist durch die heißen Köpfe beider Parteien so hitzig und die Ansprüche sind irgendwie so ungeheuerlich geworden, daß an die geringsten Vergleichsverhandlungen nicht zu denken ist. Der Streit begann zuerst (wie ich von einem alten Bewohner der Gegend gehört habe) um einen kleinen Fleck Bodens, der auf einem der beiden Gipfel des Hügels Parnassus liegt. Der höhere und breitere dieser beiden Gipfel war, so scheint es, seit unvordenklichen Zeiten im ruhigen Besitz gewisser Pächter gewesen, die man die Alten nennt; den andern hielten die Modernen besetzt. Da aber diesen ihre gegenwärtige Stellung nicht gefiel, so schickten sie gewisse Gesandte zu den Alten und führten über einen großen Mißstand Klage; darüber nämlich, daß die Höhe jenes Gipfels des Parnassus die Aussicht des ihren, zumal nach Osten hin, völlig verdürbe; und um daher einen

Krieg zu vermeiden, stellten sie sie vor eine Alternative. Entweder sollten die Alten mit ihrem Gerät auf den niedrigen Gipfel umziehn, den die Modernen ihnen huldvoll überlassen wollten, um an ihre Stelle hinaufzurücken; oder die Alten sollten den Modernen erlauben, mit Schaufeln und Hacken zu kommen und besagten Gipfel so weit abzutragen, wie es ihnen gut dünken würde. Die Alten erwiderten, sie hätten eine solche Botschaft wenig erwartet, zumal von einer Kolonie, die sie aus freiem Antrieb so dicht in ihrer Nähe aufgenommen hätten. Was ihren eigenen Wohnsitz angehe, so seien sie dort als Ureinwohner ansässig, und demnach sei es eine Sprache, die sie nicht verständen, wenn man ihnen einen Umzug oder eine Preisgabe zumutete. Wenn die Höhe ihres Gipfels die Aussicht der Modernen hemmte, so sei das ein Nachteil, dem sie nicht abhelfen könnten; aber sie möchten doch bedenken, ob dieser Nachteil, wenn es einer sei, nicht reichlich wieder dadurch aufgewogen würde, daß ihr Gipfel ihnen Schatten und Windschutz gewähre. Ein Abtragen oder Abgraben könne nur Wahnsinn oder Unwissenheit vorschlagen, denn sie wüßten oder wüßten es eben nicht, daß jene Seite des Berges aus einem einzigen Felsen bestände, der ihnen, ohne selber Schaden zu nehmen, die Werkzeuge und die Herzen zerbrechen würde. Sie würden also den Modernen eher raten, ihren eigenen Gipfel zu erhöhen, statt daran zu denken, den der Alten einzureißen; jenes würden sie nicht nur erlauben, sondern sie würden sogar in großem Umfange dabei mithelfen. All das wurde von den Modernen in heller Entrüstung abgewiesen, und sie bestanden immer noch auf einem der beiden Auswege. Und so entwickelte sich diese Streitfrage zu einem langen und hartnäckigen Kriege, der auf der einen Seite durch Entschlossenheit und durch den Mut gewisser Führer und Verbündeter, auf der andern aber durch die ungeheure Überzahl, die bei jeder Niederlage beständigen Nachschub lieferte, ausgehalten wurde. In diesem Streit sind ganze Ströme von Tinte erschöpft worden, und der Ingrimm beider Parteien steigerte sich ungeheuer. Nun muß man hier wohl verstehn, daß die Tinte das große Wurfgeschoß in allen Schlachten der Gelehrten ist; es wird mit einer gewissen Kriegsmaschine, die man einen Kiel nennt, geschleudert; von diesen schießen die Helden der beiden Seiten mit gleicher Geschicklichkeit und Gewalt, als wäre es ein Kampf von Stachelschweinen, unendliche Mengen wider den Feind. Die boshafte Flüssigkeit wurde von dem Ingenieur, der sie erfand, durch Mischung zweier Stoffe, nämlich der Galle und des Vitriols, hergestellt; durch ihre Bitterkeit und ihr Gift paßte sie bis zu einem gewissen Grade zum Genius der Kämpfer, den sie zugleich in Aufruhr erhielt. Und wie die Griechen nach einem

Kampf, wenn sie sich über den Sieg nicht einigen konnten, auf beiden Seiten Trophäen zu errichten pflegten – die geschlagene Seite nahm die gleichen Kosten auf sich, um sich bei Stimmung zu erhalten (eine löbliche und alte Sitte, die jüngst in der Kriegskunst ihre Auferstehung feierte) –, so hängen auch die Gelehrten nach einem scharfen und blutigen Disput auf beiden Seiten ihre Trophäen auf, welche auch unterlegen sein mag. Diese Trophäen tragen eine ausführliche Inschrift über die Verdienste der Sache, einen vollen unparteiischen Bericht über eine solche Schlacht, und sie erklären, daß der Sieg handgreiflich der Seite zugefallen sei, die diese Trophäe errichtet habe. Sie sind der Welt unter vielerlei Namen bekannt, als da sind: Erörterung, Argumente, Entgegnung, Kurze Erwägung, Antwort, Erwiderung, Anmerkung, Reflektionen, Einwände und Widerlegung. Ein paar Tage lang werden sie entweder selbst oder ihre Vertreter[1] an allen öffentlichen Orten aufgepflanzt, damit die Vorübergehenden sie anstarren; von dort werden die wichtigsten und größten in gewisse Magazine gebracht, die man Bibliotheken nennt und in denen sie in einem ihnen eigens angewiesenen Viertel bleiben, um hinfort den allgemeinen Namen ›Polemika‹ zu führen.

In diese Bücher wird der Geist eines jeden Kriegers eingeträufelt, um dort konserviert zu werden, solange er lebt; nach seinem Tode aber wandert seine Seele hinein, um sie zu beleben. Wenigstens ist dies der verbreitetste Glaube; ich aber denke, es geht mit den Bibliotheken wie mit andern Totenackern, wo, wie manche Philosophen versichern, ein gewisser Geist, den sie brutum hominis nennen, über dem Monument schwebt, bis die Leiche verwest ist und sich in Würmer oder Staub verwandelt; dann aber verschwindet er oder löst sich auf. So können wir auch sagen, über jedem Buche schwebe ein rastloser Geist, bis der Staub oder die Würmer es fressen, was manchen nach wenigen Tagen begegnet, andern aber erst später; und da nun vor allen andern die polemischen Bücher von den aufrührerischsten Geistern heimgesucht werden, so hat man sie stets von den andern getrennt untergebracht; und aus Furcht, sie möchten Gewalttaten aneinander begehen, hielten unsre Vorfahren es für geraten, sie mit starken Eisenketten zum Frieden zu zwingen. Zu dieser Erfindung gab den ersten Anlaß folgendes Ereignis. Als die Werke des Scotus erschienen, brachte man sie in eine gewisse Bibliothek und wies ihnen eine Wohnung an; kaum aber hatte dieser Autor sich häuslich niedergelassen,

[1] Titelblätter oder Plakate: ›Aushängebogen‹.

so suchte er seinen Meister Aristoteles auf, und beide verabredeten sich, sich mit Gewalt Platos zu bemächtigen und ihn aus seiner alten Stellung unter den Gottesgelehrten, die er achthundert Jahre lang friedlich innegehabt hatte, zu vertreiben. Der Versuch war erfolgreich, und die beiden Usurpatoren haben seither an seiner Stelle geherrscht; um aber in Zukunft die Ruhe aufrechtzuerhalten, wurde bestimmt, daß alle Polemika größern Formats mit einer Kette zu fesseln seien.

Durch dieses Auskunftsmittel wäre der öffentliche Friede der Bibliotheken sicherlich bewahrt geblieben, wenn nicht in den letzten Jahren eine neue Gattung polemischer Bücher aufgekommen wäre, die infolge des oben erwähnten Krieges zwischen den Gelehrten um den höhern Gipfel des Parnasses von einem boshafteren Geist belebt waren.

Als diese Bücher zuerst in die öffentlichen Bibliotheken aufgenommen wurden, sagte ich, wie ich mich entsinne, gelegentlich zu allerlei daran interessierten Leuten, ich sei sicher, das würde Zank im Gefolge haben, wohin sie auch kämen, wenn man nicht unendlich auf der Hut sei; und deshalb gab ich den Rat, die Vorkämpfer der beiden Seiten aneinanderzufesseln oder sie sonstwie zu mischen, damit ihre Bosheit, wie bei der Vermischung entgegengesetzter Gifte, nur unter ihnen selber wirkte. Und es scheint, ich erwies mich da weder als schlechter Prophet noch als übler Ratgeber; denn nur die Mißachtung solcher Vorsichtsmaßregeln hatte den furchtbaren Kampf zur Folge, der am letzten Freitag zwischen den alten und den modernen Büchern der königlichen Bibliothek ausbrach. Da nun das Gerede über diese Schlacht noch so frisch in jedermanns Munde, und die Ungeduld der Stadt, über die Einzelheiten aufgeklärt zu werden, so groß ist, so habe ich, der ich jede Befähigung besitze, die von einem Historiker verlangt wird und den keine Parteigesichtspunkte zurückhalten, mich entschlossen, dem angelegentlichen Drängen meiner Freunde nachzugeben und einen ausführlichen, unparteiischen Bericht über diese Schlacht zu schreiben.

Der Kustode der königlichen Bibliothek[1], ein Mann von großer

[1] Der berühmte Dr. Bentley, der Begründer der kritischen Methode in der Philologie, wie denn rein sachlich Swift hier mit seiner Parteinahme für Sir William Temple entschieden im Unrecht ist; die Phalarisbriefe, die Sir William so glühend verteidigte, waren und bleiben eine Fälschung; Bentleys Werk über sie bildet einen Wendepunkt in der Philologie; aber das tut den Verdiensten Swifts in diesem Streit, die auf einem andern Gebiet liegen, nicht den geringsten Abbruch.

Tapferkeit, der jedoch vor allem berühmt ist wegen seiner Menschlichkeit, war als wilder Vorkämpfer der Modernen aufgetreten; und in einem Gefecht auf dem Parnaß hatte er gelobt, mit seinen eigenen Händen zwei der alten Heerführer[1] niederzuschlagen, die auf dem oberen Felsen einen kleinen Paß bewachten; aber als er hinaufzuklettern versuchte, hinderten ihn in grausamer Weise sein eignes, unseliges Gewicht und sein Streben nach seinem eigenen Mittelpunkt: eine Eigenschaft, zu der die Anhänger der modernen Partei außerordentlich stark neigen; denn da sie leichtköpfig sind, so haben sie in der Spekulation eine wundervolle Behendigkeit und meinen, nichts sei so hoch, daß sie es nicht erklettern könnten; aber wenn es an die Praxis geht, so entdecken sie einen gewaltigen Druck am Hintern und an den Fersen. Als ihm seine Absicht so mißlungen war, hegte der enttäuschte Vorkämpfer einen grausamen Groll wider die Alten; und er beschloß, ihn zu befriedigen, indem er den Büchern ihrer Gegner alle Zeichen seiner Gunst verlieh und sie in den schönsten Gemächern unterbrachte; wenn aber irgendein Buch sich vermaß, sich offen als Fürsprecher der Alten auszugeben, so wurde es in einem dunklen Winkel lebendig begraben, und man drohte ihm, es bei der geringfügigsten Ursache zur Tür hinauszuwerfen. Außerdem begab es sich, daß um diese Zeit eine seltsame Platzverwirrung unter all den Büchern der Bibliothek herrschte. Dafür wurden mehrere Gründe angeführt. Manche schoben es auf einen großen Haufen gelehrten Staubes, den ein tückischer Wind von einem Brett moderner Autoren dem Kustoden in die Augen geweht hatte. Andre behaupteten, er habe den Hang, die Würmer aus den Scholastikern herauszulesen und sie frisch auf nüchternem Magen zu verschlucken; diese Würmer gerieten zum Teil in seine Milz; und andre kletterten in seinen Kopf empor, so daß beide große Störungen erlitten. Und schließlich versicherten wieder andre, dadurch daß er so viel im Dunkeln durch die Bibliothek gegangen sei, habe er ihren Lageplan ganz aus dem Kopf verloren; wenn er also seine Bücher zurückstellte, irre er sich leicht und werfe Descartes zu Aristoteles; Plato war zwischen Hobbes und die sieben Weisen geraten, und Vergil wurde auf der einen Seite von Dryden eingesäumt, auf der andern von Withers.

Derweilen nun wählten jene Bücher, die die Fürsprecher der Modernen waren, eins aus ihrer Mitte aus, das eine Reise durch die ganze Bibliothek machen sollte, um die Anzahl und die Stärke ihrer Partei zu

[1] Eben Phalaris und Aesop.

erforschen und ihre Angelegenheiten zu ordnen. Dieser Bote verrichtete alles sehr fleißig und brachte eine Liste ihrer Streitkräfte mit zurück, die sich auf fünfzigtausend Mann beliefen und hauptsächlich aus leichten Reitern, schwer bewaffneter Infanterie und Söldnern bestanden. Die Infanterie war im allgemeinen jämmerlich schlecht bewaffnet und noch schlechter gekleidet; ihre Pferde waren groß, aber in sehr schlechter Verfassung, und nur einige, die unter den Alten Handel getrieben hatten, waren einigermaßen versehen.

Als die Dinge in dieser Gärung waren, wuchs die Zwietracht hoch empor; auf beiden Seiten fielen heiße Worte, und es entstand viel böses Blut. Hier erbot sich ein einsamer Alter, der in ein ganzes Bücherbrett voll Moderner eingepreßt war, die Sache offen zu erörtern und durch klare Gründe zu beweisen, daß den Alten kraft des langen Besitzes das Prioritätsrecht gebühre; vor allem aber aus Rücksicht auf ihre Klugheit, ihr hohes Alter und nicht zum mindesten auf ihre großen Verdienste um die Modernen. Die aber leugneten die Voraussetzungen und schienen sich sehr darüber zu wundern, daß die Alten sich so anmaßend auf ihr Alter beriefen, während es doch ganz klar sei (wenn man schon einmal davon rede), daß die Modernen von ihnen beiden bei weitem die älteren wären. Was ihre Verpflichtungen gegen die Alten anginge, so sagten sie sich von ihnen los. »Freilich«, sprachen sie, »hören wir, daß einige wenige aus unsrer Partei verworfen genug waren, ihren Unterhalt von Euch zu borgen; aber die andern, bei weitem die größere Zahl (und besonders wir Franzosen und Engländer), haben sich keineswegs so weit herabgelassen, ein so niedriges Beispiel zu befolgen, ja bis auf diese Stunde sind kaum sechs Worte zwischen uns ausgetauscht worden. Denn unsre Gäule haben wir selbst gezüchtet, unsre Waffen selbst geschmiedet und unsre Kleider selber zugeschnitten und genäht.« Zufällig stand Plato auf dem nächsten Brett, und als er die betrachtete, die da redeten, und erkannte, daß sie in der vor einer Weile erwähnten zerlumpten Verfassung waren: ihre Klepper dürr und verschlagen, ihre Waffen aus faulem Holz und darunter nichts als Fetzen – da lachte er laut auf und schwor in seiner lustigen Art: Bei Gott, er glaube es ihnen.

Nun waren die Modernen in ihren jüngsten Unterhandlungen nicht heimlich genug vorgegangen, um sie den Spähern des Feindes zu verbergen. Denn jene Fürsprecher, die den Zank begonnen hatten, indem sie den Streit um die Priorität aufbrachten, redeten so laut von einer Schlacht, zu der es kommen werde, daß Temple ihre Reden auffing und die Alten auf der Stelle warnte; und die zogen also ihre zerstreuten Truppen zusammen und beschlossen, in der Defensive zu bleiben; worauf von den Modernen mehrere zu ihrer Partei übergingen: unter ihnen auch Temple selber. Dieser Temple war, da er unter den Alten aufgewachsen war und viel unter ihnen verkehrt hatte, von allen Modernen ihr größter Günstling, und er wurde zu ihrem größten Vorkämpfer.

Vor dieser Entscheidung standen die Dinge, als etwas ganz Unerhörtes eintrat. Im höchsten Winkel eines hohen Fensters nämlich wohnte eine gewisse Spinne, die durch die Vernichtung einer unendlichen Anzahl von Fliegen zu bedeutender Größe angeschwollen war: die Überreste der Beutetiere lagen, wie Menschenknochen vor der Höhle eines Riesen, vor den Toren ihres Palastes zerstreut. Die Zugänge ihres Schlosses waren durch Drehkreuze und Palisaden verwahrt, sämtlich angelegt nach der modernen Art der Befestigung. Man durchschritt mehrere Höfe und kam dann ins Zentrum, wo man den Konstabler in seiner Behausung sitzen sah, die nach jedem Zugang hin ein Fenster und eine Tür besaß, durch die man hinauskonnte, sooft die Verteidigung oder eine Raubgelegenheit es erforderte. In diesem Hause hatte die Spinne seit langem in Frieden und Überfluß gelebt, ohne daß von oben her Schwalben ihr Leben oder von unten her Besen ihren Palast bedrohten. Da aber gefiel es dem Zufall, eine wandernde Biene hierherzuführen, deren Neugier sich eine zerbrochene Scheibe im Fenster gezeigt hatte; und so flog sie herein; und nachdem sie eine Weile umhergebrummt war, setzte sie sich auf einen der äußersten Wälle des Schlosses der Spinne; und da dieser Wall dem Gewicht nicht gewachsen war, so sank er bis auf seine Fundamente zusammen. Dreimal versuchte die Biene, sich einen Durchgang zu erzwingen, und dreimal erbebte das ganze Zentrum. Als nun die Spinne drinnen die furchtbare Erschütterung spürte, nahm sie zunächst an, die Welt ginge unter oder Beelzebub sei mit all seinen Legionen gekommen, um den Tod vieler Tausender seiner Schutzbefohlenen zu rächen, die sein Feind erschlagen und verschlungen hatte. Schließlich aber beschloß sie, tapfer hinauszueilen und ihrem Schicksal entgegenzugehn. Derweilen hatte die Biene sich aus ihren Schlingen gelöst, in einiger Entfernung Posto gefaßt und säuberte nun ihre Flügel und befreite sie von den zerfetzten Resten des Spinnengewebes. Inzwischen hatte die Spinne sich hervorgewagt, und als sie die Breschen, die Ruinen und die Lücken in ihrer Festung sah, kam sie fast von Sinnen; sie raste und fluchte wie eine Verrückte und blähte sich auf, bis sie nahezu barst. Und als schließlich ihr Blick auf die Biene fiel, zog sie einen klugen Schluß aus den Wirkungen auf die Ursache (denn sie kannten einander von Angesicht) und schrie: »Die Pest soll dich holen, du leichtfertige Tochter einer Hure. Hast du, zum Donnerwetter, die Verwüstung hier angerichtet? Konntest du nicht die Augen aufmachen und dich hängen lassen? Meinst du, ich hätte nichts andres zu tun (in Satans Namen), als hinter deinem Arsch herzuflicken und auszubessern?« »Sei friedlich, Freundin«, sagte die Biene, die sich jetzt geputzt hatte und daher zu Scherzen bereit war, »ich will dir meine Hand und mein Wort darauf geben, daß ich deinem Loch nicht wieder nahekommen will; ich war noch nie in einer so verdammten Klemme, seit ich lebe.« »Metze«, erwiderte die Spinne, »wenn ich nicht eine alte Familiensitte brechen müßte, nach der wir uns wider einen Feind nie aus dem Hause begeben dürfen, so würde ich kommen und dich bessere Manieren lehren.« »Bitte«, sagte die Biene, »gedulde dich; sonst vergeudest du deine Kräfte, und nach allem, was ich sehe, könntest du sie nötig haben, um dein Haus auszubessern.« »Du Halunkin«, rief die Spinne, »du solltest einer Person mehr Respekt bezeigen, dünkt mich, die alle Welt als dir so weit überlegen anerkennt!« »Auf mein Wort«, erwiderte die Biene, »der Vergleich wird einen lustigen Scherz abgeben, und du wirst mir einen Gefallen tun, wenn du mich die Gründe wissen läßt, die die Welt in einem so aussichtsreichen Streit geltend macht.« Da blähte die Spinne sich zum Umfang und in der Stellung einer Disputantin auf und begann die Beweisführung im echten Geist der Polemik, indem sie sich vornahm, von Herzen pöbelhaft und grimmig zu reden und ihre eignen Gründe durchzudrücken, ohne im geringsten der Antworten und Einwände der Opponentin zu achten; denn sie war in ihrem Geist vollauf entschlossen, sich nimmermehr überzeugen zu lassen.

»Um mich nicht«, sagte sie, »durch den Vergleich mit einer solchen Schurkin zu erniedrigen – was bist denn du, wenn nicht eine Vagabundin ohne Haus und Besitz und Erbe? Du hast nichts überkommen als ein paar Flügel und eine Brummpfeife. Du lebst von einem ewigen Diebstahl an der Natur; du spielst den Freibeuter auf den Feldern und in den Gärten; und wenn du nur stehlen kannst, so wirst du so gut eine Nessel berauben wie ein Veilchen. Ich dagegen bin ein Haustier, versehen mit einem angeborenen Besitz in meinem Bauch. Dieses große Schloß (um nur meine Fortschritte in der Mathematik zu zeigen) habe ich ganz mit meinen eignen Händen erbaut, und die Baumaterialien habe ich ganz aus meinem Leibe entnommen.«

»Es freut mich«, erwiderte die Biene, »daß du wenigstens zugibst, ich sei auf ehrliche Weise zu meinen Flügeln und meiner Stimme gekommen; denn dann, so scheint es, habe ich meine Flügel und meine Musik nur dem Himmel zu danken; und die Vorsehung hätte mir diese beiden Gaben nimmermehr verliehen, wenn sie sie nicht zu den edelsten Zwecken bestimmte. Freilich besuche ich alle Blumen und Blüten in Feld und Garten; aber was ich dort sammle, bereichert mich, ohne ihrer Schönheit, ihrem Wohlgeruch oder ihrem Geschmack zu schaden. Was nun dich und deine Gewandtheit in der Architektur und der Mathematik angeht, so habe ich wenig zu sagen; in deinem Bau da mag nach allem, was ich weiß, viel Mühe und Methode liegen; aber aus der für uns beide schmerzlichen Erfahrung erhellt, daß das Material nichts taugt, und ich hoffe, du wirst dich jetzt gewarnt sein lassen und Stoff und Dauer ebensosehr beachten wie Methode und Kunst. Du rühmst dich freilich, daß du keinem anderen Geschöpf verpflichtet bist, sondern alles aus dir selbst herausziehst und spinnst; das heißt, wenn anders wir auf die Flüssigkeit in der Flasche aus dem einen Schluß ziehn dürfen, was ihr entfließt, du trägst eine Menge von Schmutz und Gift in der Brust; und obwohl ich dir deinen angeborenen Vorrat an beiden keineswegs schmälern oder herabsetzen möchte, so denke ich mir doch, daß du immerhin für die Mehrung beider auch ein wenig fremder Hilfe verpflichtet bist. Dein eingeborener Anteil an Schmutz entbehrt nicht des Zuwachses durch den von unten aufgefegten Staub; und ein Insekt liefert dir das Gift, mit dem du ein anderes vernichtest. So läuft also die Frage in Kürze darauf hinaus: Welches ist das edlere Wesen, jenes, das in träger Betrachtung eines Umkreises von vier Zoll, in übergroßem Hochmut, der sich aus sich selber nährt und immer neu erzeugt, alles rings in Exkremente und Gift verwandelt und nichts hervorbringt als Fliegenfallen und Spinngewebe; oder jenes, das durch einen Flug über die ganze Welt, nach langer Suche, vielem Mühen, kluger Auswahl und Beurteilung der Dinge Honig und Wachs nach Hause trägt.«

Der Streit wurde mit großem Eifer, viel Geschrei und Hitze geführt, so daß die beiden Bücherparteien, die unten in Waffen standen, eine Weile schweigend verharrten und gespannt des Ausgangs warteten, der denn auch nicht lange unentschieden blieb. Denn da die Biene ob soviel Zeitverlustes ungeduldig wurde, flog sie, ohne eine Antwort abzuwarten, stracks zu einem Rosenbeet und ließ die Spinne zurück, die wie ein Redner, in sich selbst zusammengerafft, gerade ausbrechen wollte.

Hier begab es sich nun, daß Aesop als erster das Schweigen brach. Er war jüngst von einem seltsamen Anfall der Menschlichkeit des Regenten sehr barbarisch behandelt worden; denn der hatte ihm das Titelblatt ausgerissen und die eine Hälfte seiner Blätter schmählich verunstaltet, um ihn dann auf einem Brett der Modernen anzuketten. Da er nun dort entdeckte, wie hoch der Streit wogen zu wollen schien, so versuchte er all seine Künste und verwandelte sich in tausend Formen. Und als er schließlich die Gestalt eines Esels entlehnte, hielt der Regent ihn für einen Modernen, und auf diese Weise fand er Zeit und Gelegenheit, zu den Alten zu entfliehen, als eben die Spinne und die Biene ihren Streit begannen, dem er mit unendlichem Vergnügen lauschte; und als er beendigt war, schwor er mit seiner lautesten Stimme, er habe in seinem Leben nach keine zwei Fälle erlebt, die sich so ähnlich wären und sich so genau entsprächen, wie der am Fenster und der auf den Bücherbrettern. »Die Disputanten«, sagte er, »haben den Streit untereinander wundervoll geführt; sie haben alles in voller Kraft ausgeführt, was sich auf beiden Seiten sagen läßt, und sie haben alle Argumente pro und contra ausgeschöpft. Wir brauchen nur die Argumente der beiden auf den vorliegenden Fall zu übertragen und dann die Bemühungen und Früchte beider zu vergleichen und anzuwenden, wie die Biene sie so gelehrt abgeleitet hat, dann werden wir erkennen, daß sich die Schlußfolgerung auf die Modernen und uns klar und genau von selbst ergibt. Denn bitte, meine Herren, war je jemand so modern wie die Spinne in ihrem Gehabe, ihren Listen und Paradoxen? Sie redet in ihrem eigenen und eurem, ihrer Brüder, Namen und rühmt sich gar laut ihres angeborenen Besitzes und großen Genius; sie spinnt und speit alles aus sich selbst heraus und verschmäht es, irgendeine äußere Hilfe oder Verpflichtung anzuerkennen. Und ferner entfaltet sie ihr großes Geschick in der Architektur und ihre Fortschritte in der Mathematik. Auf all das erwidert die Biene als ein Fürsprecher, den wir, die Alten, für uns in Anspruch nehmen: Wenn man auf den großen Genius der Modernen und auf ihre Erfindungen nach dem schließen darf, was sie hervorgebracht haben, so werdet ihr kaum noch die Stirn besitzen, euch ferner des einen wie der anderen zu rühmen. Führt eure Entwürfe mit soviel Methode und Geschick durch, wie ihr wollt; wenn eure Stoffe nichts als Schmutz sind, den ihr aus euren eigenen Eingeweiden (den Därmen moderner Gehirne) gesponnen habt, so wird der Bau schließlich doch nur ein Spinnengewebe werden, dessen Dauer gleich der andrer Spinnengewebe nur dem Umstand zugeschrieben werden kann, daß es in einem Winkel vergessen oder mißachtet oder verborgen ruht. Denn andres, was echt wäre und worauf die Modernen Anspruch erheben könnten, fällt mir nicht ein; es sei denn eine Fülle von Zank und Satire, die mit dem Gift der Spinne nach Stoff und Art viel gemein hat; und obwohl sie sie angeblich ganz aus sich selbst herausspeien, verbessern sie doch durch dieselben Künste, indem sie sich von den Insekten und dem Gewürm des Zeitalters nähren. Was uns, die Alten, angeht, so können wir uns wohl damit zufriedengeben, der Biene gleich außer unserer Stimme und unsern Flügeln nichts unser eigen zu nennnen, das heißt, außer unsern Flügeln und unserer Sprache. Was wir im übrigen erreicht haben, ist durch unendliche Mühe und vieles Suchen erreicht worden, als wir jeden Winkel der Natur durchflogen; der Unterschied ist der, daß wir unsere Körbe, statt mit Schmutz und Gift, lieber mit Honig und Wachs anfüllten und so die Menschen mit den zwei edelsten Dingen versehen, nämlich mit Süßigkeit und Licht.«

Der Aufruhr, der sich unter den Büchern erhob, als Aesop diese seine lange Rede schloß, läßt sich kaum vorstellen. Beide Seiten griffen den Wink auf, und ihre Feindseligkeit schwoll so plötzlich empor, daß sie beschlossen, zur Schlacht zu schreiten. Auf der Stelle zogen sich die beiden Hauptheere unter ihren verschiedenen Feldzeichen in die äußersten Winkel der Bibliothek zurück, um sich dort in Kabalen und Beratungen über die jetzt geschaffene Lage zu ergehen. Die Modernen traten in hitzige Debatten über die Wahl ihrer Führer ein; und nichts als die Furcht vor dem drohenden Feind vermochte sie bei dieser Gelegenheit vor Meuterei zu bewahren. Am größten war das Gezänk unter der Reiterei, bei der jeder Gemeine Anspruch auf den Oberbefehl erhob, von Tasso und Milton an bis zu Dryden und Withers hin. Die leichten Reiter erhielten Cowley und Despreaux[1] zu Führern; dann folgten die Bogenschützen unter ihren tapferen Hauptleuten Descartes, Gassendi und Hobbes; und ihre Kraft war so groß, daß sie ihre Pfeile über die Atmosphäre hinaus schießen konnten, so daß sie nie wieder hinunterfielen, sondern sich gleich dem des Evander in Meteore oder gleich der Kanonenkugel in Sterne verwandelten. Paracelsus führte von den schneeigen Bergen Rhätiens ein Fähnlein Stinktopfschleuderer herab. Und es kam auch eine ungeheure Schwadron Dragoner unter der Leitung Harveys[2], ihres großen Agas: die waren zum Teil bewaffnet mit Sensen, den Waffen des Todes, zum Teil mit Lanzen und langen Messern, die alle in Gift getaucht waren; andere schossen Kugeln von höchst heimtückischer Art, und sie benutzten weißes Pulver, das ohne Knall unfehlbar tötete. Dann kamen Scharen schwerbewaffneter Infanterie, sämtlich Söldner, unter den Feldzeichen Guicciardinis, Davilas, Polydori Vergilii, Buchanans, Marianas, Camdens und anderer[3]. Die Ingenieure standen unter

[1] Despreaux = Boileau;
[2] Harvey, der Entdecker der Blutzirkulation.
[3] Lauter Historiker.

dem Befehl des Regiomontanus und Wilkins'[1], und die andern bildeten eine wirre Masse, geführt von Scotus, Aquinas und Bellarmin; Leuten von gewaltigem Umfang und großer Statur, aber ohne Waffen, Mut und Kriegszucht. An letzter Stelle schließlich folgten unendliche Schwärme, ein wirres Gewimmel, geführt von L'Estrange: Halunken und Raufbolde, die dem Lager nur folgten, um plündern zu können, und alle ohne Röcke, die sie bekleidet hätten[2].

Das Heer der Alten war der Zahl nach weit geringer; Homer führte die schwere, Pindar die leichte Reiterei; Euclid war Oberingenieur; Plato und Aristoteles befehligten die Bogenschützen; Herodot und Livius die Infanterie, und Hippokrates die Dragoner. Die Bundesgenossen bildeten unter Vossius und Temple die Nachhut.

Da nun alles zu einer entscheidenden Schlacht hinstrebte, so flog Fama, die viel in der königlichen Bibliothek verkehrte und einst dort ein großes Gemach besessen hatte, stracks zu Jupiter hinauf, dem sie getreulich über alles Bericht erstattete, was zwischen den beiden Parteien unten vorgefallen war (denn unter den Göttern sagt sie immer die Wahrheit). Alsbald nun berief Jupiter in großer Sorge auf der Milchstraße einen Rat der Götter. Und als die Versammlung eintraf, erklärte er ihr, weshalb er sie berufen hatte; es drohe ein blutiger Kampf zwischen zwei gewaltigen Heeren alter und moderner Geschöpfe, die man Bücher nenne und an denen auch die Interessen des Himmels tief beteiligt seien. Momus, der Gönner der Modernen, hielt eine ausgezeichnete Rede zu ihren Gunsten, auf die Pallas, die Schutzherrin der Alten, erwiderte. Die Versammlung war noch in ihrer Neigung geteilt, als Jupiter befahl, ihm das Buch des Schicksals vorzulegen. Auf der Stelle brachte Merkur drei dicke Foliobände, die die Memoiren aller vergangenen, gegenwärtigen und zukünftigen Dinge enthielten. Die Schließen waren aus doppelt vergoldetem Silber und die Einbände aus himmlischem Saffian; das Papier hätte hier auf der Erde für Velin gegolten. Nachdem nun Jupiter schweigend die betreffende Stelle gelesen hatte, wollte er ihren Inhalt niemandem mitteilen, sondern klappte das Buch ohne weiteres zu.

Vor den Türen dieser Versammlung harrte eine ungeheure Anzahl leichter, behender Götter, Diener des Jupiter, die er für alle Verrichtungen auf Erden entsandte. Sie fliegen in Form einer Karawane, und

[1] Der erste: Johann Müller, ›der Königsberger‹, Astronom; der andere Mathematiker; schrieb ›Die Entdeckung einer neuen Welt, oder Abhandlung über die Welt auf dem Monde‹.

[2] Das sind Broschüren, die nicht einmal gebunden wurden.

sie sind mehr oder minder nah gleich einer Kette Galeerensklaven aneinandergefesselt, und zwar vermöge einer leichten Kette, die von ihnen weiterläuft bis zu Jupiters großer Zehe; und wenn sie eine Botschaft überbringen oder entgegennehmen, so dürfen sie sich ihm niemals über die unterste Stufe seines Thrones hinaus nahen; durch einen großen, hohlen Baumstamm flüstern er und sie miteinander. Diese Gottheiten nennen die Sterblichen Zufälle oder Ereignisse, aber die Götter nennen sie Mittelursachen. Als nun Jupiter einer Anzahl dieser Gottheiten seine Befehle übermittelt hatte, flogen sie auf der Stelle zur Zinne der königlichen Bibliothek hinein, und nachdem sie sich ein paar Minuten lang beraten hatten, drangen sie ungesehen ein und verteilten die Parteien ihren Befehlen gemäß.

Derweilen nun lenkte Momus, das Schlimmste befürchtend, denn er entsann sich einer alten Prophezeiung, die seinen Kindern, den Modernen, kein lächelndes Antlitz zeigte, seinen Flug in die Regionen einer boshaften Gottheit, genannt die *Kritik*. Sie wohnte auf einem schneeigen Gipfel in Nowaja Semlja; und Momus fand sie in ihrer Höhle, ausgestreckt auf den Resten zahlloser Bände, die sie schon halb verschlungen hatte. Zu ihrer Rechten saß die *Unwissenheit*, ihre Mutter, vor Alter blind; zur Linken ihr Vater, der *Stolz*, der sie putzte mit den Fetzen Papiers, die er selber zerrissen hatte. Hinter ihr sah er die *öffentliche Meinung*, ihre Schwester, ein leichtfüßiges Geschöpf mit einer Binde von den Augen, die sich, halsstarrig und unbesonnen, fortwährend drehte. Und ringsum spielten ihre Kinder: der *Lärm* und die *Unverschämtheit*, der *Stumpfsinn* und die *Eitelkeit*, die *Anmaßung*, die *Pedanterie* und die *schlechten Manieren*. Die Göttin selber hatte Klauen wie eine Katze; ihr Kopf, ihre Ohren und ihre Stimme glichen denen eines Esels; ihre Zähne waren ausgefallen, ihre Augen nach innen gekehrt, als sähe sie nur sich selber an; ihre Kost bestand nur in dem, was aus ihrer eigenen Galle überfloß; ihre Milz war so groß, daß sie wie ein großes Euter vorragte; und auch an Auswüchsen in der Form von Zitzen fehlte es nicht, an denen eine Schar scheußlicher Ungeheuer gierig sog; das Wunderbarste aber war, daß der Umfang der Milz schneller wuchs, als die Saugenden ihn vermindern konnten. »O Göttin«, sagte Momus, »kannst du hier müßig sitzen, während unsre frommen Verehrer, die Modernen, in diesem Augenblick eine grausame Schlacht beginnen und vielleicht schon unter den Schwertern ihrer Feinde stürzen? Wer soll unserer Göttlichkeit hinfort je wieder opfern und Altäre bauen? Eile drum auf die britische Insel, und wenn möglich, komm ihrem Verderben zuvor, während derweilen ich unter den Göttern Aufruhr errege und sie für unsre Partei gewinne.«

Als nun Momus sich also hatte vernehmen lassen, harrte er keiner Antwort, sondern überließ die Göttin ihrem eignen Groll. Auf fuhr sie in Wut, und wie es bei solcher Gelegenheit die Sitte verlangt, hub sie ein Selbstgespräch an: »Ich«, so sprach sie, »ich gebe Säuglingen und Idioten Weisheit: durch mich werden Kinder klüger als ihre Eltern; durch mich werden Dandys zu Politikern und Schulknaben zu Richtern der Philosophie; durch mich lernen Sophisten debattieren und auf die Tiefen des Wissens Schlüsse ziehn; Kaffeehausklügler können, von mir beseelt, den Stil eines Autors verbessern und seine geringsten Fehler bloßlegen, ohne auch nur eine Silbe von dem zu verstehn, was er sagt oder wie er es sagt. Durch mich vergeuden junge Burschen ihre Urteilskraft wie ihr Vermögen, ehe es noch in ihre Hände gelangt. Ich habe Witz und Wissen ihrer Herrschaft über die Dichtung entkleidet und mich selbst an ihre Stelle gesetzt. Und sollen ein paar Emporkömmlinge unter den Alten es wagen, sich mir entgegenzustellen? Aber kommt, mein alter Vater, und ihr, meine teuren Kinder, und du, meine schöne Schwester; wir wollen meinen Wagen besteigen und unsern frommen Modernen zu Hilfe eilen, denn sie opfern uns eben eine Hekatombe, wie ich es an dem lieblichen Duft erkenne, der mir von dort in die Nase steigt.«

Und als die Göttin und ihr Gefolge den Wagen bestiegen hatten, der gezogen wurde von zahmen Gänsen, flog sie über unendliche Strecken dahin, wobei sie an den geeigneten Stellen ihren Einfluß fallen ließ, bis sie schließlich auf ihrer geliebten Insel Britannien ankam; und als sie über der Hauptstadt schwebte, welche Segnungen ließ sie da nicht niedersinken auf die Pflanzschulen im Gresham-Kollegium und Covent Garden! Und dann betrat sie die Schicksalsebene der St. Jakobsbibliothek, als eben die beiden Heere den Kampf beginnen wollten. Unsichtbar drang sie mit ihrem Gefolge ein und landete auf einem Bücherbrett, das jetzt verlassen dastand, einst aber von einer Kolonie von Erfindern bewohnt worden war, um von dort aus die Stellungen der beiden Heere eine Weile zu beobachten.

Hier aber begannen die zärtlichen Gefühle einer Mutter ihre Gedanken zu füllen und sich in ihrer Brust zu regen. Denn an der Spitze eines Fähnleins moderner Bogenschützen erblickte sie ihren Sohn Wotton, dem das Schicksal nur einen sehr kurzen Lebensfaden gegeben hatte: Wotton, einen jungen Helden, den ein unbekannter Vater sterblichen Geschlechts durch verstohlene Umarmungen mit der Göttin erzeugt hatte. Er war vor all ihren anderen Kindern der Liebling seiner Mutter, und sie beschloß, zu ihm zu gehen und ihn zu trösten. Erst aber dachte sie, guter, alter Göttersitte folgend, daran, die Gestalt zu wechseln; denn sie fürchtete, der göttliche Schein ihres Angesichts möchte seine sterblichen Augen blenden und seine übrigen Sinne überwältigen. Deshalb verwandelte sie sich in einen Oktavband; ihr Leib wurde weiß und dürr und spaltete sich vor Trockenheit in Blätter; das Dicke wurde zu Pappe, das Dünne zu Papier; und ihre Verwandten und Kinder sprengten kunstvoll einen schwarzen Saft aus, einen Aufguß voll Galle und Ruß, der die Gestalt von Lettern annahm; Kopf, Stimme und Milz behielten die alte Gestalt und auch, was zuvor die Hülle aus Haut war, blieb eine Hülle aus Haut. In dieser Form nun ging sie auf die Modernen zu, in Wuchs und Kleidung nicht von dem göttlichen Bentley, Wottons teuerstem Freund, zu unterscheiden. »Tapferer Wotton«, sagte die Göttin, »weshalb stehn unsre Truppen hier müßig umher und vergeuden die gegenwärtige Kraft, indem sie die Gelegenheit dieses Tages verstreichen lassen? Auf, laß uns zu den Heerführern eilen und ihnen raten, auf der Stelle zum Sturm gehen zu lassen.« Sprachs und riß sich das scheußlichste unter den Ungeheuern, die sich an ihrer Milz vollgesogen hatten, von den Zitzen und schleuderte es unsichtbar in seinen Mund; und es flog ihm alsbald in den Kopf empor, preßte ihm die Augäpfel heraus, verzerrte sein Gesicht und verdrehte ihm das Gehirn. Dann befahl sie zweien ihrer geliebten Kinder, dem Stumpfsinn und der Schlechten Manier, sich in allen Gefechten ihm dicht zur Seite zu halten. Und nachdem sie ihn also gerüstet hatte, verschwand sie in einem Nebel, und der Held erkannte, daß sie die Göttin, seine Mutter, gewesen war.

Da also die schicksalsbestimmte Stunde nunmehr erschienen war, begann der Kampf; doch ehe ich es wage, von ihm eine genaue Schilderung zu entwerfen, muß ich nach dem Beispiel anderer Autoren um hundert Zungen und Münder, Hände und Federn flehen, die alle noch nicht genügend wären, ein so ungeheures Werk zu vollbringen. Nenne mir, Göttin, die du ob der Geschichte waltest, nenne mir den, der zuerst hinabstieg ins Feld der Schlacht! Paracelsus, der an der Spitze seiner Dragoner kam, erkannte im gegnerischen Flügel Galen und schleuderte seinen Wurfspieß mit gewaltiger Kraft; doch der tapfere Alte fing ihn auf mit seinem Schilde, in dessen zweiter Schicht die Spitze brach.

Hic pauca desunt.

Auf ihren Schultern trugen sie den verwundeten Aga[1] zu seinem Wagen.

[1] Harvey

Desunt nonnulla.

Dann zog Aristoteles, dieweil er Bacon mit wütender Miene anrükken sah, seinen Bogen bis an den Kopf und ließ seinen Pfeil entschwirren, der den tapferen Modernen verfehlte und sausend über sein Haupt dahinflog. Aber er traf Descartes; die stählerne Spitze fand eine Lücke in seinem Helm, durchbohrte Leder und Pappe und drang ihm ins rechte Auge. Die Qual des Schmerzes wirbelte den tapferen Bogenschützen herum, bis ihn der Tod gleich einem Stern von gewaltiger Wirkung in seinen Strudel zog.

Ingens hiatus hic in MS.

... als Homer an der Spitze der Reiterei erschien, sitzend auf einem wütenden Roß, das selbst sein Herr nur mit Mühe bändigte und dem kein anderer Sterblicher zu nahen wagte. Er sprengte hinein in die Reihen des Feindes und warf alles vor sich zu Boden. Sage mir, Göttin, wen er als ersten erschlug, und wen er als letzten erschlug! Zuerst trat Gondibert[1] ihm entgegen, gekleidet in eherne Rüstung, reitend auf einem ruhigen, nüchternen Wallach, der nicht so berühmt war wegen seiner Geschwindigkeit wie wegen der Folgsamkeit, mit der er niederkniete, sooft sein Reiter auf- oder absitzen wollte. Er hatte Pallas ein Gelübde getan, nimmer das Schlachtfeld zu verlassen, bevor er nicht Homer seiner Rüstung entkleidet hätte: der Wahnsinnige, der nie ihren Träger sah noch etwas von seiner Kraft begriff! Ihn warf Homer samt seinem Rosse nieder, so daß er im Schmutz zertreten wurde und erstickte. Dann erschlug er mit seinem langen Speer Denham, einen starken Modernen[2], der seinen Stammbaum auf Vaters Seite von Apoll herleitete, doch seine Mutter war sterblichen Geschlechts. Er stürzte und biß in die Erde. Seinen himmlischen Teil griff Apollo auf und machte ihn zu einem Stern; doch der irdische Teil rollte hin im Staube. Dann erschlug Homer Wesley[3] mit einem Huftritt seines Rosses; Perrault riß er mit gewaltiger Kraft aus dem Sattel und schleuderte ihn wider Fontenelle, so daß dieser einzige Schlag ihrer beider Gehirn verspritzte.

Auf dem linken Flügel der Reiter aber erschien in strahlender Rüstung, die sich seinem Leibe genau anschmiegte, Vergil: Er saß auf einem Apfelschimmel, dessen langsamer Gang die Wirkung des höchsten Feuers und äußerster Kraft war. Und als er den Blick auf den feindlichen Flügel warf, um einen Gegner zu finden, der seines Hel-

[1] Ein Heldengedicht von Sir William Davenant.
[2] Sir John Denham, Verfasser von ›Cooper's Hill‹.
[3] Verfasser eines Lebens Christi in Versen.

dentums würdig war, siehe, da erschien auf einem Fuchswallach von ungeheurem Wuchs ein Feind, der mitten aus dem dichtesten Gedränge der gegnerischen Schwadronen hervorritt. Doch seine Geschwindigkeit war geringer als der Lärm, den er machte; denn sein altes und hageres Pferd verwandte die Hefe seiner Kraft auf einen hochtrabenden Lauf, der, obwohl er ihn wenig vorwärts brachte, doch ein Rasseln seiner Rüstung zur Folge hatte, das furchtbar anzuhören war. Die beiden Reiter waren sich jetzt bis auf Lanzenwurfweite nahe gekommen, als der Fremde eine Unterhandlung begehrte, indem er das Visier seines Helms hob; worauf darin ein Antlitz sichtbar wurde, das man nach einer Pause als das des berühmten Dryden erkannte. Der alte Held fuhr jäh empor, gleich einem, den Überraschung und Enttäuschung zugleich anfielen; denn der Helm war für den Kopf neunmal zu groß, und er schien weit hinten darin verborgen zu sein, der Dame im Hummer gleich oder gleich einer Maus unter einem Baldachin oder gleich einem verschrumpften Dandy unter dem Wetterdach einer modernen Perücke; und die Stimme glich dem Gesicht, denn sie klang dünn und fern. Dryden beruhigte den guten Alten in einer langen Ansprache, nannte ihn Vater und ließ mit Hilfe langer Genealogien erkennen, daß sie nah miteinander verwandt wären. Dann schlug er in aller Demut als dauerndes Zeichen der Gastfreundschaft, die zwischen ihnen herrschte, einen Austausch der Rüstungen vor. Vergil willigte ein, denn unsichtbar kam die Göttin des Mangels an Selbstvertrauen und warf ihm einen Nebel vor die Augen, obwohl seine Rüstung aus Gold war und hundert Rinder gekostet hatte, während die andere nur aus rostigem Eisen war. Doch diese glitzernde Rüstung stand dem Modernen noch schlechter als seine eigene. Dann vereinbarten sie, die Rosse zu tauschen; doch als es zum Handeln kam, fürchtete Dryden sich, und er war ganz außerstande, aufzusitzen.

Alter Hiatus in MS.

Lukan erschien auf einem feurigen Rosse von wunderbarem Wuchs, doch trug es seinen Reiter in seiner Halsstarrigkeit über das Feld dahin, wohin es wollte; er richtete unter den feindlichen Reitern ein gewaltiges Blutbad an, und um diesem Verderben Einhalt zu gebieten, stellte sich ihm Blackmore, ein berühmter Moderner[1], entgegen (doch war er einer von den Söldnern), und er entsandte seinen Wurfspieß mit starker Hand, und da er seines Ziels verfehlte, so bohrte er sich tief in

[1] Verfasser eines Gedichts ›Die Schöpfung‹, u. a. W. Außerdem geschickter Arzt.

die Erde ein. Da aber warf Lukan seine Lanze; doch unsichtbar kam Aeskulap und wandte ihre Spitze ab. »Tapfrer Moderner«, sprach Lukan, »ich sehe, dich schirmt ein Gott, denn noch nie zuvor hat mein Arm mich so im Stich gelassen; doch welcher Sterbliche könnte mit einem Gott kämpfen? Deshalb laß uns nicht länger miteinander ringen, sondern Geschenke austauschen!« Lukan verlieh dem Modernen ein paar Sporen, und Blackmore gab Lukan einen Zügel...

Pauca desunt.

Creech[1] – doch der Gott Stumpfsinn nahm eine Wolke, gab ihr die Gestalt des Horaz, bewaffnet und beritten, und stellte sie in fliehender Haltung vor ihm auf. Froh war der Reiter, mit einem fliehenden Feind einen Kampf beginnen zu können; und er verfolgte das Scheinbild, indem er es laut bedrohte, bis es ihn schließlich in die friedliche Laube seines Vaters führte, Oglabys, durch den er entwaffnet und zur Ruhe verwiesen wurde.

Dann erschlug Pindar... und..., Oldham[2] ... und... und Afra, die Amazone[3]; und nie rückte er in gerader Linie vor, sondern, indem er mit unglaublicher Behendigkeit und Kraft Wendungen ausführte, richtete er unter des Feindes leichter Reiterei ein furchtbares Blutbad an. Als nun ihn Cowley bemerkte, brannte ihm das mutige Herz in der Brust, und er sprengte gegen den wilden Alten daher, indem er seine Geschicklichkeit, seinen Schritt, sein Ungestüm nachahmte, soweit es die Kraft und die Gewandtheit seines eignen Pferdes erlauben wollte. Und als die beiden Reiter sich bis auf die Entfernung dreier Wurfspießlängen nahe gekommen waren, warf zuerst Cowley eine Lanze, die Pindar verfehlte und über des Feindes Reihen hinweg wirkungslos zu Boden fiel. Dann schwang Pindar einen so großen und schweren Wurfspieß, daß kaum ein Dutzend Ritter, wie die Ritter in unserm entarteten Zeitalter sind, ihn vom Boden zu heben vermochten; und doch warf er ihn leicht, und er flog, aus nie irrender Hand geschleudert, schwirrend durch die Luft; nimmer hätte der Moderne den schleunigen Tod vermieden, wenn er nicht zu seinem Glück den Schild vorgehalten hätte, den ihm Venus[4] gegeben hatte. Und jetzt zogen beide Helden ihr Schwert; doch der Moderne war so entsetzt und verwirrt, daß er nicht mehr wußte, wo er war, und daß ihm der Schild aus den Händen fiel; dreimal floh er, und dreimal konnte er

[1] Übersetzte Horaz.
[2] Satiriker (Jesuitenfeind).
[3] Mrs. Behn, die Romanschriftstellerin.
[4] Cowley hatte ein Gedicht ›Die Geliebte‹ geschrieben.

nicht entrinnen. Und schließlich wandte er sich um und hob die Hand in der Haltung des Bittflehenden. »Göttergleicher Pindar!« rief er, »schone mein Leben und nimm mein Roß mit diesen Waffen außer dem Lösegeld, das meine Freunde, wenn sie vernehmen, daß ich noch lebe und dein Gefangener bin, dir zahlen werden!« »Hund«, sagte Pindar, »laß das Lösegeld deinen Freunden; aber dein Leichnam soll den Vögeln der Luft und den Tieren des Feldes zur Beute fallen.« Und er hob das Schwert und spaltete den elenden Modernen mit einem gewaltigen Streich in zwei Stücke; und die eine Hälfte lag keuchend am Boden, um von den Füßen der Rosse zertreten zu werden, während die andere von dem scheuenden Roß übers Feld dahingetragen wurde. Diesen Teil nahm Venus, wusch ihn siebenmal in Ambrosia und schlug ihn dann dreimal mit einem Zweig von Amaranth; da wurde das Leder weich und rund, und die Blätter verwandelten sich in Federn, und die zuvor den Goldschnitt trugen, blieben auch jetzt vergoldet; so wurde die Hälfte des Buches zur Taube, und sie schirrte sie vor ihrem Wagen an...

Hiatus valde deflendus in MS.

Da nun der Tag schon fast verstrichen war und die zahlreichen Scharen der Modernen halb zur Flucht hinneigten, kam aus einer Schwadron ihrer schwerbewaffneten Infanterie ein Hauptmann hervor, dessen Name Bentley war: der verwachsenste aller Modernen; groß, doch ohne edlen Wuchs und Anstand; breit, doch ohne Kraft und Verhältnis. Seine Rüstung war aus tausend verschiedenen Stücken zusammengeflickt, und wenn er ausschritt, klang sie rasselnd und trocken, wie wenn ein Stück Blei fällt, das ein Passatwind plötzlich vom Dach eines Turmes herabweht. Auch sein Helm war aus rostigem alten Eisen, doch das Visier war aus Kupfer, und von seinem Atem angefressen, verwandelte es sich in Vitriol, und auch an Galle aus derselben Quelle mangelte es ihm nicht. Sooft er daher durch Wut oder Anstrengung gereizt war, sah man eine tintige Flüssigkeit von höchst boshafter Art von seinen Lippen tröpfeln. In seiner rechten Hand hielt er einen Dreschflegel und (um nie unversehen zu sein mit einer Angriffswaffe) in seiner linken ein Gefäß voll Kot. Also vollkommen bewaffnet, rückte er langsamen und schweren Schrittes vor, dorthin, wo die modernen Heerführer über den Stand der Dinge berieten; und als er zu ihnen kam, lachten sie seines krummen Beins und seiner buckligen Schulter, denen sich Stiefel und Rüstung, die sich vergebens bemühten, sie zu verbergen, anpassen mußten, um sie noch mehr hervorzuheben. Die Heerführer benutzten ihn wegen seiner Gabe des Hohns, denn wenn sie sich in ihren Grenzen hielt, so erwies sie sich oft für ihre

Sache als sehr nützlich; doch zu andern Zeiten richtete sie mehr Unheil an als Gutes; denn wenn er sich nur im geringsten verletzt fühlte, und oft auch ganz ohne das, pflegte er jene Gabe gleich einem verwundeten Elefanten wider seine Führer zu kehren. So war auch in diesem Augenblick Bentleys Stimmung; er war bekümmert, weil er den Feind siegen sah, und mit jedermanns Verhalten außer seinem eigenen unzufrieden. In aller Demut gab er den Heerführern der Modernen zu verstehen, daß er in der größten Unterwürfigkeit meinte, sie seien sämtlich eine Bande von Halunken und Narren und Hurensöhnen und verdammten Feiglingen und verwünschten Tölpeln und ungebildeten Kläffern und unsinnigen Schurken; wenn er nur selber zum Heerführer ernannt worden wäre, so wären jene anmaßenden Hunde, die Alten, längst aus dem Felde geschlagen worden. »Ihr«, sprach er, »sitzt träge da, wenn aber ich oder irgendein anderer tapferer Moderner einen Feind tötet, so bemächtigt ihr euch sicherlich der Beute. Aber nicht einen Schritt will ich mehr wider den Feind tun, es sei denn, daß ihr mir schwört, ich solle, wen ich auch töte oder gefangen nehme, dessen Rüstung in aller Ruhe besitzen.« Als nun Bentley also gesprochen hatte, warf Scaliger einen grimmigen Blick auf ihn und sprach: »Elender Schwätzer, beredt nur in deinen eigenen Augen, du höhnest ohne Witz oder Wahrheit oder Verstand; die Bosheit deines Wesens stellt die Natur auf den Kopf: deine Gelehrsamkeit macht dich nur barbarischer, dein Studium der Humanistik nur unmenschlicher, dein Verkehr mit den Dichtern drückt dich nur mehr zu Boden und macht dich kotiger und stumpfsinniger als zuvor. Alle Künste, andere zu zivilisieren, machen dich gröber und unumgänglicher; die Höfe haben dich nur schlechte Manieren gelehrt, und die elegante Unterhaltung hat dich vollends zum Pedanten gemacht. Außerdem belastet kein größerer Feigling das Heer. Doch verzweifle nicht; ich gebe dir mein Wort, die Beute, die du machst, soll sicherlich dein Eigentum sein, wenn ich auch hoffe, daß dieser dein gemeiner Leichnam zuvor die Beute der Geier und Würmer werde.«

Bentley wagte keine Erwiderung, sondern von Wut und Ingrimm erstickt, zog er sich zurück, fest entschlossen, irgendeine große Tat zu vollbringen. Mit sich nahm er zu seinem Beistand und seinem Geleit den geliebten Wotton, und er gedachte durch List oder Überrumpelung irgendeinen vergessenen Flügel der Alten zu überfallen. Sie begannen den Marsch über Leichen erschlagener Freunde dahin; wandten sich dann nach dem rechten Flügel des eigenen Heeres hinunter und schwenkten schließlich nach Norden ab, bis sie zum Grabe des Aldrovandus kamen, an dem sie auf der Seite der sinkenden Sonne vorüberzogen. Und jetzt erreichten sie voller Furcht des Feindes Vorposten und schauten aus, ob sie nicht vielleicht das Lager der Verwundeten erspähen könnten oder ein paar verstreute Schläfer, die waffenlos abseits der anderen lägen. So schleichen zwei Bastardhunde, die angeborene Gier und Mangel vorwärtstreiben und zu Gefährten machen, obwohl sie sich bangen, entschlossen einzubrechen in die Hürden eines reichen Züchters, mit eingeklemmtem Schwanz und hängender Zunge leise und langsam dahin; derweilen sendet der wissende Mond, der jetzt im Zenith steht, senkrechte Strahlen auf ihre schuldigen Köpfe herab; und sie wagen es nicht, zu bellen, obwohl des Gestirns strahlendes Antlitz sie reizt, einerlei, ob sie es in Pfützen gespiegelt sehn oder selbst an der Himmelskugel; aber der eine späht in die Runde, während der andere die Ebene erkundet, ob er nicht vielleicht fern von der Herde ein halb verschlungenes Aas entdecke, das gesättigte Wölfe oder Raben übler Bedeutung zurückgelassen haben. Also zog auch dieses liebliche, liebende Paar der Freunde dahin, in nicht geringerer Furcht und Vorsicht; da erkannten sie in der Ferne zwei leuchtende Rüstungen, die auf einer Eiche hingen; und nicht fern davon lagen die Eigentümer in tiefem Schlaf. Die beiden Freunde zogen das Los, und die Verfolgung dieses Abenteuers fiel Bentley zu; und vorwärts schlich er, und seinen Vortrab bildeten Verwirrung und Entsetzen, während Grauen und Angst die Nachhut schützten. Als er nun nahe kam, siehe, da lagen dort zwei Helden vom Heere der Alten, Phalaris und Aesop, in tiefem Schlaf. Bentley hätte die beiden gern befördert; und also schlich er sich dicht herbei und zielte mit seinem Dreschflegel auf Phalaris' Brust. Doch die Göttin Angst legte sich ins Mittel, umfing den Modernen mit ihren eisigen Armen und entzog ihn der Gefahr, die sie voraussah; denn die beiden schlafenden Helden wälzten sich im gleichen Augenblick auf die andere Seite, wiewohl sie fest schliefen und in Träumen gefangen waren. Denn Phalaris träumte gerade in dieser Minute, wie ein elender Poetaster ein Pasquill wider ihn verfaßte und wie er ihn brüllend in seinem eigenen Widersinn fing. Aesop aber träumte, daß, als er und die andern Führer der Alten am Boden lagen, ein wilder Esel ausbrach, umherrannte und ihnen in die Gesichter stampfte und schlug und kackte. Bentley also ließ die beiden Helden schlafend liegen, ergriff ihre Rüstungen und zog sich auf der Suche nach seinem Liebling Wotton zurück.

Der war derweilen auf der Suche nach einem Abenteuer umhergeschweift, bis er schließlich zu einem schmalen Bächlein kam, das einer Quelle in der Nähe entsprang, die in der Sprache der sterblichen Menschen der Helikon heißt. Dort machte er halt, und da ihn der Durst versengte, so beschloß er, ihn in diesem klaren Wasser zu stillen. Dreimal versuchte er mit profanen Händen das Naß an die Lippen zu heben, und dreimal entrann es ihm durch die Finger. Da warf er sich nieder auf seine Brust, doch ehe sein Mund noch den rinnenden Kristall berührte, kam Apoll und hielt seinen Schild zwischen den Modernen und das Wasser, also, daß er nichts emporsog als Schlamm. Denn obwohl sich kein Wasser auf Erden mit der Klarheit des Helikon vergleichen kann, so liegen doch auf seinem Grunde dicke Sedimente von Schleim und Schlamm, und solches hatte Apoll von Jupiter erbeten als Strafe für jene, die mit ungeweihten Lippen von diesem Wasser zu kosten suchten, und um alle zu lehren, daß sie nicht weit von der Quelle oder allzu tief trinken dürften.

Oben am Quell erkannte Wotton zwei Helden; den einen konnte er nicht erkennen, aber im andern erkannte er Temple, den Führer der Bundesgenossen der Alten. Der wandte ihm den Rücken, und er war eben damit beschäftigt, aus seinem Helm tiefe Züge des Wassers einzusaugen, denn er hatte sich hier an den Quell zurückgezogen, um sich von den Mühen des Kampfes auszuruhn. Als nun Wotton ihn sah, sprach er mit bebenden Knien und zitternden Händen also zu sich selber: »Oh, könnte ich diesen Vernichter unsres Heeres erschlagen, welchen Ruhm würde ich mir unter den Führern erwerben! Doch wider ihn hervorzutreten, Mann wider Mann, Schild wider Schild und Lanze wider Lanze, wer unter uns Modernen würde das wagen? Denn er kämpft einem Gotte gleich, und stets steht ihm Apollo oder Pallas zur Seite. Aber o Mutter, wenn es wahr ist, was das Gerücht behauptet, daß ich der Sohn einer so großen Göttin bin, so gewähre mir die Gunst, daß ich Temple mit dieser Lanze treffe und daß der Streich ihn in die Hölle entsende und ich, mit seiner Beute beladen, in Sicherheit und Triumph heimkehren kann.« Den ersten Teil dieses Gebets erhörten die Götter auf die Fürsprache seiner Mutter und Momus'; doch der zweite Teil wurde durch einen widrigen Wind, den das Schicksal sandte, in die Luft verjagt. Wotton aber packte die Lanze, schwang sie dreimal über dem Haupt und entschleuderte sie mit aller Kraft, während zugleich seine Mutter, die Göttin, seines Armes Kraft vermehrte. Zischend entflog die Lanze und streifte den Gürtel des abgewandten Alten, den sie leicht ritzte, um dann zu Boden zu fallen. Temple fühlte weder, wie ihn die Waffe berührte, noch auch hörte er ihren Fall; und Wotton hätte zu seinem Heer entrinnen können, stolz auf die Ehre, seine Lanze ungestraft wider einen so großen Führer geschleudert zu haben. Aber Apollo ergrimmte, dieweil ein Speer, entsandt mit Hilfe einer so scheußlichen Göttin, seine Quelle beschmutzen konnte; und er nahm die Gestalt eines... an und trat sanft zu dem jungen Boyle, der Temple eben begleitete. Er zeigte erst auf die Lanze, dann auf den fernen Modernen, der sie geschleudert hatte, und befahl dem jungen Helden, auf der Stelle Rache zu nehmen. Boyle, gekleidet in seine Rüstung, die ihm von allen Göttern verliehen worden war[1], trat sofort wider den zitternden Feind hinaus, und der entfloh vor ihm. So schweift ein junger Löwe durch die lybische Ebene oder die arabische Wüste, entsandt von seinem bejahrten Vater, auf daß er nach Beute oder zur Stärkung oder zur Übung jage; und er wünscht einem Tiger aus den Bergen oder einem wütenden Eber zu begegnen; und da der Zufall ihm einen wilden Esel entgegenschickt, der sein Ohr mit lästigem Iahen beleidigt, jagt er, obwohl es ihm widerstrebt, seine Klauen mit so verworfenem Blut zu beflecken, dennoch, gereizt von dem scheußlichen Lärm, den das Echo, die törichte Nymphe, gleich ihrem ganzen übel beratenen Geschlecht, lauter wiederholt und mit mehr Entzücken als Philomelas Gesang, trotz seiner Großmut das langohrige Vieh, um die Ehre des Waldes zu retten. Und also entfloh auch Wotton, und Boyle verfolgte. Wotton aber, der schwere Waffen trug und langsamen Fußes war, begann bereits seinen Lauf zu verlangsamen, als sein Liebhaber Bentley erschien, beladen mit der Beute der beiden schlafenden Alten. Boyle bemerkte ihn wohl und erkannte alsbald den Helm und den Schild des Phalaris, seines Freundes, die er beide noch jüngst mit eigener Hand neu poliert und vergoldet hatte[2]; Wut entfunkelte seinen Augen, und indem er abließ von seiner Verfolgung Wottons, stürzte er wütend auf den neuen Ankömmling zu. Gern hätte er sich an beiden gerächt; aber die beiden entflohen jetzt in verschiedener Richtung; und einem Weibe gleich in einem kleinen Hause, das sich mühsam durch Spinnen den Unterhalt gewinnt, wenn ihre Gänse sich über die Weide des Dorfes verstreuen und sie über die Ebene hin und wider läuft, um hier wie dort die Verirrten zur Herde zurückzujagen, während sie laut gackern und ängstlich über die Felder streben: also verfolgte auch Boyle, und also entfloh dieses Freundespaar. Doch als sie sahen, daß ihre Flucht vergeblich war, stießen sie wacker zusammen und stellten sich zum Kampf. Zuerst warf Bentley mit aller Kraft seinen Speer, denn er hoffte, des Feindes Brust zu durchbohren; aber Pallas kam unsichtbar herbei und nahm in der Luft die eherne Spitze ab, die sie durch eine aus Blei ersetzte; und nachdem

[1] Boyle wurde in seiner Abwehr der Angriffe auf Sir William Temple unterstützt von fast allen genialen und geistreichen Leuten in Oxford.

[2] Bezieht sich auf Boyles Ausgabe der Briefe des Phalaris.

sie kraftlos wider des Feindes Schild geprallt war, fiel sie stumpf zu Boden. Da griff Boyle, der seinen Augenblick ersah, zu einer Lanze von wunderbarer Länge und Schärfe; und als das Paar vereinigter Freunde Seite an Seite dicht nebeneinander stand, schwenkte er rasch nach rechts herum und schleuderte die Waffe mit ungewöhnlicher Kraft. Bentley sah sein Schicksal nahen, legte schnell die Arme der Länge nach an die Rippen und hoffte so, seinen Leib zu retten; aber ein drang die Spitze, durchbohrte Arm und Flanke und machte nicht eher halt und verlor nicht eher die Kraft, als bis sie auch den tapfern Wotton durchbohrt hatte, der, als er seinen sterbenden Freund stützen wollte, seines Schicksals teilhaftig wurde. Wie ein geschickter Koch, wenn er ein paar Schnepfen gerupft hat, mit dem eisernen Spießchen beider zarte Flanken durchsticht und ihre Beine und Flügel eng an die Rippen heftet – also wurde dieses Freundespaar durchbohrt; und sie stürzten, im Tode verbunden, so eng verbunden, daß Charon sie für einen einzigen Menschen hielt und für seinen halben Fährmannslohn ans andere Ufer des Styx hinüberfuhr. Lebewohl, du liebendes Paar! Wenige habt ihr zurückgelassen, euch gleich; und glücklich und unsterblich sollt ihr werden, wenn mein ganzer Witz und meine Beredsamkeit euch dazu machen können.

Und jetzt...

Desunt caetera.

Betrachtung über einen Besenstiel

(Im Stil und in der Art der Meditationen des ehrenwerten Robert Boyle)

Dieser einsame Besenstiel, den Sie unrühmlich in einem vergessenen Winkel liegen sehen, hat einmal blühend in einem Wald gestanden. Er war voller Saft, voller Laub und Zweige. Aber nun versucht die Kunst des Menschen vergeblich, der Natur nachzuhelfen, indem man ein verwittertes Bündel von Zweigen auf den saftlosen Stamm aufpfropft. Jetzt ist der Besenstiel im besten Falle das Gegenteil von dem, was er war: ein auf den Kopf gestellter Baum, bei dem die Krone auf der Erde steht und die Wurzeln in die Luft ragen. Jetzt handhabt ihn irgendeine schmutzige Dienstmagd; jetzt muß er ihre Dreckarbeit tun und ist dazu verdammt, andere Dinge sauber zu machen und selbst unsauber zu sein. Schließlich wird er, wenn er in der Hand der Dienstboten zu einem Stumpf geworden ist, aus dem Hause geworfen oder seiner letzten Bestimmung als Brennholz übergeben. Als ich das sah, seufzte ich und sagte zu mir: Wahrlich, der Mensch ist ein Besenstiel. Die Natur hat ihn stark und blühend in die Welt gesandt. Er hat eigene Haare gehabt, die man die Zweige dieser vernunftbegabten Pflanze nennen kann. Schließlich aber stutzt die Axt der Ausschweifungen die grünen Zweige und macht aus dem Menschen einen verwitterten Stumpf. Dann nimmt er zur Kunst Zuflucht und setzt eine Perücke auf. Er bildet sich auf diesen unnatürlichen puderbedeckten Haarbüschel, der niemals auf seinem Kopf gewachsen ist, noch etwas ein. Wenn aber so ein Besenstiel auftritt, stolz auf die Reiser, die er niemals hervorgebracht hat, mit Staub bedeckt, der aus dem Salon der vornehmsten Dame zusammengekehrt sein mag, dann sind wir geneigt, zu lachen und seine Eitelkeit zu verachten. Wir sind recht einseitige Richter für unsere eigenen Vorzüge und die Schwächen der anderen.

Aber ein Besenstiel ist, wird man vielleicht sagen, ein Symbol für einen auf dem Kopf stehenden Baum. Was ist denn der Mensch anderes als eine umgestülpte Kreatur. Seine tierischen Triebe bekommen beständig über seine vernünftigen die Oberhand. Er hat ewig den Kopf am Boden, wo er mit seinen Füßen sein sollte. Und mit all seinen Fehlern möchte er ein Allerweltsreformer und Weltverbesserer sein; er steckt die Nase in jedes Dreckloch der Natur, zerrt verborgene

Schäden ans Tageslicht und wirbelt da Staub auf, wo vorher keiner war. Derweil hat er an aller Verderbnis Anteil, die er beseitigen möchte. Seine Tage verrinnen, während er an meist minderwertige Frauen versklavt ist, bis er wie sein Bruder Besen zum Fenster hinausgeworfen wird oder dazu verdammt wird, Flammen zu entfachen, an denen sich andere wärmen.

Einwände gegen die Abschaffung des Christentums

Ich bin mir wohl bewußt, was für eine Schwäche und Anmaßung es ist, gegen die allgemeine Stimmung und Neigung der Welt zu kämpfen. Ich entsinne mich, daß es mit großem Recht und gerade aus gebührender Rücksicht auf die Freiheit sowohl des Publikums wie der Presse unter mancherlei Strafen verboten wurde, gegen die Union zu schreiben, zu reden oder zu wetten; und zwar, ehe sie noch vom Parlament bestätigt wurde; denn man sah darin die Absicht, sich dem Volksstrom zu widersetzen, und das ist nicht nur töricht, sondern es bedeutet auch einen klärlichen Bruch des grundlegenden Gesetzes, nach dem in der Majorität der öffentlichen Meinung Gottes Stimme zu sehn ist. Ebenso und aus denselben Gründen ist es vielleicht weder ungefährlich noch wohlbedacht, sich in einem Augenblick gegen die Abschaffung des Christentums zu wenden, da alle Parteien sich in diesem Punkt offenbar so völlig einig sind, wie wir aus ihren Handlungen, Reden und Schriften zu schließen nicht umhin können. Aber wie es kommt, das weiß ich nicht; vielleicht ist die Affektation des Merkwürdigen schuld, vielleicht die Verderbtheit der menschlichen Natur, auf jeden Fall trifft es sich unglücklicherweise so, daß ich nicht ganz dieser Meinung sein kann. Ja, wenn ich auch wüßte, daß der Staatsanwalt meine sofortige Verfolgung anordnen würde, so würde ich dennoch gestehn, daß ich beim gegenwärtigen Stand unserer innern und äußern Angelegenheiten die absolute Notwendigkeit, das Christentum unter uns auszurotten, nicht einsehn kann.

Das mag vielleicht als ein zu großes Paradoxon erscheinen, als daß selbst unsere gescheite und paradoxe Zeit es ertragen könnte; deshalb werde ich es mit der größten Vorsicht und der äußersten Ehrerbietung gegen jene große und tiefe Majorität behandeln, die anders empfindet.

Und doch werden vielleicht die achtsamen Leute freundlichst bemerken, wie sehr sich der Geist einer Nation in einem halben Menschenalter wandeln kann. Ich habe von einigen sehr alten Leuten mit Sicherheit behaupten hören, daß noch zu ihren Zeiten die gegenteilige Anschauung ebenso verbreitet war, wie die andre es jetzt ist, und daß damals der Plan, das Christentum abzuschaffen, als ebenso merkwürdig erschienen und für ebenso absurd gehalten worden wäre, wie es jetzt geschieht, wenn man zu seiner Verteidigung schreibt oder redet.

Deshalb gebe ich offen zu, daß jeder Schein gegen mich ist. Das System des Evangeliums ist nach dem Schicksal anderer Lehrsysteme allgemein veraltet und verbraucht; und selbst die große Masse des Volkes, unter der es sein Ansehen am längsten behauptet zu haben scheint, schämt sich seiner heute ebensosehr wie die Vornehmern; denn die Meinungen steigen ebenso wie die Moden von den Vornehmen zum Mittelstand und von dort zum Volk hinab; und dort fallen sie schließlich zu Boden und verschwinden.

Hier aber möchte ich nicht mißverstanden werden, und deshalb muß ich so kühn sein und einen Ausdruck von den Schriftstellern der andern Partei entlehnen; sie machen einen Unterschied zwischen nominellen und wirklichen Trinitariern. Ich hoffe, kein Leser wird mich für so schwach halten, daß ich mich zur Verteidigung des wirklichen Christentums erhöbe, wie es (wenn wir den Autoren der Zeit glauben dürfen) in primitiven Zeiten der Menschen Glauben und Handlungen beeinflußte. Das wieder aufrichten zu wollen wäre ein wildes Unternehmen; es hieße Fundamente umgraben, auf einen Schlag den ganzen Witz und die halbe Gelehrsamkeit des Königreichs vernichten, den ganzen Rahmen und Aufbau der Dinge zerbrechen, den Handel zerstören, die Künste und Wissenschaften mitsamt ihren Professoren auslöschen, kurz, unsre Gerichtshöfe, Börsen und Läden in Wüsten verwandeln; und es wäre genauso absurd wie der Vorschlag des Horaz[1], in der er den Römern rät, insgesamt ihre Stadt zu verlassen und in einem entlegenen Teil der Welt einen neuen Wohnsitz zu suchen, um sich dort von der Verderbtheit ihrer Sitten zu heilen.

Deshalb scheint mir diese Warnung an sich völlig unnötig (und ich habe sie nur eingeflochten, um jeder Möglichkeit der Haarspalterei vorzubeugen); denn jeder aufrichtige Leser wird leicht verstehen, daß meine Abhandlung nur der Verteidigung des nominellen Christentums gilt; das andere ist vermöge eines consensus omnium seit einiger Zeit als mit unserem gegenwärtigen Streben nach Reichtum und Macht ganz unvereinbar beiseite gelegt worden.

Weshalb wir aber darum auch Namen und Titel der Christen abwerfen sollen, ich muß gestehn, das kann ich (in aller Ehrfurcht) nicht einsehn, wiewohl die allgemeine Meinung und Strömung so heftig

[1] 16. Epode.

dafür ist. Da jedoch die Unternehmer der Nation durch diesen Plan so wunderbare Vorteile versprechen, während sie zugleich viele einleuchtende Einwände gegen das System des Christentums erheben, so will ich in Kürze die Beweiskraft beider untersuchen und ihnen gern ihr größtes Gewicht zuerkennen, um dann die Antworten zu geben, die ich für die vernünftigsten halte. Schließlich aber will ich um die Erlaubnis bitten, darlegen zu dürfen, welche Nachteile eine solche Neuerung bei dem gegenwärtigen Stande der Dinge vielleicht mit sich bringen könnte.

Zunächst besteht ein großer Vorteil, den die Abschaffung des Christentums mit sich bringen soll, darin, daß sie die Gewissensfreiheit bedeutend erweitern und befestigen würde; denn dieses große Bollwerk unserer Nation und der protestantischen Religion ist, allen guten Absichten der Gesetzgebung zum Trotz, wie wir es kürzlich an einem schweren Beispiel haben sehen können, immer noch vom Pfaffentrug beschränkt. Denn es wird zuversichtlich behauptet, daß jüngst zwei wirklich hoffnungsvolle junge Herrn von glänzendem Witz und tiefem Urteil, die bei einer gründlichen Untersuchung der Ursachen und Wirkungen und durch die bloße Kraft natürlicher Begabung, ohne daß irgendwelche Gelehrsamkeit an ihnen abgefärbt hatte, die Entdekkung machten, daß es keinen Gott gäbe, und ihre Gedanken großmütig zum Nutzen der Allgemeinheit mitteilten, in beispielloser Strenge und auf Grund ich weiß nicht welchen Gesetzes, wegen Gotteslästerung aus dem Heer verabschiedet wurden. Und wie man weise bemerkte, wenn die Verfolgung einmal beginnt, so weiß kein lebender Mensch, wie weit sie gehen und wo sie enden wird.

Zur Erwiderung darauf scheint mir, vorbehaltlich klügeren Urteils, daß gerade dies die Notwendigkeit einer nominellen Religion unter uns beweist. Sehr witzige Leute lieben es, mit den höchsten Dingen frei umzuspringen; und wenn man ihnen nicht erlaubt, einen Gott zu schmähen oder zu verleugnen, so werden sie von Würdenträgern Übles reden, auf die Regierung schelten und unehrerbietige Bemerkungen über das Ministerium machen. Ich denke, nur wenige werden leugnen, daß das von viel verderblichern Folgen ist; wie denn auch Tiberius sagte: Deorum offensa diis curae. Was nun insbesondere die berichtete Tatsache angeht, so scheint es mir nicht gerecht, nach einem einzigen Beispiel zu urteilen, denn vielleicht läßt sich ein zweites nicht anführen; und doch (zum Trost all derer sei es gesagt, die sich vielleicht vor einer Anklage fürchten) wird, wie wir wissen, in jedem Kaffeehaus und jeder Schenke und überall, wo sich die gute Gesellschaft trifft, Millionen von Malen Gotteslästerung begangen. Man muß freilich zugeben, daß es, um noch den mildesten Ausdruck für eine solche Handlungsweise zu benutzen, ein arger Auswuchs der absoluten Macht war, einen freigeborenen englischen Offizier zu verabschieden, wenn er nichts als eine Gotteslästerung begangen hatte. Es läßt sich wenig zur Entschuldigung des Generals anführen; vielleicht fürchtete er, es könnte unter den Verbündeten Anstoß erregen, unter denen es nach allem, was wir wisen, wohl die Landessitte sein mag, an einen Gott zu glauben. Doch wenn er, wie einige es getan haben, auf Grund eines mißverstandenen Prinzips geltend machte, daß ein Offizier, der sich einer Gotteslästerung schuldig macht, heute oder morgen auch so weit gehn kann, eine Meuterei anzustiften, so kann man diese Schlußfolgerung keineswegs zugeben; denn sicherlich wird der Befehlshaber eines englischen Heers nur wenig Gehorsam finden, wenn seine Soldaten ihn so wenig fürchten und achten wie eine Gottheit.

Es wird ferner gegen die Lehre des Evangeliums eingewandt, sie verpflichte die Menschen zum Glauben an Dinge, die für Freidenker und solche, die alle Vorurteile, wie sie einer beschränkten Bildung in der Regel anhaften, abgeschüttelt haben, zu schwierig seien. Darauf erwidere ich, daß man mit Einwänden, die unehrerbietige Gedanken über die Klugheit der Nation enthalten, vorsichtig sein sollte. Ist es nicht jedem erlaubt, zu glauben, was er will, und der Welt seinen Glauben zu verkünden, wann er will, zumal wenn es dazu dient, die Partei zu verstärken, die im Recht ist? Sollte wohl irgend ein gleichgültiger Ausländer, der den jüngst von Asgil, Tindal, Toland, Coward und vierzig andern geschriebenen Plunder läse, auf den Gedanken kommen, daß das Evangelium unsre von Parlamenten bestätigte Glaubensregel sei? Glaubt irgend jemand, oder behauptet er, er glaube, oder wünscht er auch nur, man möge denken, er behaupte, daß er eine Silbe von der ganzen Geschichte glaube? Und wird darum irgend jemand weniger gut aufgenommen, oder muß er sehn, daß sein Mangel an nominellem Glauben ihn irgendwie in der Verfolgung einer Zivil- oder Militärlaufbahn hindert? Und selbst wenn es irgendein oder selbst zwei schlafende Gesetze gibt, die wider ihn sind, sind sie nicht jetzt bis zu einem Grade veraltet, daß selbst Empson und Dudley, wenn sie noch lebten, die Unmöglichkeit einsehn müßten, sie anzuwenden[1]?

Es wird gleichfalls geltend gemacht, daß es schätzungsweise in die-

[1] Empson und Dudley waren zwei Ratgeber, die durch ihre illegalen Konfiskationen Heinrich VII. zu seinem großen Reichtum verhalfen.

sem Königreich mehr als zehntausend Pastoren gibt, deren Einkünfte, vermehrt um die der Lord Bischöfe, ausreichen würde, um mindestens zweihundert witzige, vergnügungssüchtige und freidenkende junge Herrn zu unterhalten, lauter Feinde des Pfaffentrugs, der engen Prinzipien, der Pedanterie und der Vorurteile, die eine Zierde für den Hof und die Stadt sein könnten. Und andrerseits könnte eine große Zahl körperlich tüchtiger Geistlicher einen brauchbaren Nachwuchs für unsere Flotte und unsere Heere ergeben. Diese Erwägung scheint nicht ohne Gewicht zu sein. Aber immerhin verdienen auch auf der gegnerischen Seite mehrere Dinge erwogen zu werden. Zunächst, ob man nicht für notwendig halten wird, daß in bestimmten Landdistrikten, ähnlich denen, die wir Kirchspiele nennen, wenigstens ein Mensch vorhanden sein sollte, der lesen und schreiben kann. Dann scheint mir die Rechnung falsch, daß die Einkünfte der Kirche in diesem Lande bei der jetzigen verfeinerten Lebensweise ausreichen könnten, um zweihundert junge Herren oder auch nur die Hälfte zu erhalten; das heißt, ihnen eine Rente auszuwerfen, die sie, wie man mit modernem Ausdruck sagt, flott halten würde. Aber noch lauert in diesem Plan ein größeres Unheil, und wir sollten uns vor der Narrheit des Weibes hüten, das die Henne schlachtete, obwohl die ihr jeden Morgen ein goldenes Ei gelegt hatte. Denn bitte, was würde im nächsten Jahrhundert aus dem Menschengeschlecht werden, wenn wir uns auf nichts verlassen könnten als auf die skrofulösen schwindsüchtigen Erzeugnisse, die unsere witzigen und vergnügungssüchtigen Leute liefern, wenn sie sich gezwungen sehn, nachdem sie ihre halbe Kraft, Gesundheit und Habe vergeudeten, ihr zertrümmertes Vermögen durch eine unangenehme Heirat wieder zusammenzuflicken, und so ihrer Nachkommenschaft Fäule und Verfeinerung vermachen? Nun aber hat die weise Gesetzgebung Heinrichs VIII.[1] zehntausend Menschen in die Notwendigkeit versetzt, mit schmaler Kost und bescheidener Leibesübung zu leben; und sie sind unser großes Zuchtreservoir, ohne das die Nation in ein oder zwei Menschenaltern zu einem einzigen großen Hospital werden müßte.

Ein weiterer, angeblich durch die Abschaffung des Christentums zu erreichender Vorteil ist der Gewinn eines vollen Tages auf je sieben; dieser eine Tag ist jetzt völlig verloren, und also ist das Königreich an Handel, Geschäftsabschlüssen und Vergnügen um ein Siebentel ärmer; abgesehn noch davon, daß die Allgemeinheit so viele stattliche

[1] Der den größeren Teil der Kircheneinkünfte konfiszierte.

Bauten verliert, die jetzt in der Hand der Geistlichkeit sind und die man in Spielhäuser, Börsen, Markthallen, öffentliche Schlafstätten und andre öffentliche Gebäude verwandeln könnte.

Ich hoffe, man wird mir ein hartes Wort verzeihen, wenn ich das eine einfache Sophisterei nenne. Ich gebe gern zu, daß in unvordenklichen Zeiten eine alte Sitte bestanden hat, nach der das Volk sich an jedem Sonntag in den Kirchen versammelte, und daß auch die Läden noch häufig geschlossen sind, und zwar, wie man sich denken kann, um das Ansehen jenes alten Brauchs zu erhalten; wie sich aber das dem Geschäft oder dem Vergnügen hindernd in den Weg stellen sollte, ist kaum einzusehn. Und wenn die Männer des Vergnügens wirklich an einem Tag in der Woche gezwungen sind, zu Hause zu spielen statt im Schokoladenhaus[1]? Sind nicht die Schenken und Kaffeehäuser geöffnet? Kann es einen geeigneteren Tag geben, um eine Arzneidosis einzunehmen? Wird am Sonntag weniger geprügelt als an anderen Tagen? Ist er nicht der Tag, an dem die Kaufleute ihre Wochenabrechnung aufstellen und die Anwälte ihre Akten vorbereiten? Aber gern wüßte ich, wie man behaupten kann, die Kirchen dienten nicht ihrem richtigen Zweck? Wo finden mehr Verabredungen und galante Stelldicheins statt? Wo wird mehr Wert darauf gelegt, mit dem größten Kleiderprunk in der vordersten Loge zu sitzen? Wo sieht man mehr geschäftliche Zusammenkünfte? Wo wird so oft ein Handel abgeschlossen? Und wo ist ein Schläfchen so bequem und so verlockend?

Ein Vorteil aber, der aus der Abschaffung des Christentums erwachsen soll, ist größer als alle, die vorangehn: daß sie nämlich alle Parteien unter uns gänzlich beseitigt, indem sie jene trennenden Unterscheidungen der Hochkirche und Niederkirche, der Whigs und Torys, der Presbyterianer und der anglikanischen Kirche aufhebt, die jetzt gegenseitig bei allen öffentlichen Angelegenheiten als Hemmschuhe wirken, weil sie nur zu leicht den eignen Vorteil oder die Unterdrükkung ihrer Gegner über das dringendste Staatsinteresse stellen.

Ich gestehe: wäre es sicher, daß durch dieses Auskunftsmittel der Nation ein so großer Vorteil erwüchse, so würde ich mich fügen und schweigen. Aber will hier irgend jemand behaupten, wenn durch eine Parlamentsakte die Wörter »Huren, Trinken, Betrügen, Lügen und Stehlen« aus der englischen Sprache und den englischen Wörterbüchern verbannt würden, daß wir dann am nächsten Morgen alle keusch und mäßig, ehrlich und gerecht und wahrheitsliebend erwachen müß-

[1] Die wenig zahlreichen Schokoladenhäuser waren damals die eleganten Stelldicheins der Londoner Spieler.

ten? Ist das eine richtige Folgerung? Oder wenn uns die Ärzte verböten, die Wörter »Pocken, Gicht, Rheumatismus und Gallenstein« auszusprechen, würde das wirken wie ebenso viele Talismane, die die Krankheiten selbst vernichteten? Wurzeln Partei und Spaltung in der Menschen Herzen nicht tiefer als Phrasen, die der Religion entlehnt sind? Ruhen sie nicht auf festeren Grundlagen? Und ist unsere Sprache so arm, daß wir keine andern Namen für sie finden können? Sind »Neid, Hochmut, Habgier und Ehrgeiz« so schlechte Namengeber, daß sie keine Bezeichnungen für ihre Besitzer zu liefern vermögen? Werden nicht die Wörter Heiduken und Mameluken, Mandarinen und Paschas, oder irgendwelche beliebig gebildeten andern dienen können, um jene, die im Ministerium sitzen, zu unterscheiden von denen, die gern darin säßen, wenn sie es nur könnten? Was zum Beispiel ist leichter, als die Redeweise zu wandeln und statt des Wortes Kirche in der Politik die Frage aufzuwerfen, ob das »Monument« in Gefahr sei? Weil die Religion uns am nächsten lag, als es galt, ein paar bequeme Phrasen zu schaffen, ist darum unsre Erfindungskraft so unfruchtbar, daß wir keine andern finden können? Nehmen wir beispielshalber einmal an, die Torys wären für Margarite, die Whigs für Frau Tofts, die »Unechten« für die Valentini[1], würden nicht die Namen »Margaritianer«, »Toftianer« und »Valentinianer« recht erträgliche Unterscheidungsmerkmale ergeben? Die Prasini und Veniti, zwei höchst bösartige Parteien in Italien, begannen (wenn ich mich recht entsinne) mit Farbenunterschieden in ihren Bändern; und wir könnten ebenso gut um die Würde des Blau und des Grün streiten und Hof, Parlament und Königreich ebenso gut unter diese Farben teilen wie unter beliebige Kunstausdrücke, die der Religion entlehnt sind. Und deshalb, scheint mir, ist dieser Einwand gegen das Christentum nicht stichhaltig, und die Aussicht auf einen so großen Vorteil, wie ihn uns seine Abschaffung bringen soll, fällt hin.

Ferner wird der Einwand erhoben, es sei eine sehr absurde, lächerliche Sitte, daß man eine ganze Klasse von Menschen dulde, ja, sogar anstelle und besolde, damit sie an einem der sieben Tage gegen die Gesetzmäßigkeit all jener Methoden brülle, die man bei der Jagd nach

[1] Margarita: Francesca Margherita de l'Epine, eine damals berühmte Sängerin; auch von Swift in seinem »Tagebuch für Stella« erwähnt. Frau Tofts, eine englische Sängerin, die ebenfalls in der italienischen Oper sang. Die Valentini, die dritte Rivalin des Kreises. Die »Unechten«, engl. Trimmers, was wörtlich Aufputzer oder Putzmacher bedeutet, jene Mittelspartei unter Karl II., die zwischen der Krone und den Parteigängern der protestantischen Linie vermitteln wollte.

Größe, Reichtum und Vergnügen am meisten benutzt und die an den sechs andern Tagen den beständigen Brauch aller lebenden Menschen bilden. Aber dieser Einwand ist, scheint mir, eines so verfeinerten Zeitalters wie des unsern ein wenig unwürdig. Wir wollen die Sache in aller Ruhe besprechen: ich berufe mich auf die Brust jedes gebildeten Freidenkers, ob er nicht auf der Jagd nach der Befriedigung irgendeiner herrschenden Leidenschaft stets in dem Gedanken, daß sie etwas Verbotenes war, einen wundervollen Ansporn gefunden hat; und gerade deshalb, um nämlich diesen Geschmack zu kultivieren, hat die Weisheit der Nation, wie wir sie sehen, mit ganz besonderer Sorgfalt Vorkehrung getroffen, daß die Damen mit verbotner Seide, die Herrn mit verbotnem Wein versehn werden. Und wahrlich, es wäre zu wünschen, daß, um die Genüsse Londons zu steigern, noch ein paar Verbote mehr erlassen würden; denn aus Mangel an solchen Hilfsmitteln beginnt die Stadt, wie ich höre, bereits schlaff und widerstandsunfähig zu werden, so daß der Spleen täglich grausame Einfälle unternehmen kann.

Es wird dem Publikum auch als ein großer Vorteil hingestellt, daß, wenn wir die Lehre des Evangeliums einmal abgeschafft haben, natürlich jede Religion auf ewig verbannt sei; mit ihr also auch jene schweren Vorurteile der Erziehung, die unter den Namen »Tugend, Gewissen, Ehre und Gerechtigkeit« den Frieden der menschlichen Seelen so leicht stören und deren Begriffe zuweilen während eines ganzen Lebenslaufs durch rechte Vernunft und Freidenkerei kaum auszurotten sind.

Hier bemerke ich zunächst, wie schwer es ist, eine Phrase loszuwerden, wenn die Welt sie einmal liebgewonnen hat, und sei auch der Anlaß, der sie zuerst schuf, längst hinfällig geworden. Seit mehreren Jahren genügte es, daß jemand eine häßliche Nase hatte, damit die tiefen Denker der Zeit es so oder so fertigbrachten, die Ursache in den Vorurteilen seiner Erziehung zu sehen. Aus dieser Quelle sollten all unsere törichten Begriffe von Gerechtigkeit, Frömmigkeit und Vaterlandsliebe, all unsere Anschauungen von Gott oder einem künftigen Leben, von Himmel, Hölle und dergleichen stammen. Und früher mag dieser Angriff vielleicht nicht ganz ohne Sinn gewesen sein. Aber durch einen vollständigen Wandel in den Erziehungsmethoden hat man so gründlich dafür gesorgt, diese Vorurteile zu beseitigen, daß (ich sage es zu Ehren unserer gebildeten Neuerer) die jungen Herrn, die jetzt auf dem Schauplatz stehn, an diesen Dingen nicht im geringsten mehr abgefärbt haben und keine Faser solchen Unkrauts mehr verraten; und also fällt der letzte Vorwand, aus diesem Grund das nominelle Christentum abzuschaffen, völlig hin.

Im übrigen läßt sich vielleicht darüber streiten, ob die Verbannung jeglicher Religionsbegriffe unter dem Volk angebracht wäre. Nicht als ob ich im geringsten der Meinung jener bin, die da glauben, die Religion sei eine Erfindung der Politiker, um den unteren Teil der Welt durch die Furcht vor unsichtbaren Mächten in Scheu zu halten – es sei denn, die Menschheit wäre damals sehr viel anders gewesen als jetzt. Denn ich halte die große Masse unsres Volks hier in England für ebenso große Freidenker, das heißt, für ebenso verläßliche Ungläubige, wie es nur irgendwer von höchstem Rang sein kann. Aber mir scheint, ein paar zerstreute Begriffe von einer höhern Macht sind für das niedere Volk von merkwürdig großem Nutzen, denn sie ergeben ein ausgezeichnetes Mittel, um kleine Kinder zur Ruhe zu bringen, wenn sie eigensinnig werden, und in langweiliger Winternacht bilden sie ein treffliches Thema für Späße.

Schließlich wird es als ein besondrer Vorteil hingestellt, daß die Aufhebung des Christentums sehr dazu beitragen würde, die Protestanten zu einigen; und zwar, weil sie die gemeinsamen Punkte vermehren müßte, so daß man allerlei Nonkonformisten aufnehmen könnte, während sie jetzt um einiger weniger Zeremonien willen ausgeschlossen bleiben, die alle Parteien eingestandenermaßen für unwesentlich halten. Nur diese Aufhebung werde den großen Zielen des Strebens nach Einigung entsprechen, weil sie ein weites, edles Tor auftue, durch das alle eintreten können; während das Schachern mit den Nonkonformisten und die Winkelzüge um die eine oder andre Zeremonie immer nur ein paar Pförtchen auftäte und auch die nur angelehnt ließe, so daß nicht mehr als einer zur Zeit eintreten könnte, und auch das nur, indem er sich bückte und seitwärts vorschöbe und sich recht dünn zusammenzöge[1].

Auf all das erwidere ich dies: Es gibt einen Lieblingshang der Menschheit, der sich meist den Anschein gibt, als sei er ein Diener der Religion, wiewohl sie weder im Verhältnis der Eltern noch einer Patin noch auch einer Freundin zu ihm steht; ich meine den Geist der Opposition, der längst vor dem Christentum lebte und auch leicht ohne es existieren kann. Wenn wir zum Beispiel untersuchen, worin die Opposition der Sektierer unter uns besteht, so finden wir, daß das Christentum nichts damit zu tun hat. Schreibt etwa das Evangelium irgendwo einen steif gestärkten, gedrückten Gesichtsausdruck, einen hölzernen, formellen Gang, eine Abweichung in Manieren und Haltung und

[1] Man vergesse nicht, daß Swift trotz all seiner Intellektualität ein unerbittlicher Verfechter der Hochkirche war und blieb; er widmete den Nonkonformisten eine nie ebbende Feindschaft.

eine affektierte Redeweise vor, die sich von dem vernünftigen Teil der Menschheit völlig unterscheidet? Wenn aber das Christentum seinen Namen nicht hergäbe, um in die Lücke einzuspringen und solchen Grillen Beschäftigung oder Ablenkung zu verschaffen, so würden sie notwendigerweise ihre Kraft in Übertretungen der Landesgesetze oder in der Störung des öffentlichen Friedens ausgeben. Jeder Nation ist eine bestimmte Menge von Enthusiasmus zuerteilt worden; und wenn der keinen geeigneten Abfluß findet, so bricht er aus und setzt alles in Flammen. Wenn die Ruhe eines Staates dadurch erkauft werden kann, daß man den Leuten ein paar Zeremonien vorwirft, die sie verschlingen dürfen, so ist das ein Kauf, den kein Verständiger ablehnen würde. Mögen die Hetzhunde sich mit einem ausgestopften Schafsfell amüsieren, wenn es sie nur davon abhält, die Herde zu zerreißen. Die ausländische Einrichtung der Klöster scheint in einer Hinsicht ein Ausfluß großer Weisheit zu sein; denn es gibt wenig Perversitäten menschlicher Leidenschaften, die nicht zu irgendeinem von ihnen ihre Zuflucht nehmen könnten, um sich Luft zu verschaffen; denn sie sind Asyle für die Spekulativen, die Melancholiker, die Hochmütigen, die Schweigsamen, die Politiker und die Verdrießlichen; dort können sie sich selber freien Lauf lassen und die schädlichen Partikelchen verpuffen. Wir aber sind hier auf dieser Insel gezwungen, für eine jede Gattung eine eigne Religionssekte zu gründen, um sie ruhig zu halten. Und wenn das Christentum je abgeschafft wird, so muß die Gesetzgebung ein anderes Auskunftsmittel finden, um sie zu beschäftigen und zu unterhalten. Denn was nützt es, wenn wir ein noch so großes Tor auftun, während doch stets eine Anzahl übrigbleibt, die ihren Stolz und ihren Verdienst darein setzt, nicht einzutreten?

Nachdem ich so die wichtigsten Einwände gegen das Christentum und die Hauptvorteile, die man uns von seiner Abschaffung verspricht, erwogen habe, will ich jetzt mit der gleichen Ehrfurcht und dem gleichen Vorbehalt klügeren Urteils dazu übergehen, ein paar Nachteile zu erwähnen, die daraus erwachsen könnten, wenn man das Christentum aufhöbe. Denn an sie haben jene Pläneschmieder vielleicht nicht genügend gedacht.

Zunächst bin ich mir wohl bewußt, wie leicht die witzigen Jünger des Vergnügens über den Anblick so vieler Pastoren mit schmutzigen Säumen, die ihnen etwa in den Weg laufen und ihre Augen beleidigen, murren und sich entrüsten müssen; aber zugleich bedenken die weisen Reformatoren nicht, welch ein Vorteil und Glück es für witzige Leute ist, wenn sie stets Gegenstände ihrer Verachtung und Geringschätzung haben, an denen sie ihre Talente üben und schärfen können, so daß ihre Laune nicht nötig hat, über andre ihresgleichen oder gar über sie selber herzufallen; zumal es hier ohne die geringste denkbare Gefahr für sie selbst geschehen kann.

Und um noch einen parallelen Gedankengang zu verfolgen: wie finden, wenn das Christentum einmal aufgehoben worden wäre, die Freidenker, die Leute der unbedingten Vernunft und die Männer der tiefen Gelehrsamkeit je wieder ein in allen Punkten so darauf berechnetes Thema, daß sie an ihm ihre Talente entfalten? Welcher wunderbaren Erzeugnisse des Witzes würden wir beraubt werden! Der Erzeugnisse derer, die ihren Genius durch beständige Übung auf Spott und Schmähung wider die Religion eingeschult haben und also nimmermehr imstande wären, in einem andern Thema zu glänzen oder sich auszuzeichnen! Wir klagen täglich über den Verfall des Witzes unter uns, und sollten wir freiwillig das größte, vielleicht das einzige Thema beseitigen, das uns noch bleibt? Wer hätte je in Asgil einen Mann von Geist, in Toland einen Philosophen vermutet, wenn nicht der unerschöpfliche Gegenstand des Christentums ihnen bereitwilligst ihr Material geliefert hätte? Welches andre Thema aus der ganzen Kunst oder Natur hätte Tindal den Ruf eines tiefsinnigen Autors eingetragen oder ihm Leser verschafft? Nur die kluge Wahl des Themas ziert den Schriftsteller und zeichnet ihn aus. Denn wären auch hundert solcher Federn zugunsten der Religion in Tätigkeit getreten, sie wären alle sofort in Schweigen und Vergessenheit versunken.

Auch halte ich es nicht für unmöglich und meine Befürchtungen nicht für unbegründet, wenn ich besorge, daß die Abschaffung des Christentums vielleicht die Kirche in Gefahr bringen könnte oder mindestens dem Senat die Mühe auferlegen würde, einen neuen Schutzbeschluß zu befassen. Ich möchte, daß man mich nicht mißverstehe; ich denken nicht daran, zu behaupten oder zu glauben, daß die Kirche gegenwärtig oder beim jetzigen Stande der Dinge in Gefahr wäre; aber wir wissen nicht, wie bald es dahin kommen mag, wenn das Christentum aufgehoben wird. So einleuchtend der Plan auch scheint, vielleicht lauert hinter ihm doch ein gefährliches Streben. Nichts kann landeskundiger sein, als daß die Atheisten, Deisten, Sozinianer, Antitrinitarier und die andern Unterabteilungen der Freidenker wenig Eifer für die gegenwärtigen geistlichen Institutionen zeigen. Sie haben sich ausgesprochenermaßen für die Widerrufung der Testakte erklärt[1]; sie verhalten sich sehr gleichgültig gegen alle Zeremonien und

[1] Die Testakte, erlassen 1673, ein Gesetz, das von jedem Beamten den Testeid verlangte, der sich gegen die Lehre von der Transsubstantiation wandte. Swift war stets ein

treten nicht für das jus divinum des Episkopats ein. Deshalb kann man hierin einen ersten politischen Schritt sehn, die Verfassung der bestehenden Kirche zu ändern und an ihrer Stelle das Presbyterianertum aufzurichten; doch mögen ihn die Leute, die am Ruder sind, des genauern erwägen.

Schließlich scheint mir nichts klarer, als daß wir durch dieses Auskunftsmittel geradenwegs dem Übel in die Arme laufen werden, das wir vor allem vermeiden wollen, und daß die Abschaffung der christlichen Religion der schnellste Weg zur Einführung des Papismus sein wird. Und ich neige dieser Anschauung um so mehr zu, als wir ja wissen, wie sehr es von jeher bei den Jesuiten Brauch gewesen ist, Abgesandte mit der Anweisung herüberzuschicken, daß sie sich als Mitglieder der verschiedenen unter uns herrschenden Sekten verkleiden sollten. So wird berichtet, daß sie zu verschiedenen Zeiten als Presbyterianer, Anabaptisten, Independenten und Quäker aufgetreten sind, je nachdem, wer von diesen am meisten in Ansehen stand. Und seit die Mode aufgekommen ist, die Religion abzuschaffen, haben die papistischen Missionare nicht verfehlt, sich unter die Freidenker zu mischen. Unter ihnen ist Toland, das große Orakel der Antichristen, ein irischer Priester und Sohn eines irischen Priesters; und der höchst gelehrte und scharfsinnige Verfasser eines Buches mit dem Titel: »Die Rechte der christlichen Kirche«[1] wurde im geeigneten Augenblick mit dem römi-

scharfer Gegner der Aufhebung dieser Akte. Die Frage war für Irland insbesondere 1708 aktuell geworden, weil das damalige Whigministerium (Godolphin) sehr geneigt war, die Aufhebung durchzusetzen; zuvor aber wollte man die Wirkung an Irland erproben. In Irland hatten sich eben die Presbyterianer aus Anlaß bedrohlicher Gerüchte von einem geplanten Einfall in England durch loyale Haltung ausgezeichnet, und der damalige »Speaker« des irischen Unterhauses, Brodrick, der spätere Lord Middleton, agitierte in London für die Aufhebung. Swifts Stellung wird durch seine Worte charakterisiert, diese Methode (nämlich die, eine gesetzgeberische Handlung an Irland zu erproben) gleiche dem Verfahren eines vorsichtigen Arztes, der eine neue Arznei zunächst einem Hund eingäbe, ehe er sie menschlichen Wesen verordnete. Er schrieb damals den »Letter concerning the sacramental Test«, der ihn um jede Aussicht brachte, durch das bestehende Whigministerium je zu einem seinen Fähigkeiten entsprechenden Amt zu gelangen. Es ist natürlich Unsinn, wenn zugleich behauptet wurde, diese Stellungnahme bedeute einen Abfall von seiner politischen Partei. Denn Swift ist im letzten Grunde niemals Parteimann gewesen. Er war, politisch betrachtet, vielfach der Freund seiner Freunde, vor allem aber ein Mann der Kirche. Wenn er zu den Torys »überging«, so geschah es nur, weil er von ihnen mehr für die Kirche erhoffte. Swifts Campagne gegen die Aufhebung der Testakte, die er 1731 von neuem begann, als eine dahingehende Vorlage im irischen Parlament zur Beratung stand, trug viel zum Sturz des Entwurfs bei. Das Gesetz ist erst 1828 gefallen.

[1] Tindal: Swift kritisierte das obengenannte Buch in einer besonderen Schrift: »Anmerkungen zu einem Buch mit dem Titel: Die Rechte der christlichen Kirche usw.« Das

schen Glauben versöhnt; und wie es sich an hundert Stellen in seiner Abhandlung zeigt, ist er noch immer sein echter Sohn. Vielleicht könnte ich der Zahl noch ein paar andre hinzufügen; aber die Tatsache ist ohnehin unbestreitbar, und die Leute schließen ganz richtig. Denn angenommen, das Christentum werde abgeschafft, so werden die Leute doch niemals ruhn, bis sie eine andre Methode der Anbetung gefunden haben, die ebenso unfehlbar den Aberglauben erzeugen wird, wie all das im Papismus enden muß.

Und wenn es also, allem, was ich gesagt habe, zum Trotz, dennoch für notwendig gehalten wird, einen Gesetzentwurf für die Abschaffung des Christentums einzubringen, so möchte ich in aller Demut eine Verbesserung vorschlagen; man möge nämlich an Stelle des Wortes Christentum das Wort Religion im allgemeinen setzen, denn mir scheint, dadurch werden all die guten Ergebnisse, die die Erfinder versprechen, viel leichter erreicht werden. Denn solange wir einen Gott und seine Vorsehung am Leben lassen, nebst all den notwendigen Folgerungen, die wißbegierige und forschungseifrige Leute aus solchen Voraussetzungen ziehen werden, treffen wir die Wurzel des Übels noch nicht, und wenn wir die gegenwärtige Lehre des Evangeliums noch so energisch vernichten. Denn was soll die Gedankenfreiheit nützen, wenn sie keine Handlungsfreiheit im Gefolge hat, die doch das einzige Ziel aller Einwände gegen das Christentum bleibt, stehe dieses Ziel scheinbar auch in noch so großer Ferne? Und deshalb sehn die Freidenker das Christentum als eine Art Gebäude an, in dem alle Teile so aufeinanderruhn, daß der ganze Bau, wenn man auch nur einen einzigen Nagel herauszieht, zu Boden stürzen muß. Das fand einen glücklichen Ausdruck in den Worten jenes Mannes, der von einem Text gehört hatte, den man zum Beweis der Dreieinigkeit anführte und der in einem alten Manuskript anders lautete. Er griff diesen Wink auf und schloß vermöge der blitzschnellen Ableitung eines Kettenschlusses höchst logisch: »Aber wenn es so ist, wie Sie sagen, so kann ich in aller Ruhe weiter huren und trinken und dem Pastor Trotz bieten.« Daraus, und aus vielen ähnlichen Beispielen, die ich leicht anführen könnte, erhellt meiner Meinung nach nichts klarer, als daß sich der Streit nicht gegen einige besonders schwerverdauliche Punkte

Buch war scheinbar ein Angriff gegen den Katholizismus, in Wahrheit aber gegen das Christentum überhaupt. Nach einer Anekdote sagte Tindal, als er an seinem Werk arbeitete (das übrigens einen großen Erfolg hatte und in weniger als einem Jahr drei Auflagen erlebte), zu einem Freund, er schreibe an einem Buch, das »die Geistlichkeit rasend machen« würde.

der christlichen Lehre richtet, sondern gegen die Religion im allgemeinen; denn da sie der menschlichen Natur Einschränkungen auferlegt, hält man sie für die größte Feindin der Gedanken- und Handelsfreiheit.

Wenn man es aber schließlich immer noch als für Kirche und Staat vorteilhaft ansieht, daß das Christentum abgeschafft wird, so scheint es mir doch, als sei es geratener, die Ausführung des Plans auf eine Zeit des Friedens zu verschieben und nicht in der gegenwärtigen Lage unsere Verbündeten vor den Kopf zu stoßen; es trifft sich leider so, daß sie alle Christen sind; und viele von ihnen sind vermöge der Vorurteile ihrer Erziehung so bigott, daß sie eine Art Stolz in diesen Namen setzen. Wenn sie uns verleugnen und wir auf ein Bündnis mit dem Türken rechnen sollen, so werden wir sehn, daß wir in einem großen Irrtum befangen sind. Denn erstens haust er in zu großer Ferne, und er ist fast immer in Kriege mit dem persischen Kaiser verwickelt; und zweitens würde sich sein Volk noch mehr über unsern Unglauben entrüsten als unsere christlichen Nachbarn. Denn die Türken beobachten nicht nur streng die Regeln ihres Gottesdienstes, sondern, was noch schlimmer ist, sie glauben auch an einen Gott; soviel verlangt man nicht einmal von uns, wenn wir den Namen Christen auch beibehalten.

Doch um zum Schluß zu kommen. Welche großen Vorteile für den Handel sich manche auch von diesem Plan versprechen, so fürchte ich doch sehr, daß sechs Monate nach Erlaß des Gesetzes über die Ausrottung des Evangeliums die Bank von England und die Ostindische Kompagnie um mindestens ein Prozent fallen werden. Und da das fünfzigmal mehr ist, als die Weisheit unserer Zeit für die Erhaltung des Christentums je aufs Spiel zu setzen für geraten hielt, so ist auch kein Grund vorhanden, weshalb wir uns so große Verluste auferlegen sollten, einzig, um es vernichten zu können.

Politik und Moral

Ein kurzer Charakterzug Seiner Exzellenz Thomas, Earl of Wharton, Lord Lieutenants von Irland

Thomas, Earl of Wharton, Lord Lieutenant von Irland, hat kraft seiner wundervollen Konstitution seit Jahren schon den Höhepunkt seines Lebens überschritten, und doch hat bei ihm das hohe Alter an Körper und Geist keine Spur hinterlassen und hat die beständige Übung all jener Laster, die gewöhnlich Leib und Seele schwächen, ihn nicht zermürbt. Er hat in allen Dingen das Benehmen eines jungen Mannes von 25 Jahren. Ob er nun spazierengeht, pfeift, flucht, obszöne Reden führt, schimpft, so nimmt er es jedesmal mit jedem Studenten der Rechte im sechsten Semester auf. Im Stil und dem Gehabe eines solchen beschimpft er seinen Kutscher mitten in den Straßen einer Stadt, in der er, der Herr über ein Königreich, residiert. Und alles bleibt ohne Folgen, weil das alles in seinem Charakter liegt und niemand anderes von ihm erwartet. Er scheint nur ein schlechter Schauspieler und ein schlechter Lügner zu sein, obgleich Verstellung und Lüge die beiden Talente sind, die er am meisten übt und auf die er sich am meisten einbildet. Was er durch Lüge gewonnen hat, hat er mehr durch häufiges als geschicktes Lügen erreicht. Seine Lügen werden manchmal in einer Stunde, häufig binnen eines Tages und immer binnen einer Woche offenkundig. Er erzählt seine Lügen zwanglos in gemischter Gesellschaft, obwohl er weiß, daß viele der zuhörenden Anwesenden seine Feinde sind, obwohl er gewiß ist, daß die Unwahrheit schon offenkundig ist, kaum daß sie ihn verlassen haben. Er schwört feierlich, daß er einen liebt und ihm helfen will, und sagt doch anderen, sobald man ihm nur den Rücken gewandt hat, daß man ein Hund und Lump sei. Er geht regelmäßig zum öffentlichen Gottesdienst und führt doch schon an der Türe der Kirche obszöne und gotteslästerliche Reden. In der Politik ist er ein Presbyterianer, in der Religion ein Atheist; aber im Augenblick zieht er es vor, mit einer Papistin zu huren. In seinem Umgang mit den Menschen folgt er nur einer Regel, nämlich den Verstand zu verwirren. Dafür hat er nur ein Rezept, eine Mischung von Lügen und Schwüren. Dieses Rezept wendet er unterschiedslos auf kleine Bauern und große Minister an. Dadurch werden die Harmlosen und Ehrlichen oft getäuscht oder amüsiert, und er erreicht beide Male, was er wollte. Er nimmt dir heute offen dein Amt, weil du nicht zu seiner Partei gehörst, morgen wird er dir entgegentreten oder nach dir senden, als ob nichts geschehen wäre. Er wird mit großer Freundlichkeit die Hand auf deine Schultern legen, mit der größten Ruhe und Vertraulichkeit in der Welt dir erzählen, daß die feindliche Partei im Parlament etwas beabsichtige, daß du bestimmt bei der Sitzung anwesend sein müßtest und alle deine Freunde bearbeiten sollst, obwohl er weiß, daß du und deine Freunde gerade in dieser Sache gegen ihn sind. Das mag absurd, lächerlich und grob erscheinen, und doch hat er es oft für nützlich befunden. Manche Menschen sind so ungeschickt und schüchtern, daß sie nicht wissen, wie sie nun plötzlich Nein sagen sollen. Jeder Mensch hat etwas zu fürchten oder zu hoffen, und das hindert ihn, es bei mächtigen Leuten zum Äußersten zu treiben, auch wenn er noch so sehr herausgefordert wird. Wharton hat sein Vermögen durch die versuchte Vernichtung eines Reiches geschaffen und es durch die weit vorangetriebene eines zweiten vermehrt. Mit einem gesunden Verstand, einer großen Redefertigkeit, ganz gutem Geschmack, nicht geistlos ist er allgemein der schlechteste Gesellschafter der Welt. Seine Gedanken werden völlig durch das Laster oder die Politik absorbiert, so daß Schweinereien und Geschäfte sein ganzes Gespräch ausfüllen. Um seinen lasterhaften Trieben zu frönen, sucht er sich willfährige Günstlinge aus, die zu nichts anderem Talent haben, als ihn mit all den Obszönitäten zu unterhalten, die in der Stadt im Schwange sind. Was die Geschäfte anbelangt, so soll er dabei besonders geschickt sein, wenn es auf die Intrige ankommt. Er scheint die Talente seiner Jugend für die Intrige mit Frauen auf die öffentlichen Angelegenheiten übertragen zu haben. So mancher junge eitle Kerl riskiert seinen Hals, um als ein gewaltiger Kavalier zu erscheinen, und klettert zu einer gewöhnlichen Hure um Mitternacht die Wände hoch durch das Fenster, wohin er ebensogut am hellen Tag und über die Treppe hätte gelangen können. Ebenso tut Seine Exzellenz – sei es um sich in Übung zu halten oder um das Ansehen seiner politischen Fähigkeiten zu steigern –, als ob er die dunkelsten, schwierigsten und verschlungensten Pfade gehe, auch in den gewöhnlichsten auf gewöhnliche Weise zu erledigenden Angelegenheiten, die ihren Gang gehen, ob er nun eingreift oder nicht.

Er erträgt die Zärtlichkeiten seiner Frau mit der Gleichgültigkeit eines Stoikers; er glaubt, diese seien dadurch genügend belohnt, daß er ihr Kinder zur Erhaltung seiner Familie schenkt und meint, sich nicht der Mühe unterziehen zu brauchen, Vater zu sein.

Er hat drei beherrschende Leidenschaften, die man selten in demselben Mann vereinigt findet, da sie aus verschiedenen Antrieben seines Geistes entspringen und normalerweise sich gegenseitig behindern: die Liebe zur Macht, zum Geld und zum Laster. Sie beherrschen ihn manchmal nacheinander und manchmal zusammen. Seit er nach Irland gekommen ist, scheint er am meisten von der zweiten Leidenschaft besessen zu sein. Er hat dabei großen Erfolg gehabt und in einer Statthalterschaft von nicht ganz zwei Jahren fünfundvierzigtausend Pfund errafft, von denen er nach einer nachsichtigen Schätzung die eine Hälfte auf normalem Wege und die andere Hälfte durch Schiebung erworben hat.

Nie ist es von ihm bekannt geworden, daß er ein Versprechen entweder verweigert oder gehalten hat... aber hier möchte ich zwischen einem Versprechen und einem Geschäft unterscheiden; denn das Geschäft wird er, wenn man ihm genügend geboten hat, sicherlich erfüllen.

Über die Kunst der politischen Lüge

E quibus hi vacuas implent sermonibus aures,
Hi narrata ferunt alio: mensuraque ficti
Crescit, et auditis aliquid novus adjicit auctor,
Illic Credulitas, illic temerarius Error,
Vanaque Laetitia est, consternatique Timores,
Seditioque recens, dubioque auctore Susurri.

Meine Freunde haben mich durch beharrliche Bitten dazu bewogen, den Aufsatz, den ich in der letzten Ausgabe meiner Zeitung begonnen hatte, zu unterbrechen und einen »Versuch über die Kunst des politischen Lügens« zu schreiben. Man sagt uns, daß der Teufel der Vater der Lüge ist und vom Anfang her ein Lügner war. Diese Erfindung ist also zweifellos alt, und der erste Versuch des Teufels war außerdem rein politisch. Er diente dazu, das Ansehen seines Herrn zu unterhöhlen und den dritten Teil seiner Untertanen vom Gehorsam abzubringen. Dafür wurde Luzifer aus dem Himmel ausgestoßen, wo er (wie Milton es ausdrückt) Vizekönig einer großen westlichen Provinz war. Er muß seine Fähigkeiten jetzt in den unteren Bezirken betätigen, und zwar bei den anderen gefallenen Engeln oder den armen betrogenen Menschen, die er noch täglich zu seiner eigenen Sünde verführt und weiter versuchen wird, bis er im bodenlosen Abgrund an die Kette kommt.

Aber wenn auch der Teufel der Vater der Lüge ist, so scheint er doch, wie alle großen Erfinder, durch die beständigen großen Verbesserungen, die nach ihm gemacht wurden, viel von seinem Rufe verloren zu haben.

Wer als Erster die Lüge zu einer Kunst gemacht und sie in der Politik angewandt hat, geht aus der Geschichte nicht ganz klar hervor, obwohl ich einige eifrige Nachforschungen angestellt habe. Darum werde ich sie nur nach dem zeitgemäßen Verfahren betrachten, wie es in den letzten zwanzig Jahren im südlichen Teil unserer Insel entwikkelt worden ist. Die Dichter erzählen uns, daß die Erde, nachdem die Riesen von den Göttern überwältigt waren, aus Rache einen letzten Sproß, die Fama, hervorbrachte. Die Fabel wird so gedeutet, daß immer, wenn Tumult und Aufruhr zur Ruhe gebracht worden sind, Gerüchte und falsche Nachrichten in Unmengen im Volk verbreitet werden. Nach dieser Auslegung ist also die Lüge das letzte Hilfsmittel einer geschlagenen, niedrigen und rebellischen Partei im Staate. Aber die Heutigen sind hier weiter vorgedrungen. Sie haben diese Kunst benutzt, um die Macht zu gewinnen und zu bewahren, und ebenso, um sich zu rächen, sobald sie unterlegen sind. Auch die Tiere brauchen die gleichen Werkzeuge, um sich Nahrung zu verschaffen, wenn sie hungrig sind, und um zu beißen, wenn man auf sie tritt.

Dieser gleiche Stammbaum gilt aber nicht immer für die politische Lüge. Ich möchte ihn daher etwas veredeln, indem ich ein paar Einzelheiten über ihre Geburt und Eltern hinzufüge. Eine politische Lüge kommt manchmal im Kopfe eines abgewirtschafteten Staatsmannes zur Welt und wird von ihm losgelassen, um beim Pack gepflegt und gehätschelt zu werden. Manchmal wird sie als Monstrum geboren und in die richtige Form geleckt, bei anderer Gelegenheit erscheint sie in vollständiger Gestalt und wird beim Ablecken verdorben. Oft wächst sie ganz regelmäßig wie ein Kind heran und braucht Zeit, um auszureifen. Oft tritt sie auch ausgewachsen ans Tageslicht, schwindet aber allmählich dahin. Zuweilen ist sie von hoher Abkunft und manchmal das Gezücht eines Börsenjobbers. Hier schreit sie schon laut bei der Geburt, dort wird sie flüsternd hervorgebracht. Ich kenne eine Lüge, die jetzt mit ihrem Lärm das halbe Königreich in Aufregung bringt. Sie ist heute zu stolz und groß, um sich zu ihren Eltern zu bekennen, aber ich kann mich noch gut an ihre Flüsterzeit erinnern. Zur Geburt dieses Untiers, nämlich der Lüge, noch eine abschließende Bemerkung: Wenn es ohne Stachel auf die Welt kommt, wird es totgeboren, sobald es den Stachel verliert, stirbt es.

Es überrascht nicht, daß ein Kind, das schon so wunderbar geboren wird, zu großen Abenteuern bestimmt ist, und so sehen wir, daß die Lüge fast zwanzig Jahre lang der Schutzgeist der herrschenden Partei gewesen ist. Sie kann Königreiche ohne Kampf erobern und manchmal sogar mit Verlust einer Schlacht. Sie kann Ämter geben und nehmen, einen Berg zu einem Maulwurfshaufen zusammensinken lassen und einen Maulwurfshaufen zu einem Berg erheben. Sie hat viele Jahre lang bei den Wahlausschüssen den Vorsitz geführt, kann einen Neger weißwaschen, aus einem Atheisten einen Heiligen machen und aus einem Verworfenen einen Patrioten. Sie kann auswärtige Minister mit Nachrichten versorgen und das Ansehen der Nation steigern oder herabsetzen. Sie fliegt als Göttin umher, mit einem mächtigen Spiegel in den Händen, um die Massen zu blenden und ihnen, je nachdem, wie sie ihr Werkzeug hält, Nutzen im Schaden oder Schaden im Nutzen zu zeigen. In diesem Spiegel entdeckt man seine Freunde in Mänteln, mit den Lilien Frankreichs und mit Papstkronen übersät, die Gürtel mit Ketten und Rosenkränzen behängt, und in hölzernen Schuhen. Seine schlimmsten Feinde aber sieht man mit den Zeichen der Freiheit, des Besitzes, der Schonung und Mäßigung geschmückt und mit einem

Füllhorn in den Händen. Die langen Schwingen der Göttin gleichen denen eines fliegenden Fisches und sind nur zu gebrauchen, solange sie feucht gehalten werden. Deshalb taucht sie die Flügel in den Schmutz und verspritzt ihn in die Augen der Menge, wenn sie sich erhebt und mit großer Geschwindigkeit dahinfliegt. Aber alle Augenblicke muß sie wieder auf schmutzige Wege hinab, um sich neuen Vorrat zu holen.

Manchmal dachte ich, wenn doch ein Mensch die Gabe des zweiten Gesichts für Lügen hätte, so wie einzelne Schotten Geister sehen! Wie prächtig könnte er sich in dieser Stadt unterhalten! Er würde die verschiedene Form, Farbe und Größe der Lügenschwärme beobachten können, die um die Köpfe einiger Leute schwirren wie die Fliegen im Sommer um die Ohren des Pferdes. Er sähe die Legionen, die jeden Nachmittag über der Börsengasse schweben, zahlreich genug, um den Himmel zu verdunkeln. Er würde eine Unzahl von ihnen über einem Klub unzufriedener großer Herren kreisen sehen und erkennen, wie man sie von dort her in ganzen Ladungen hinunterschickt, um sie bei zahlreichen Wahlen auszustreuen.

Ein politischer Lügner unterscheidet sich in einem wesentlichen Punkt von seinen Geistesverwandten. Er braucht nur ein kurzes Gedächtnis; je nach den verschiedenen Anlässen, die ihm in jeder Stunde begegnen, muß er von sich selbst abweichen und beide Seiten eines Widerspruchs beschwören können. Es hängt ganz davon ab, wie die Personen, mit denen er zu tun hat, eingestellt sind. Bei der Beschreibung der Tugenden und Laster der Menschheit ist es in jedem Abschnitt der Rede angebracht, sich irgendeine hervorragende Persönlichkeit vorzunehmen, die sich als Beispiel und Muster verwenden läßt. Ich halte mich immer streng an diese Regel, und meine Einbildungskraft führt mir in diesem Augenblick einen gewissen großen Mann vor, der wegen seiner Begabung zur Lüge berühmt ist. Ihrer ständigen Anwendung verdankt er seinen zwanzig Jahre alten Ruf. Er gilt nämlich als der geschickteste Kopf in England, wenn heikle Geschäfte durchgeführt werden müssen. Die Überlegenheit seines Geistes besteht nur in seinem unerschöpflichen Vorrat politischer Lügen, aus dem er, sobald er spricht, freigiebig und unaufhörlich spendet. Er vergißt seine Lügen in einer Großzügigkeit ohnegleichen und widerspricht sich folglich schon in der nächsten halben Stunde. Er hat noch niemals überlegt, ob ein Vorschlag oder eine Behauptung richtig oder falsch war, sondern nur, ob es im gegenwärtigen Augenblick oder bei der anwesenden Gesellschaft zweckdienlich wäre, zuzustimmen oder abzulehnen. Sucht man aber hinter seine Schliche zu kommen, indem man alle seine Worte ins Gegenteil umdeutet, wie man es mit Träumen macht, so muß man immer noch suchen und wird sich weiterhin getäuscht finden, ob man ihm nun glaubt oder nicht. Am einfachsten stellt man sich vor, nur einige unverständliche und sinnlose Laute gehört zu haben. Damit verliert sich auch der Abscheu vor den Beteuerungen, mit denen er jede Behauptung an beiden Enden verbrämt. Und doch könnte man ihn nicht rechtmäßig wegen Meineides in Strafe nehmen, wenn er Gott und Christus anruft. Er hat nämlich häufig deutlich und öffentlich der Welt zu verstehen gegeben, daß er weder an den einen noch an den anderen glaubt.

Nun könnte man annehmen, daß eine solche vollendete Fertigkeit weder ihrem Besitzer noch seiner Partei sehr zu nützen vermöge, nachdem sie durch häufige Anwendung bekannt geworden ist. Diese Annahme ist ein Irrtum. Nur wenige Lügen tragen das Kennzeichen des Erfinders, und der schändlichste Feind der Wahrheit kann Tausende verbreiten, ohne daß man ihn als ihren Urheber erkennt. Der gemeinste Schriftsteller hat ebenso seine Leser wie der größte Lügner seine gläubigen Anhänger. Oft geschieht es, daß eine Lüge nur eine Stunde lang geglaubt zu werden braucht, um ihr Werk zu tun; sie hat dann keinen Sinn mehr. Die Falschheit fliegt, und die Wahrheit kommt hinterhergehinkt. Werden die Menschen dann die Täuschung gewahr, ist es bereits zu spät; der Stich hat längst gesessen, und die Lügengeschichte hat ihre Wirkung getan. Das ist wie bei einem Mann, der sich eine schlagfertige Antwort ausgedacht hat, wenn das Thema bereits gewechselt und die Gesellschaft getrennt worden ist; oder wie bei einem Arzt, der eine unfehlbare Medizin fand, nachdem der Patient gestorben war.

In vielen Menschen habe ich die natürliche Neigung zum Lügen erkannt und bedacht, daß Unzählige daran glauben. Dadurch geriet ich in Verlegenheit, was ich mit dem Grundsatz: »Die Wahrheit siegt«, den jeder so häufig im Munde führt, anfangen sollte. Unsere Insel hier hat beinahe zwanzig Jahre lang unter dem Einfluß von Ratschlägen und Personen gestanden, deren Sinn und Ziel es war, unsere Sitten zu verderben, unsere Einsicht zu blenden, unseren Reichtum auszusaugen und mit der Zeit unsere Kirchen- und Staatsverfassung zu zerstören. Schließlich wurden wir bis hart an den Rand des Untergangs gebracht. Wegen der ständigen Verdrehungen sind wir aber niemals in der Lage gewesen, zwischen unseren Freunden und Feinden zu unterscheiden. Wir haben gesehen, wie ein großer Teil des Volksvermögens in die Hände von Leuten geriet, die durch Geburt, Erziehung und Verdienste allenfalls ein Anrecht auf eine Dienerstelle hatten. Andere dagegen, die durch Beliebtheit, Rang und Reichtum das Ansehen und den Erfolg der Revolution gesteigert hätten, wurden nicht nur als gefährlich und nicht verwendungsfähig beiseite geschoben, sondern noch mit den schändlichsten Vorwürfen belastet. Sie sollten Jakobiten, Männer unsicherer Haltung und Empfänger französischer Bestechungen gewesen sein. Ich erinnere mich gut, wie die Whigs sich immer wieder darüber beklagten, daß die Mehrzahl der Grundbesitzer nicht auf ihrer Seite stehe. Die Klügsten von ihnen betrachteten dies als ein schlechtes Vorzeichen, und wir erkannten, daß sie nur mühsam die Mehrheit bewahren konnten, solange der Hof und die Geistlichkeit auf ihrer Seite standen. Dann aber kamen sie auf den wundervollen Ausweg, bei Wahlentscheidungen nachzuhelfen und weit entlegene Wahlbezirke durch »nachdrückliche Parolen« zu beeinflussen. Das alles war nichts anderes als Gewalt und Zwang, die durch äußerst geschickte Kunstgriffe und Maßnahmen aufrechterhalten wurden. Endlich aber begriff das Volk, daß sein Eigentum, seine Religion und das Königtum selbst in Gefahr waren, und es erfaßte eifrig die erste Gelegenheit zum Eingreifen. Auf diesen mächtigen Umschwung in der Volksstimmung werde ich demnächst ausführlich eingehen. Dabei will ich mich bemühen, den Betrogenen und den Betrügern selbst klaren Wein einzuschenken, damit sie sich keine falschen Hoffnungen machen oder behaupten, es handele sich nur um einen kurzen Rausch der Volksmenge, von dem sie sich wohl bald erholen würde. Ich glaube aber, daß der Umschwung in seinen Ursachen, seinen Anzeichen und seinen Folgen etwas völlig anderes ist. Er wird sich als ein gewaltiges Beispiel für den eben erwähnten Grundsatz erweisen, daß schließlich doch »die Wahrheit siegt«.

Das Verhalten der Verbündeten und des letzten Ministeriums bei der Entfesselung und Führung des Krieges

Es ist die Narrheit nur zu vieler Menschen, das Echo eines Londoner Kaffeehauses für die Stimme des Reiches zu halten. Die Londoner Kaffeehäuser wimmeln seit einigen Jahren von Menschen, deren Vermögen von der Bank von England und von Papieren der Ostindischen Gesellschaft und dergleichen abhängt. Jedes neue Papier ist für sie, was ein Pfand für den Wucherer ist. Und des Wucherers Mitleid mit einem jungen Erben ist genauso groß wie das der Börsenjobber mit dem grundbesitzenden Adel. In der Gegend des Hofes werden die gleichen Lokale von erwerbslosen Leuten besucht, die deshalb Feinde des gegenwärtigen Ministeriums sind. Dazu kommen Offiziere, die es gleichfalls sind. Was Wunder also, daß dort gegen jeden Frieden geschrien wird, ganz gleich, ob mit oder ohne Spanien. Das heißt mit anderen Worten: die Mißvergnügten wünschen einen neuen Wechsel des Ministeriums; die Soldaten möchten ihre Ämter behalten; die Gläubiger haben noch Geld und möchten, daß die Schuldner zu den alten Wucherzinsen weiterborgen, solange sie noch irgendeine Sicherheit geben können.

Um selbst dem unwissendsten Leser einen Begriff unserer gegenwärtigen Lage zu geben, ohne ihn oder uns dabei mit komplizierten Zahlenrechnungen zu belästigen, so weiß jedermann, daß sich unsere Land- und Malzsteuer auf zweieinhalb Millionen im Jahre beläuft. Alle übrigen Einkünfte der Krone sind bereits für die Zinsen unserer Schulden verpfändet. Die jährlichen Kosten des Krieges betragen im Durchschnitt sechs Millionen. Um diese Summe zusammenzubringen, müssen wir mit Hilfe des Staatskredites dreieinhalb Millionen aufnehmen. Im letzten Jahr sind die Kosten des Krieges schätzungsweise um eine Million höher gewesen, als alle Staatseinkünfte, die das Parlament sich ausdenken kann, zu verzinsen vermögen. Wir mußten daher ein Defizit von einer Million zweihunderttausend Pfund Sterling auf die Ausgaben verteilen. Da haben wir den Beweis, daß das Geld für die Fortführung des Krieges nicht mehr zu beschaffen ist, wenn wir nicht die Malzsteuer verpfänden oder eine ähnliche verzweifelte Maßregel treffen.

Wenn in diesem Winter der Friede geschlossen wird, müssen wir überlegen, wie wir eine Schuld von fünzig Millionen tilgen sollen. Das ist ein Viertel des Preises, für den man die ganze britische Insel bekäme.

Um uns von dieser ungeheuren Last zu befreien, müssen ein paar Tilgungsraten wegfallen oder so bemessen werden, daß das Kapital in dreißig oder hundert Jahren getilgt wird. Der Hauptteil der Schuld muß, so gut es geht, aus dem Rest der Land- und Malzsteuer abbezahlt werden, der übrigbleibt, wenn Truppen und Garnisonen bezahlt und die Kosten für unsere Friedensflotte aufgebracht sind. Ich bin nicht geschickt genug, auszurechnen, was nach Bestreitung dieser notwendigen Ausgaben übrigbleibt, um eine so ungeheure Schuld zu tilgen. Ich vermute aber, daß es sehr wenig sein wird. Immerhin aber ist es klar, daß diese beiden Steuern fortbestehen müssen, denn die Staatskosten müssen aufgebracht werden, und wir haben kein anderes Mittel, um die Schuld zurückzubezahlen. Auch die anderen Steuern, mit denen wir die Zinsen bezahlen, müssen bestehen bleiben. Andere mögen bestimmen, wieviel Zeit dazu nötig ist, wie ruhig das Staatsleben und wie ungestört die Geschäfte verlaufen müssen, damit dies zustande gebracht werden kann.

Manche Leute finden es zwar sehr vernünftig. Der Kampf geht, meinen sie, um Frieden und Sicherheit, und deshalb sollte die Nachwelt, die an dem Nutzen teil hat, auch einen Teil der Kosten tragen. Als ob die Lage beim Ausbruch dieses Krieges einmalig gewesen wäre! Es ist seltsam, daß unsere Vorfahren in all ihren Kriegen nie in eine derartige Notwendigkeit geraten sind, daß wir in der Geschichte Griechenlands und Roms kein Beispiel dafür finden, daß außer Spanien vor hundertzwanzig Jahren keine andere Nation Europas je dergleichen gekannt hat (Spanien hat diese Notwendigkeit nur durch eigene Narrheit auf sich geladen und hat seitdem ewig darunter leiden müssen). Zweifelsohne werden wir durch ein derartiges Vorgehen die Nachwelt zur Vernunft bringen; aber sie wird vielleicht finden, daß dies zu teuer bezahlt ist. Ich wünsche nur, daß sie sich auch an das Geschäft gebunden hält, das wir in ihrem Namen abgeschlossen haben.

Es ist leicht, kommenden Geschlechtern Schulden zu vermachen und zu hoffen, daß sie bereit und imstande sein werden, sie zu bezahlen. Es ist aber schwer zu sehen, wie wir den Frieden auf lange Zeit hinaus sichern sollen. Wird die menschliche Natur jemals aufhören, von denselben Leidenschaften bewegt zu werden? Werden Fürsten jemals ohne habgierige oder ehrgeizige Pläne sein? Wird jeder Anlaß zum Streit aus der Welt schwinden? Können wir nicht selbst durch den Wandel der Dinge und der Zufälle, wie er in der Welt geschieht, in die Notwendigkeit geraten, daß wir gerade denen befestigte Plätze wieder entreißen müssen, um deretwillen wir im Augenblick unser Land zugrunde richten? Unsere Feinde aber werden kaum in derselben schlechten Lage sein wie wir selbst. Die Eigentümlichkeit unserer Stellung und die starke Beanspruchung durch unsere Bundesgenossen bringen es mit sich, daß wir schneller erschöpft werden als unsere Verbündeten und unsere Feinde. Unsere Staatsverfassung, unsere Sittenverderbnis und das Unheil unserer Parteigegensätze aber bewirken, daß wir uns nach dem Kriege auch noch dazu langsamer erholen.

Es wird für unsere Enkel zweifelsohne ein gewaltiger Trost sein, wenn sie in der Westminister Hall ein paar Fetzen hängen sehen, die uns Hunderte von Millionen gekostet haben. Sie werden die Schulden dafür bezahlen und wie Bettler damit prahlen, daß ihre Großväter reich und mächtig waren.

Ich habe oft über den falschen Begriff des Kredits nachgedacht, den die Fürsprecher des letzten Ministeriums auf den Schild erhoben. Gründet sich nicht der ganze Kredit einer Nation auf die Abgaben, die man von den so gehaßten und verachteten Besitzern von Grund und Boden eintreibt? Wird nicht der größte Teil dieses Geldes vom Wachstum und Ertrag des Landes erhoben? Müssen nicht die ganzen Kriegsschulden und die Kosten für den Unterhalt von Flotte und Heer nach dem Friedensschluß von der Land- und Malzsteuer bezahlt werden? Sie nennen es Kredit, daß man sich ohne Bürgschaft des Parlaments in Schulden von vielen Millionen stürzt, um dann die Nation um fast die Hälfte ihrer Darlehen zu betrügen. Ich muß aber einen derartigen Kredit für gefährlich, rechtswidrig, ja hochverräterisch erklären. Nichts hat so sehr dazu beigetragen, die Nation zugrunde zu richten, wie ihr gepriesener Kredit. Beim Wechsel des Ministeriums sah ich, wie dieser falsche Kredit plötzlich erschüttert wurde, und ich war eigenwillig genug, darin ein gutes Vorzeichen zu sehen. Es war, als hätte der junge verschwenderische Erbe einen neuen Gutsverwalter erhalten und beschlossen, besser hauszuhalten, ehe die Dinge verzweifelt würden. Und es war auch, als ob daraufhin die Wucherer ihr Geld nicht mehr in seinen Rachen werfen wollten.

Die Finanzleute lieben ja den Krieg so außerordentlich. Da würde es mich freuen, wenn sie einen einzigen Feldzug auf ihre Kosten führen würden. Mehr als sechs bis sieben Millionen Pfund kostet er ja nicht. Ich wette aber, so wie die Grundbesitzer werden sie ihr Geld nicht geben wollen. Sie werden nachher das Kapital mit Zins und Zinseszinsen zurückverlangen.

Ohne eine solche Hilfe oder ein anderes derartiges Wunder ist es unmöglich, den Krieg im selben Maßstab fortzuführen. Ich habe bereits bemerkt, daß die letzte Zinszahlung um eine Million zu wenig war, obwohl die gewandtesten Finanzpraktiker ihre ganze Erfindungsgabe aufboten. Im nächsten Feldzug müssen wir daher notgedrungen in unseren Anstrengungen noch mehr nachlassen. Vielleicht aber werden unsere Verbündeten dies durch eine erhöhte Anstrengung ihrerseits ausgleichen? Ganz im Gegenteil! Der Kaiser und Holland haben schon in diesem Jahre mehrere Artikel des Bündnisvertrages nicht mehr erfüllt. Schon vor längerer Zeit haben sie uns bedeutet, daß sie im nächsten Jahre das frühere Verhältnis der Leistungen nicht mehr aufrechterhalten könnten. Wir haben für Holland eine großartige Grenze erobert, und Holland braucht und wünscht nun nichts mehr. Der Kaiser möchte zwar als sanguinisch erscheinen, er wird sich aber, glaube ich, lieber mit Neapel, Sizilien, Mailand und seinen anderen Eroberungen begnügen, als sich in die Eroberung Spaniens und damit in einen endlosen, hoffnungslosen Krieg einlassen, in dem ihm seine Verbündeten, die Holländer, weder äußere noch moralische Hilfe leisten werden. Wir haben die Arbeit getan, nun haben wir keine Verwendung mehr für unsere Waffen und besitzen kein Geld mehr für sie. Wir verlangen weder Lohn noch Dank, und man sollte uns in Gnaden entlassen und uns erlauben, an uns selbst zu denken. Sie sind für den Frieden reif; denn sie wollen das genießen und auf dem bauen und säen, was wir für sie erobert haben. Aber auch wir sind für den Frieden reif, denn wir wollen uns möglichst von der Last ihrer Hartherzigkeit erholen. Frankreich hat England seine ersten guten und ehrenhaften Friedensvorschläge gemacht. Wir haben die Last des Krieges getragen und sollten vernünftigerweise auch beim Frieden das erste Wort haben. Wenn wir auf den Friedensvorschlag nicht hören, werden es die anderen sicher tun. Sie werden uns, wie im Kriege auch, den Wind aus den Segeln nehmen. Die Holländer haben uns bekanntlich des öfteren gedroht, Sonderfriedensverhandlungen einzuleiten. Mit diesem Argument und anderen mächtigeren Beweggründen haben sie die damaligen Machthaber Englands zu bestimmen vermocht, sich ihnen lieber bedingungslos zu fügen, als einen Krieg zu beenden, der den Holländern Jahr für Jahr einen derartigen Zuwachs an Reichtum und Macht bescherte. Gleichgültig, wer von den Verbündeten abfällt: der Friede muß kommen. Dann müssen wir uns mit den Bedingungen zufriedengeben, die unseren Verbündeten in ihrer großen Sorge um unsere

Sicherheit und unser Interesse belieben. Sie haben keinen Grund mehr zum Kampf. Sie haben ihr Ziel erreicht. Jetzt sagen sie, es sei unser Krieg. Aber es ist nur gerecht, daß es auch unser Friede sei.

Alles, was wir durch die verzweifelte Maßregel einer Verpfändung unserer Land- und Malzsteuer oder die Erhebung einer allgemeinen Akzise erreichen können, ist allein, einen Zinsfonds anzulegen, mit dem wir uns dann um jährlich weitere vier Millionen mehr in Schulden stürzen dürfen. Dabei besteht nicht die mindeste Aussicht, daß wir in diesem Krieg jemals wieder ein so günstiges Ergebnis erzielen können wie im Augenblick. Wenn wir die einzigen noch unangetasteten Einkünfte der Nation weggegeben haben, dann werden wir unsere Last ewig zu tragen haben.

Wir haben bisher von Auskunftsmitteln gelebt, die auf die Dauer jede Konstitution, die von Staaten und Menschen gleichermaßen, zugrunde richten müssen. Kein Land der Christenheit hat so wenig Anlaß dazu wie wir. Wir haben einen gesunden Leib hungern lassen, bis er schwindsüchtig wurde; denn wir haben ihm statt Nahrung Arznei verabfolgt. Die ärztliche Kunst kann uns nicht länger helfen. Wenn wir uns selbst nicht dadurch helfen können, daß wir die uns verbliebenen Kräfte der Natur wirken lassen, müssen wir unweigerlich sterben...

Gedanken und Sprüche

Allgemeine Regeln für Dienstboten

Wenn der Herr oder die Dame einen Bedienten mit Namen ruft, der gerade nicht anwesend ist, so braucht keiner von euch zu antworten, weil sonst die Schinderei kein Ende hat. Die Herrschaften selbst meinen ja, es genüge, wenn ein Dienstbote kommt, sobald er gerufen wird.

Wenn du etwas angestellt hast, so sei immer frech und unverschämt und benimm dich, als seist du beleidigt worden. Dein Herr oder die Dame des Hauses werden sich dann sofort weniger aufregen.

Siehst du, daß ein anderer Dienstbote deinem Herrn schadet, so verbirg es sorgfältig; man könnte dich sonst für einen Zuträger halten. Eine Ausnahme bildet jedoch ein begünstigter Diener. Das ganze Haus haßt ihn mit Recht. Deshalb ist man schon aus Klugheit verpflichtet, alle Verfehlungen ihm in die Schuhe zu schieben.

Der Koch, der Butler, der Reitknecht, der Einholer und jeder andere Dienstbote, der an den Ausgaben der Familie beteiligt ist, sollte so handeln, als ob das ganze Einkommen des Herrn nur für seine besondere Verrichtung zu verwenden wäre. Wenn zum Beispiel der Koch den Baraufwand seines Herrn auf tausend Pfund im Jahre schätzt, schließt er höchst vernünftig daraus, daß man mit tausend Pfund jährlich genug Fleisch kaufen kann und daher nicht gespart zu werden braucht. Der Butler überlegt ebenso, und der Reitknecht sowie der Kutscher denken nicht anders. So wird jede Möglichkeit, Geld auszugeben, zur Ehre des Herrn voll ausgenutzt.

Wirst du vor anderen ausgescholten (was ich mit gütiger Erlaubnis deiner Herrschaften für ein unziemliches Verfahren halte), dann kann es oft geschehen, daß ein Fremder so freundlich ist, ein gutes Wort für dich einzulegen. In einem solchen Fall hast du das gute Recht, dich gründlich reinzuwaschen. Du darfst weiter daraus schließen, daß er auch dann unrecht hat, wenn er dich später einmal in einer andern Sache tadeln will. Du wirst sicher hierin bestärkt werden, wenn du deinen Mitbediensteten den Fall auf deine Weise vorträgst. Sie werden sich bestimmt für dich entscheiden. Ich habe es dir schon gesagt: Wenn man dich schilt, so beklage dich, als ob du beleidigt worden wärest.

Manchmal kommt es vor, daß Diener sich bei Botengängen etwas länger aufhalten, als der Auftrag erfordert; sagen wir zwei, vier, vielleicht sechs oder auch acht Stunden oder ein wenig mehr, denn die Versuchung ist groß, und das Fleisch ist schwach. Wenn du dann zurückkommst, tobt der Herr, und die Dame wird giftig. Man redet von Livree ausziehen, durchprügeln und hinausschmeißen. Aber hier solltest du nun mit einem ganzen Vorrat von Entschuldigungen versehen sein. Zum Beispiel: Dein Onkel sei heute früh aus achtzig Meilen Entfernung in die Stadt gekommen, um dich zu besuchen, und führe morgen bei Tagesanbruch wieder fort. Ein Berufskamerad habe dich angepumpt, als er ohne Stelle war, und sei heute morgen nach Irland durchgegangen. Du hättest einem alten Freund und Gefährten, der sich heute morgen nach Barbados eingeschifft habe, Lebewohl gesagt. Du hättest für deinen Vater eine Kuh verhandeln müssen, und bis neun Uhr abends sei kein Käufer gekommen. Du hättest dich von einem teuren Vetter verabschiedet, der am nächsten Samstag gehängt würde. An einem Stein hättest du dir den Fuß verrenkt und drei Stunden in einem Laden sitzen müssen, ehe dir wieder ein einziger Schritt möglich gewesen wäre. Aus einem Dachfenster habe man etwas Abscheuliches auf dich herabgeworfen; du hättest dich geschämt, nach Hause zu kommen, ehe der Schmutz und der üble Geruch beseitigt waren. Du wärest zum Marinedienst gezwungen und vor einen Friedensrichter geschleppt worden, der dich erst drei Stunden später ausgefragt und nach endlosen Scherereien losgelassen habe. Ein Gerichtsdiener hätte dich irrtümlich als Schuldner festgenommen und den ganzen Abend ins Schuldgefängnis gesperrt. Man habe dir erzählt, deinem Herrn sei in einer Schenke ein Unglück zugestoßen, und in deinem Kummer habest du in mehr als hundert Kneipen zwischen der Pall Mall und Temple Bar nach Seiner Gnaden gefragt.

Stelle dich stets auf die Seite der Händler und gegen deinen Herrn. Wenn man dich wegschickt, um etwas zu kaufen, dann bestehe nie darauf, daß man es billiger gebe, sondern bezahle großzügig den vollen Preis. Das ehrt deinen Herrn sehr und bringt dir ein paar Schillinge Taschengeld ein. Bedenke auch, wenn du zuviel ausgibst, daß dein Herr eher den Verlust ertragen kann als ein armer kleiner Händler.

Rühre niemals auch nur mit einem Finger an eine Arbeit, für die du nicht eingestellt bist. Wenn zum Beispiel der Reitknecht betrunken oder verschwunden ist und der Butler die Stalltüre zumachen soll, so lautet die Antwort sofort: »Aber bitte, gnädiger Herr, ich verstehe nichts von Pferden.« Wenn eine Ecke des Wandbehangs mit einem einzigen Nagel wieder festzumachen ist, und der Lakai soll sie wieder anheften, so kann er sagen, daß ihm diese Arbeit nicht liegt und daß der Herr doch nach dem Tapezierer schicken möge.

Die Herrschaften ärgern sich immer mit den Dienstboten herum, weil diese die Türen hinter sich offenlassen. Aber die Herrschaften bedenken nicht, daß Türen offen sein müssen, ehe man sie schließen kann, und daß es doppelte Arbeit ist, eine Tür zu öffnen und wieder zu schließen. Daher tut man am besten, einfachsten und bequemsten weder das eine noch das andere. Wird man aber so häufig damit gepiesackt, die Tür zu schließen, daß man es nicht leicht vergessen kann, dann gibt man der Tür beim Hinausgehen einen solchen Schwung, daß der ganze Raum erschüttert wird und die gesamte Einrichtung ins Wackeln kommt. Die Herrschaften merken dann, daß man ihre Vorschriften genau befolgt.

Sobald du siehst, daß dein Herr oder die Dame des Hauses dir günstig gesonnen sind, mußt du die nächste gute Gelegenheit wahrnehmen, um ihnen in sehr sanfter Form zu kündigen. Fragen sie dann nach dem Grund und bedauern deinen Entschluß, so antworte ihnen, du wärest lieber bei ihnen als sonstwo, aber ein armer Dienstbote sei nicht zu tadeln, wenn er sich verbessern möchte; Dienen sei auch nicht Erben; deine Arbeit sei groß und der Lohn klein. Wenn dein Herr ein bißchen großzügig ist, wird er dir fünf oder zehn Schilling zulegen, um dich zu halten. Weist man dich aber ab, und du möchtest auch nicht weggehen, dann verständige dich mit einem anderen Bedienten. Er erzählt dann deinem Herrn, er habe dir gut zugeredet, und du wolltest noch einmal bleiben.

Was du an guten Bissen besorgen kannst, verwahre für den Dienerschmaus am Abend. Laß auch den Butler teilnehmen, wenn er für die Getränke sorgt.

Schreibe deinen Namen und auch den deiner Braut mit Kerzenrauch an die Decke der Küche oder des Dienerzimmers. Du zeigst damit, wie gebildet du bist.

Wenn du ein junger ansehnlicher Kerl bist, und du flüsterst der Dame des Hauses bei Tisch etwas zu, dann drücke deine Nase fest gegen ihre Wange. Wenn du einen guten Atem hast, dann hauche ihr geradewegs ins Gesicht. Ich habe erlebt, daß dieses Verhalten in einigen Familien zu sehr schönen Erfolgen führte.

Laß dich drei- bis viermal rufen, ehe du kommst, denn nur Hunde folgen auf den ersten Pfiff. Wenn der Herr ruft: »Wer ist da?«, braucht kein Bedienter zu kommen, denn »Wer ist da?« heißt keiner.

Wenn du unten im Hause alle irdenen Trinkgeschirre zerbrochen hast (gewöhnlich wirst du in einer Woche damit fertig), dann genügt auch der Kupferkessel. Du kannst darin Milch kochen, Suppe heißmachen und Dünnbier aufbewahren. Nötigenfalls dient er auch als Nachttopf. Gebrauche ihn daher unbekümmert für alle diese Zwecke. Aber spüle oder scheuere ihn nie aus, denn der Zinnbelag könnte leiden.

Wenn Messer für das Dienerzimmer gestellt werden, so soll man sie schonen, die Tafelmesser des Herrn lassen sich ebensogut verwenden.

Laß es zur festen Regel werden, daß kein Stuhl, Schemel oder Tisch im Dienerzimmer oder in der Küche mehr als drei Beine braucht. Das ist in allen Häusern, die ich kenne, ein alter und ständiger Brauch. Er soll zwei Gründe haben: erstens zeigt er die unsichere Lage der Dienerschaft, zweitens wird eine gewisse Demut dadurch angedeutet, daß die Stühle und Tische der Diener wenigstens ein Bein weniger haben als die ihrer Herrschaft. Ich gebe allerdings eine Ausnahme von dieser Regel zu, denn der Koch darf sich nach altem Brauch nach dem Essen in einem Lehnstuhl ausruhen, und doch habe ich auch hier selten mehr als drei Beine festgestellt. Die Philosophen schreiben diese anstekkende Lahmheit der Dienerstühle zwei Ursachen zu, die auch in Staaten und Imperien umwälzend wirken, nämlich der Liebe und dem Krieg. Bei einer Rauferei oder einem Scharmützel sind Stühle, Schemel und Tische die griffbereitesten Waffen. Nach dem Friedensschluß leiden die Stühle, wenn sie nicht sehr stark sind, unter liebevoller Betätigung, denn der Koch ist gewöhnlich fett und schwer und der Butler etwas betrunken.

Ich fände es höchst unfein, wenn die Dienstmädchen mit aufgesteckten Röcken über die Straße gingen. Es ist eine törichte Ausrede, zu behaupten, daß ihre Röcke schmutzig würden. Sie brauchen zu Hause ja nur drei- oder viermal die saubere Treppe hinunterzugehen, und alles ist in Ordnung.

Wenn du zu arbeiten aufhörst, um mit einem guten Bekannten aus der gleichen Straße zu schwatzen, so laß die Eingangstüre offen. Du kannst dann ohne Klopfen ins Haus zurück. Andernfalls merkt die Hausfrau, daß du hinausgegangen bist, und du wirst heruntergemacht.

Ich ermahne euch alle ernstlich zur Einmütigkeit und Eintracht. Mißversteht mich aber nicht – untereinander könnt ihr euch so viel zanken, wie ihr wollt –, vergeßt aber nicht, daß ihr einen gemeinsamen Feind habt: eure Herrschaft, und daß ihr eure gemeinsame Sache verteidigen müßt. Glaubt einem alten Fuhrmann, wer aus Bosheit gegen seine Mitbediensteten seinem Herrn etwas hinterbringt, muß abgetan werden, indem sich alles gegen ihn verschwört.

Der allgemeine Treffplatz für alle Dienstboten ist Sommer wie Winter die Küche. Dort sollen alle großen Angelegenheiten des Hauses beraten werden, gleich ob es sich um den Stall, die Milchkammer, die Speisekammer, die Waschküche, den Keller, die Kinderstube, das Eßzimmer oder das Schlafgemacht der Dame handelt. In der Küche, in eurem eigenen Bereich könnt ihr ungestört lachen, schreien, balgen.

Wenn ein Diensbote betrunken nach Hause kommt und sich nicht sehen lassen kann, müßt ihr euch alle einig sein und eurem Herrn sagen, daß er schwer erkrankt zu Bett gegangen wäre. Die Dame des Hauses wird dann sofort so freundlich sein und dem armen Mann oder Mädchen etwas Gutes zukommen lassen.

Wenn die Herrschaft gemeinsam ausgeht, zu einem Essen oder einem Abendbesuch, dann braucht nur ein einziger Bedienter zu Hause zu bleiben, wenn nicht noch ein Küchenjunge da ist, der auf die Tür und die Kinder achtgeben kann, vorausgesetzt, daß welche vorhanden sind. Durch Hölzchenziehen wird ausgelost, wer zu Hause bleiben muß, und der kann sich dann von einem Schatz trösten lassen. Es besteht keine Gefahr, dabei erwischt zu werden. Diese Gelegenheiten darf man nicht verpassen, denn sie kommen selten. Alles ist sicher, solange ein dienstbarer Geist im Hause weilt.

Kommt die Herrschaft nach Hause und fragt nach einem abwesenden Bedienten, so müßt ihr antworten, er sei gerade im Augenblick hinausgegangen; ein sterbender Vetter habe ihn rufen lassen.

Wenn dein Herr dich mit Namen ruft, und du antwortest zufällig beim viertenmal, brauchst du dich noch nicht zu beeilen. Schimpft er wegen des Bummelns, dann kannst du ihm mit Recht sagen, du wärest nicht eher gekommen, weil du nicht gewußt hättest, weshalb du gerufen wurdest.

Tadelt der Herr dich, weil du etwas angestellt hast, dann brumme beim Hinausgehen und auf der Treppe so laut vor dich hin, daß er dich deutlich versteht. Er denkt dann vielleicht, du wärst unschuldig.

Belaste niemals dein Gedächtnis mit den Namen der Besucher, du hast viele wichtigere Dinge zu behalten. Überdies ist es Sache des Portiers, und dein Herr ist selbst schuld, wenn er keinen hält. Wer soll sich auch an alle Namen erinnern. Du wirst sie bestimmt verwechseln, und du kannst ja auch weder lesen noch schreiben.

Belüge deine Herrschaft nach Möglichkeit nicht, wenn du hoffen kannst, daß sie nicht in weniger als einer halben Stunde dahinterkommt. Wird ein Bedienter entlassen, so muß man alle seine Fehler erzählen, auch wenn sie dem Herrn und der Dame noch nicht bekannt waren. Was andere angerichtet haben, fällt ihm zur Last. Werdet ihr dann gefragt, warum ihr es nicht vorher gesagt habt, dann antwortet:

»Herr, oder gnädige Frau, ich fürchtete Sie zu ärgern, und Sie könnten von mir denken, ich sei hinterhältig.«

Wo kleine Herren und Fräulein im Hause sind, wird die Dienerschaft sehr in ihrem Vergnügen gestört. Es bleibt nichts anderes übrig, als die Kinder mit Süßigkeiten zu bestechen, damit sie Papa und Mama nichts erzählen.

Von der Dienerschaft, deren Herr auf dem Lande wohnt, könnt ihr noch etwas lernen. Sie erwarten Trinkgelder und stehen in Reih und Glied, wenn ein Fremder sich verabschiedet. Er muß dann unbedingt an euch vorüber, und er muß ungewöhnlich viel Kredit und wenig Geld haben, wenn ihr ihn entkommen laßt. Wie er sich euch gegenüber beträgt, so müßt ihr ihn behandeln, wenn er das nächste Mal kommt.

Wirst du mit barem Geld in einen Laden geschickt, um etwas einzukaufen, und hast selbst gerade nichts in der Tasche, dann steck es ein und laß die Waren anschreiben. Dies ehrt dich und deinen Herrn, denn er gewinnt Kredit auf deine Empfehlung.

Wenn du zu der Dame gerufen wirst, und sie gibt dir irgendeinen Auftrag, dann stehe an der Tür herum, halte sie offen, spiele mit dem Schloß, während sie mit dir spricht und halte die Türklinke fest in der Hand. Du könntest sonst vergessen, die Tür hinter dir zuzumachen.

Wenn der Herr oder die Dame dich einmal in ihrem Leben zu Unrecht beschuldigen, dann bist du fein heraus. Was du auch in ihrem Dienst anstellst, du brauchst sie nur immer daran zu erinnern, daß sie dich einmal zu Unrecht verdächtigt haben. Du beteuerst dabei sogleich, daß du im gegenwärtigen Falle ebenso unschuldig wärst.

Wenn du deinen Herrn verlassen willst und bist zu schüchtern oder blöde, um davon anzufangen, so verhältst du dich am besten weit grober und unverschämter als sonst. Er wird es dann für nötig finden, dich hinauszuwerfen. Bist du endlich draußen, dann kannst du dich rächen. Schildere ihn und seine Hausfrau bei all deinen stellungslosen Berufsgenossen so schwarz, daß keiner es wagt, ihnen seine Dienste anzubieten.

Einige empfindliche Damen, die sich vor Erkältung fürchten, haben erkannt, daß die Bedienten unten im Hause oft vergessen, die Türe hinter sich zu schließen, wenn sie hereinkommen oder in den Hinterhof gehen. Sie haben sich deshalb ausgedacht, eine Rolle und ein Seil mit einem großen Stück Blei an einem Ende so anbringen zu lassen, daß die Tür sich selbst schließt und nur mit ziemlicher Anstrengung zu öffnen ist. Das ist nun eine endlose Plackerei für die Dienstboten, die bei ihren Geschäften mindestens fünfzigmal an einem Morgen heraus und hinein müssen. Aber Findigkeit kann viel ausrichten, und kluge Diener haben bald ein wirksames Mittel gegen diese unerträgliche Quälerei gefunden. Man kann das Seil so um die Rolle drehen, daß das Bleigewicht nicht mehr wirkt. Ich für meinen Teil würde lieber die Türe ganz auflassen, indem ich einfach unten einen schweren Stein hinlegte.

Das Gesinde hat gewöhnlich zerbrochene Kerzenleuchter, denn nichts kann ewig halten, und es gibt soviel andere Möglichkeiten. Du kannst die Kerze in eine Flasche stecken oder mit einem Klumpen Butter an die Wandtäfelung kleben. Oder stecke sie in ein Pulverhorn, in einen alten Schuh, in einen gespaltenen Stock, in einen Pistolenlauf. Befestige sie mit dem eigenen Wachs auf dem Tisch oder auf einer Kaffeetasse, einem Trinkglas, einer Teekanne, einer zusammengedrehten Serviette, einem Senftopf, einem Tintenfaß oder einem Markknochen. Schließlich geht es auch mit einem Klumpen Teig, oder du schneidest ein Loch in ein Brot und bohrst die Kerze hinein.

Wenn du Dienstboten aus der Nachbarschaft zu einem nächtlichen Vergnügen einlädst, dann zeige ihnen eine besondere Art, ans Küchenfenster zu tippen oder daran zu kratzen, so daß nur du es hörst, aber nicht die Herrschaft. Du mußt dafür sorgen, daß du sie nicht zu so ungewöhnlicher Zeit störst.

Wird etwas verdorben, so beschuldige immer den Schoßhund, die Lieblingskatze, den Affen, den Papagei, ein Kind oder den Dienstboten, der zuletzt herausgeflogen ist. Du sprichst dich damit frei, tust keinem weh und ersparst deiner Herrschaft, daß sie sich beim Schelten ärgert und aufregt.

Wenn du für eine Arbeit bestimmte Instrumente brauchst, so benutze lieber alle Hilfsmittel, auf die du verfällst, als die Arbeit nicht fertigzumachen. Ist zum Beispiel das Stocheisen verlegt oder zerbrochen, dann nimm die Zange, um das Feuer zu schüren. Ist die Feuerzange nicht zur Hand, dann verwende nur das Mundstück des Blasebalgs, das verkehrte Ende der Feuerschaufel, den Griff der Ofenbürste, den Stiel des Scheuerbesens oder den Rohrstock des Hausherrn. Brauchst du Papier, um Geflügel abzusengen, dann reiße das erste beste Buch, das dir in die Finger fällt, auseinander. Fehlt ein Drecklappen, dann putze deine Schuhe mit dem unteren Ende eines Vorhangs oder einem Damasttuch. Reiß den Besatz deiner Livree ab und mach Strumpfbänder daraus. Wenn der Butler einen Nachttopf nötig hat, kann er den großen Silberpokal benutzen.

Kerzen kann man auf verschiedene Arten auslöschen. Du mußt sie alle kennen. Stoße das Ende der Kerze gegen die Wandbekleidung, dadurch geht sie sofort aus. Du kannst sie auch auf den Boden legen und die Flamme mit dem Fuß austreten. Du kannst sie umgedreht halten, bis sie im eigenen Wachs erstickt, oder in den Leuchter rammen. Es hilft auch, wenn man sie mit der Hand rundwirbelt, bis sie verlischt. Legst du dich zu Bett und hast dich vorher erleichtert, dann kannst du sie mit dem einen Ende in den Nachttopf tauchen. Wenn du auf Daumen und Zeigefinger spuckst, dann kannst du den glühenden Docht zusammendrücken. Der Koch kann die Kerze mit der Nase ins Mehlfaß stoßen, der Stallknecht in ein Maß Hafer, ein Bündel Heu oder einen Haufen Streu. Das Hausmädchen drückt die Kerze am besten gegen den Spiegel, denn nichts anderes reinigt ihn so gut. Die schnellste und beste Methode ist aber tatsächlich, die Kerze mit seinem eigenen Atem auszublasen. Sie bleibt dadurch sauber und ist leichter wieder anzuzünden.

Es gibt nichts Schlimmeres im Hause als einen Zuträger. Gegen ihn muß sich grundsätzlich alles zusammenschließen. Was er auch tut, seine Arbeit muß bei jeder Gelegenheit verdorben und immer muß ihm etwas in den Weg gelegt werden. Ist zum Beispiel der Butler der Zuträger, so zerbrecht ihm die Gläser, wenn er die Speisekammer offenläßt. Oder sperrt die Katze oder die Bulldogge hinein, sie machen es ebenso gut. Verkramt eine Gabel oder einen Löffel, so daß er sie nicht mehr wiederfindet. Handelt es sich um die Köchin, so paßt auf, wenn sie sich umdreht, und werft eine Handvoll Salz in den Kessel oder Kohlen in die Bratpfanne oder beschmutzt das gebratene Fleisch an der Rückseite des Kamins oder versteckt den Schlüssel des Bratenwenders. Steht der Lakai im Verdacht, so kann die Köchin ihm den Rücken seiner neuen Livree voll Flecken machen. Wenn er eine Suppenschüssel hinaufbringt, folgt sie ihm leise mit einem Löffel voll und läßt die Suppe auf die Treppe zum Eßzimmer tropfen. Das Hausmädchen braucht dann nur so viel Lärm machen, daß die Dame des Hauses es hört. Sehr leicht verfällt das Zimmermädchen in die Zuträgerei; um sich selber einzuschmeicheln. In diesem Fall muß die Wäscherin ihre Hemden bei der Wäsche zerreißen und sie doch nur halb waschen. Beklagt sie sich darüber, dann erzählt die Wäscherin jedem im Hause, das Zimmermädchen schwitze so sehr und sei körperlich so unsauber, daß sie in einer Stunde mehr verderbe als ein Küchenmädchen in einer Woche.

Gedanken über verschiedene Gegenstände

OKTOBER 1706

1. Wir haben gerade genug Religion in uns, um uns zu hassen, aber nicht genug, um einander zu lieben.
2. Denke über vergangene Dinge wie Kriege, Verhandlungen, Parteikämpfe und ähnliches nach; wir empfinden so wenig bei diesen Bestrebungen, daß wir uns wundern, daß sich Menschen mit so vergänglichen Dingen soviel Arbeit und Sorge machen konnten. Betrachte die Gegenwart; wir stoßen auf die gleiche Einstellung und wundern uns nicht einmal darüber.
3. Ein kluger Mensch bemüht sich, alle Einzelheiten zu berücksichtigen, um bestimmte Annahmen machen und Schlüsse ziehen zu können; aber der kleinste Zufall, der dazwischenkommt (es ist im Drange der Geschäfte unmöglich, alles vorauszusehen), ändert und wirft oft so vieles um, daß auch der Kluge genauso über die Ereignisse im Zweifel ist wie der Dümmste und Unerfahrenste.
4. Bestimmtheit ist eine gute Eigenschaft für Prediger und Redner. Wer seine Gedanken und Gründe der Menge beibringen will, überzeugt sie um so mehr, wenn er selbst völlig überzeugt zu sein scheint.
5. Wie kann man erwarten, daß die Menschheit auf guten Rat hört, wenn sie sich nicht einmal warnen läßt!
6. Ich habe vergessen, ob guter Rat zu den verlorenen Dingen gehört, die, wie Ariosto sagt, auf dem Monde zu finden sind; der gute Rat und die Zeit sind wohl dort gewesen.
7. Auf keinen Prediger hört man, nur auf die Zeit. Sie gibt uns die gleichen Anleitungen und Weisungen, die ältere Leute uns vorher schon vergeblich einzuhämmern versuchten.
8. Wenn wir etwas wünschen oder erstreben, denken wir nur an seine guten Seiten; wenn wir es haben, sehen wir nur die schlechten.
9. Im Heizhaus legen die Arbeiter öfters eine kleine Menge frischer Kohlen auf. Das Feuer scheint dadurch zerteilt zu werden, flammt dann aber um so lebendiger auf. Ähnlich ist es mit den Leidenschaften. Sie rühren den Geist ein wenig auf, damit er nicht schlaff wird.
10. Die Religion scheint mit zunehmendem Alter wieder zum Kind geworden zu sein. Wie in ihrer Kindheit braucht sie Wunder zur Pflege.

11. Jedes Vergnügen wird durch die gleiche Menge Schmerz und Erschöpfung aufgewogen; als ob man in einem Jahr schon die Einkünfte des nächsten Jahres verbrauchte.
12. Ein kluger Mensch braucht die zweite Hälfte seines Lebens, um die Torheiten, Vorurteile und falschen Ansichten auszumerzen, die er sich in der ersten Hälfte zu eigen gemacht hat.
13. Wenn ein Schriftsteller wissen möchte, wie er sich gegenüber der Nachwelt zu verhalten habe, so soll er sich alte Bücher ansehen und überlegen, was ihn darin erfreut oder was zu seinem Bedauern ausgelassen worden ist.
14. Was auch die Dichter behaupten, sie machen sich doch nur selbst unsterblich: wir verehren Homer und Vergil, nicht aber Achilles oder Äneas. Bei den Geschichtsschreibern ist es umgekehrt: unsere Gedanken sind von den Taten, Persönlichkeiten und Ereignissen erfüllt, von denen wir lesen; die Autoren beachten wir kaum.
15. Wenn ein wirkliches Genie in der Welt erscheint, erkennt man es am besten daran, daß sich sämtliche Dummköpfe dagegen verbünden.
16. Menschen, denen das Leben alle Vorteile gegeben hat, können durch viele Ereignisse gestört und geärgert, aber nur durch wenige erfreut werden.
17. Es ist nicht klug, Feiglinge mit Verachtung zu strafen; wenn sie nämlich Scham empfunden hätten, wären sie keine Feiglinge geworden. Ihre eigentliche Strafe ist der Tod, weil sie ihn am meisten fürchten.
18. Die größten Erfindungen – wie Kompaß, Pulver und Druckerkunst – wurden in Zeiten der Unwissenheit gemacht, und zwar von einem bisher geistig wenig regsamen Volke, den Deutschen.
19. Daß die üblichen Berichte über Geister und Gespenster falsch sind, ergibt sich schon aus der Auffassung, daß sie immer nur von einer Person gesehen werden könnten; das heißt, daß selten mehr als eine Person in einer Gesellschaft von einem hochgradigen Spleen oder Tiefsinn besessen ist.
20. Ich kann mir vorstellen, daß am Tage des Weltgerichts die Klugen wegen ihres Mangels an Moral und die Dummen wegen ihres Mangels an Glauben nur wenig Nachsicht finden, weil beide nicht zu entschuldigen sind. Die Vorteile der Dummheit und die Vorteile des Wissens werden damit ausgeglichen. Aber vielleicht werden den Klugen einige Zweifel und den Dummen einige Laster vergeben, weil die Versuchung für beide so stark war.
21. Der Wert mancher Einzelheiten in Erzählungen sinkt sehr durch den zeitlichen Abstand, wenn auch die genaue Wiedergabe einiger

Umstände wertvoll ist. Der Schriftsteller muß aber ein großes Unterscheidungsvermögen besitzen.

22. Ein vielgebrauchtes Wort der heutigen Schriftsteller ist: »Dieses kritische Zeitalter.« Sie verwenden es wie die Geistlichen ihr: »Dieses sündige Zeitalter.«

23. Es ist ganz vergnüglich, zuzusehen, wie großzügig das gegenwärtige Zeitalter dem kommenden Lasten aufbürdet: Zukünftige Jahrhunderte werden davon reden. Unser Jahrhundert wird bei der ganzen Nachwelt berühmt werden. Ihre Zeit und ihre Gedanken wird sie freilich stark auf heutige Dinge richten müssen, wie wir es mit unseren jetzt schon halten.

24. Das Chamäleon soll nur von Luft leben, hat aber von allen Tieren die flinkste Zunge.

25. Wenn ein Mann geistliches Mitglied des Oberhauses wird, verliert er seinen bürgerlichen Namen[1]; wenn er weltliches Mitglied wird, seinen christlichen[2].

26. Im Wortstreit ist es wie bei den Soldaten: die schwächere Seite steckt falsche Lichter auf und macht großen Lärm. Der Feind soll sie für zahlreicher und stärker halten, als sie wirklich ist.

27. Einige Menschen benutzen den Vorwand, das Unkraut der Vorurteile zu beseitigen, um Tugend, Rechtschaffenheit und Religion auszurotten.

28. In allen gut organisierten Gemeinwesen sorgt man dafür, den Besitz des Einzelnen zu begrenzen. Dies geschieht aus vielerlei Gründen. Einer von ihnen wird nicht oft erkannt. Wenn den Wünschen der Einzelnen Grenzen gesetzt sind, nachdem sie soviel erworben haben, wie das Gesetz ihnen erlaubt, hören ihre privaten Interessen auf. Sie haben dann nichts anderes mehr zu tun, als sich um das allgemeine Wohl zu kümmern.

29. Für einen Mann gibt es nur drei Möglichkeiten, dem Urteil der Welt zu begegnen. Er kann es verachten, Gleiches mit Gleichem vergelten oder versuchen, ihm auszuweichen. Der erste Weg wird gewöhnlich vorgetäuscht, der letzte ist fast unmöglich und der zweite wird allgemein benutzt.

30. Herodot berichtet uns, daß die Tiere der kalten Länder selten Hörner besitzen, während die in den heißen Gegenden sehr große haben. Darin steckt vielleicht eine heitere Nutzanwendung.

31. Ich hörte niemals eine feinere Satire gegen die Juristen als den

[1] Familiennamen
[2] Vornamen

Vergleich mit den Astrologen. Auch die Juristen wollen nach den Regeln der Kunst sagen können, wann ein Verfahren endet und ob es zugunsten des Klägers oder des Beklagten ausgeht. Auf diese Weise hängt alles vom Einfluß der Sterne ab, ohne Rücksicht auf die Rechtslage des Falles.

32. Ich habe oft gehört, wie die Redewendung über Tobias und seinen Hund in den Apokryphen lächerlich gemacht wurde. Aber Homer braucht mehr als einmal die gleichen Worte für Telemachus, und Vergil sagt etwas Ähnliches über Evander. Ich selbst halte das Buch Tobias für teilweise poetisch.

33. Ich habe einige Männer mit guten Eigenschaften gekannt, die anderen sehr dienlich, für sie selbst aber ohne Nutzen waren. Sie gleichen einer Sonnenuhr an der Hauswand: Nachbarn und Vorübergehende erfahren die Zeit, der Besitzer im Hause aber sieht nichts.

34. Wenn ein Mann alle seine Ansichten über Liebe, Politik, Religion, Wissenschaft usw. aufzeichnen würde, von seiner Jugend angefangen und bis ins Alter durchgeführt, welches Bündel von Inkonsequenz und Widerspruch müßte dann schließlich herauskommen!

35. Was sie im Himmel tun, wissen wir nicht; was sie nicht tun, erzählt man uns ausdrücklich; sie heiraten nicht und werden auch nicht verheiratet.

36. Wenn ein Mann heutzutage beobachtet, an wen die Damen ihre Gunst verschwenden, kommt er von selbst dazu, für die Stuten, von denen Xenophon berichtet, eine gewisse Verehrung zu empfinden. Solange sie ihre Mähnen trugen, das heißt, solange sie schön waren, ließen sie niemals einen Esel an sich herankommen.

37. Es ist elend, in Ungewißheit zu leben; es ist wie das Leben einer Spinne. Vive quidem, pende tamen, improba, dixit. (Ovid, Metamorphosen.)

38. Die Stoiker geben uns den Rat, unsere Bedürfnisse zu befriedigen, indem wir unsere Wünsche ausschalten. Ebenso könnten wir uns die Füße abschneiden, wenn wir Schuhe brauchen.

39. Ärzte sollten kein Urteil über Religion abgeben. Der Grund ist der gleiche wie bei den Fleischern, die nicht als Geschworene beim Gericht über Leben und Tod zugelassen werden.

40. Nur darum sind so wenige Ehen glücklich, weil die jungen Damen ihre Zeit damit zubringen, für ihre Netze statt für ihr Heim zu sorgen.

41. Wenn ein Mann mit offenen Augen über die Straße geht, wird er die heitersten Mienen in Trauerkutschen beobachten.

42. Nichts macht einen Mann zu klugem Handeln unfähiger als ein Unglück, das mit Schande und Schuld verbunden ist.

43. Die Macht des Glückes wird nur von den Elenden zugegeben, denn die Glücklichen schreiben alles der Klugheit und dem Verdienst zu.
44. Der Ehrgeiz treibt die Menschen oft, die niedrigsten Geschäfte auszuführen: so vollzieht sich das Klettern in derselben Haltung wie das Kriechen.
45. Schlechte Gesellschaft gleicht einem Hunde. Er beschmutzt die, denen er am meisten zugetan ist.
46. Die Nachrede ist die Steuer, die der Mensch der Öffentlichkeit für eine hervorragende Stellung bezahlt.
47. Man wirft den Menschen vor, sie kennten ihre eigenen Schwächen nicht. Es gibt vielleicht ebenso wenige, die ihre eigene Stärke kennen. Mit den Menschen ist es wie mit den Grundstücken. Manchmal ist eine Goldader darin, und der Besitzer weiß von nichts.
48. Die Satire wird als die leichteste aller geistreichen Betätigungen betrachtet. Ich glaube aber, daß es in sehr schlechten Zeiten anders damit bestellt ist: denn es ist ebenso schwer, über einen lasterhaften Mann besonderen Ausmaßes eine gute Satire zu schreiben, wie einen Mann von besonderer Tugendhaftigkeit in würdiger Form zu loben. Bei einfacheren Menschen fällt beides leicht.
49. Erfindungsgabe ist das Talent der Jugend, Urteilsvermögen das des Alters. Unsere Selbstkritik ist also schwerer zufriedenzustellen, wenn wir ihr weniger vorzulegen haben. So ist es überall im Leben. Wenn wir alt sind, haben unsere Freunde es schwer, uns zu gefallen. Sie kümmern sich auch weniger darum, ob sie uns angenehm sind oder nicht.
50. Kein kluger Mensch wünschte je, jünger zu sein.
51. Eine faule Ausrede verringert das Gewicht aller guten Gründe, die man schon vorgebracht hat.
52. Auch die Beweggründe unserer besten Taten halten kein sehr strenges Verhör aus. Jeder gibt zu, daß die Ursache unserer meisten guten oder schlechten Taten schließlich die Eigenliebe ist. Bei einigen Menschen neigt diese Eigenliebe dazu, den Mitmenschen Freude zu machen, bei anderen beschäftigt sich die Ichsucht nur mit sich selbst. Darin liegt der große Unterschied zwischen Tugend und Laster. Die Religion ist der beste Beweggrund aller Handlungen, und doch räumt man auch bei der Religion ein, daß sie das höchste Beispiel der Eigenliebe ist.
53. Wenn die Welt einmal angefangen hat, uns schlecht zu behandeln, bleibt sie ohne Gewissensbisse und Umstände weiter dabei, wie es die Männer mit einer Hure halten.

54. Alle Menschen sehen am besten aus einem gewissen Abstand, und zwar mit den Augen des Verstehens ebensogut wie mit den natürlichen.
55. Manche Leute geben sich mehr Mühe, ihre Weisheit zu verbergen als ihre Torheit.
56. Absolute Macht ist für einen Fürsten die natürliche Versuchung, wie Wein oder Frauen für einen jungen Mann, Bestechungsgeld für einen Richter, Geiz für das Alter und Eitelkeit für eine Frau.
57. Als Anthony Henleys Pächter an Asthma starb, sagte er: »Wenn ich diesen Atem noch einmal herausbringe, will ich ihn nie mehr einziehen.«
58. Die Angewohnheit, viele Dinge als töricht, unwesentlich und eingebildet abzutun, ist ein sehr schlechter Beweis für Klugheit oder Großzügigkeit und ein schweres Hemmnis für anständiges Handeln. Wie steht es zum Beispiel mit dem Ruhm? Die meisten Menschen empfinden Abneigung und Widerwillen bei dem Gedanken, vergessen zu werden. Sogar die einfachsten freuen sich, einmal eine Grabinschrift zu erhalten. Man benötigt nicht viel Philosophie, um zu entdekken und festzustellen, daß in all diesem kein wirklicher Wert liegt. Aber wenn dieses Gefühl so tief in unserer Natur eingewurzelt ist und zu einem tugendhaften Leben anregt, sollten wir es nicht lächerlich machen.
59. Die Klage ist der häufigste Zoll, der dem Himmel entrichtet wird, und der aufrichtigste Teil unserer Frömmigkeit.
60. Die übliche Redegeläufigkeit bei vielen Männern und den meisten Frauen erklärt sich aus dem Mangel an Stoff und an Worten; denn wer ein Meister der Sprache ist und den Kopf voller Gedanken hat, zögert beim Sprechen eher, weil er auswählen muß. Die Redegewaltigen in der Öffentlichkeit haben dagegen nur eine Garnitur von Gedanken und eine Garnitur von Worten, um sie auszudrücken. Die Wendungen haben sie immer fertig im Munde. Die Leute kommen ja auch schneller aus der Kirche heraus, wenn sie fast leer ist, als wenn die Menge sich an der Türe drängt.
61. Nur wenigen ist es gegeben, eine Leuchte der Gesellschaft zu werden. Die meisten Menschen haben es aber in ihrer Macht, angenehm zu wirken. Der Grund, warum wir uns so schlecht unterhalten, ist nicht Mangel an Einsichten, sondern Stolz, Eitelkeit, schlechte Veranlagung, Anstellerei, Eigenheit, Selbstüberzeugtheit oder irgendein anderes Laster als Ergebnis einer falschen Erziehung.
62. Eitelkeit ist eher ein Zeichen des Minderwertigkeitsgefühls als Stolz. Eitle Menschen freut es, zu erzählen, wie man sie geehrt hat, in

welch glänzender Gesellschaft sie sich bewegen und ähnliches. Damit geben sie offen zu, daß sie die Ehren nicht verdienten und daß ihre Freunde nicht daran glauben würden, wenn man es ihnen nicht erzählte. Einem wirklich stolzen Menschen sind dagegen die Ehren noch zu gering für sein Verdienst. Folglich verachtet er es, sich ihrer noch zu rühmen. Ich stelle deshalb den Grundsatz auf, daß jeder stolze Mensch seine Eitelkeit verbergen sollte –.

63. In einem freien Staate muß oder soll das Gesetz von der Mehrheit derer festgesetzt werden, die Landbesitz haben.

64. Einer der Beweise, der gegen die Vorsehung vorgebracht wird, ist nach meinem Dafürhalten sehr gut zu ihrer Verteidigung geeignet. Es wird eingewendet, daß Stürme und Unwetter, Zeiten der Unfruchtbarkeit, Schlangen, Spinnen, Fliegen, andere schädliche oder unangenehme Tiere und viele weitere Beispiele die Unzulänglichkeit der Natur enthüllten. Der Mensch würde es viel leichter haben ohne sie. Aber gerade daraus geht die Absicht der Vorsehung klar hervor. Die Bewegungen der Sonne und des Mondes, kurz, das ganze System des Weltalls, soweit die Philosophen es entdecken und beobachten konnten, sind äußerst gesetzmäßig und vollendet. Aber überall, wo Gott dem Menschen die Macht gelassen hat, durch Denken oder Arbeit einen Ausweg zu finden, da hat er die Dinge unvollkommen gelassen. Die menschliche Betriebsamkeit soll dadurch angespornt werden, denn ohne sie würde alles Leben stillstehen oder vielleicht völlig aufhören: Curis acuens mortalia corda.

65. Das Lob ist die Tochter der gegenwärtigen Macht.

66. Wie widerspruchsvoll ist doch der Mensch gegen sich selbst.

67. Ich habe verschiedene hohe Personen gekannt, die wegen ihrer Klugheit in Staatsangelegenheiten großes Ansehen genossen und doch von törichten Dienern beherrscht wurden.

68. Ich habe große Minister gekannt, die sich durch Geist und Wissen auszeichneten und doch nur Dummköpfe vorzogen.

69. Ich habe außerordentlich tapfere Männer gekannt, die vor ihren Frauen Angst hatten.

70. Ich kannte drei große Minister, die genau die Einkünfte eines Königreichs abschätzen und festsetzen konnten, von ihrem eigenen Haushalt aber keine Ahnung hatten.

71. Das Predigen der Geistlichen hilft gutgesinnten Menschen, auf der Bahn der Tugend zu bleiben, bringt aber die Lasterhaften nur selten von ihrem Wege ab.

72. Die Fürsten treffen gewöhnlich eine klügere Auswahl als ihre Diener, denen sie die Stellenbesetzung anvertrauen. Ich habe einen Für-

sten gekannt, der mehr als einmal einen fähigen Minister ernannte, aber ich konnte niemals feststellen, daß dieser Minister seinen Einfluß geltend machte, wenn eine Stelle an einen Bewerber, den er für geeignet hielt, vergeben werden sollte. Einer der größten Minister unserer Zeit[1] gab dies zu und entschuldigte es mit dem Zwang des Parteiwesens und der Unvernunft der Freunde.

73. Kleine Ursachen genügen, um einem Mann das Leben schwerzumachen, wenn gerade keine großen bei der Hand sind. Ist kein Holzklotz da, dann stolpert er über einen Strohhalm.

74. Alte Männer brauchen gewissermaßen Würde, hohe Stellung und Reichtum, um von den jüngeren Abstand zu halten, von denen sie sonst nur zu leicht wegen ihres Alters herabgesetzt werden.

75. Jeder möchte lange leben, aber keiner möchte alt werden.

76. Die Vorliebe für Schmeichelei kommt bei den meisten Männern aus der geringen Meinung, die sie von sich selbst haben; bei den Frauen ist es umgekehrt.

77. Wenn Bücher und Gesetze sich so vermehren wie in den letzten fünfzig Jahren, habe ich Sorge für künftige Jahrhunderte. Wie soll da noch einer Gelehrter oder Jurist werden können?

78. Man sagt den Königen gewöhnlich nach, daß sie lange Hände hätten, ich wünschte ihnen ebenso lange Ohren.

79. In ihrer Kindheit und Jugend sollen die Fürsten erstaunliche Anlagen und Zeichen geistiger Regsamkeit offenbaren und verwunderliche oder überraschende Reden führen: merkwürdig, so viele hoffnungsvolle Prinzen und so viele schändliche Könige! Wären sie zufällig jung gestorben, hätte man Wunder an Weisheit und Tugend aus ihnen gemacht. Bleiben sie leben, so werden sie oft auch Wunder, aber von anderer Art.

80. Politik, in der üblichen Bedeutung des Wortes, ist nichts als Korruption und folglich für einen guten König oder eine gute Regierung überflüssig: aus diesem Grunde sind alle Höfe so voller Politik.

81. Silen, der Pflegevater des Bacchus, hat immer einen Esel als Reittier und Hörner am Kopf. Die Nutzanwendung ist, daß Trinker von Narren geführt werden und große Aussicht haben, daß man sie zum Hahnrei macht.

82. Venus, eine schöne und gutartige Dame, war die Göttin der Liebe; Juno, ein fürchterlicher Zankdrachen, die Göttin der Ehe: beide lebten in tödlicher Feindschaft.

[1] Harley.

83. Wer gegen die Religion ist, muß notwendig ein Narr sein, daher lesen wir auch, daß Gott von allen Tieren die Erstgeburt eines Esels zurückwies.
84. Über eine Spur von Geist in einer Frau freuen wir uns ebenso wie über ein paar Worte, die ein Papagei richtig herausbringt.
85. Ein schöner Mann ist ein Mann mit wenig sauberen Gedanken.
86. Man hielt Apollo für den Gott der Medizin und schrieb ihm auch die Krankheiten zu. Beides war ursprünglich das gleiche Geschäft, und es ist auch noch weiter so.
87. Alte Männer und Kometen sind aus dem gleichen Grunde verehrt worden: wegen der langen Bärte und dem Anspruch, Ereignisse vorhersagen zu können.
88. Eine Persönlichkeit bei Hofe wurde gefragt, was sie von einem Gesandten und seinem großen Gefolge dächte. Die Herren waren mit Stickerei und Spitzen übersät und ein Verbeugen, Kriechen und Gestikulieren! Die Antwort lautete: »Salomons Einfuhr! Gold und Affen.«
89. Bei Pausanias gibt es eine Geschichte vom Verrat einer Stadt, der durch das Geschrei eines Esels entdeckt wurde. Das Geschnatter der Gänse rettete das Kapitol, und die Verschwörung des Catilina wurde durch eine Hure aufgedeckt. Soweit ich mich erinnere, sind dies die einzigen Tiere, die in der Geschichte als Augenzeugen und als Berichterstatter aufgetreten sind.
90. Die meisten Arten des Zeitvertreibs bei Männern, Kindern und anderen Lebewesen sind eine Nachahmung des Kampfes.
91. Als Augustus einem Esel begegnet, der einen Namen mit guter Vorbedeutung hatte, sagte er sich selbst Glück voraus. Mir laufen viele Esel in den Weg, aber keiner hat einen glückverheißenden Namen.
92. Wenn ein Mann mich Abstand bewahren läßt, habe ich den Trost, daß er ihn gleichzeitig bewahren muß.
93. Wer kann zweifeln, daß alle Menschen die Wahrheit lieben, wenn sie sich so eifrig um ihre Irrtümer bemühen, die sie außerhalb ihres Eifers für die Wahrheit aufrechterhalten – auch wenn sie sich jeden Tag ihres Lebens widersprechen.
94. »Das war ausgezeichnet beobachtet«, sage ich, wenn ich bei einem Schriftsteller einen Satz lese, der mit meiner Meinung übereinstimmt. Wenn wir verschiedener Ansicht sind, sage ich: »Er irrt sich!«
95. Eigentlich leben nur sehr wenige Menschen in der Gegenwart; sie bereiten sich alle darauf vor, zu einer anderen Zeit zu leben.
96. So allgemein auch das Lügen geübt wird und so leicht es zu sein

scheint, ich erinnere mich nicht, drei gute Lügen bei allen meinen Unterhaltungen gehört zu haben, und nicht einmal von denen, die in diesem Handwerk hochberühmt waren.

1726

97. Den Gesetzen, die man mit der äußersten Sorgfalt und Genauigkeit in der Sprache des Volkes aufgezeichnet hat, wird oft eine falsche Bedeutung untergeschoben. Warum wundern wir uns, wenn es auch mit der Bibel geschieht?
98. Ein Mensch sah, wie eine Wespe in eine Flasche kroch, die mit Honig gefüllt war und an einem Obstbaum hing. Er sagte: »Du dummes Tier, bist du verrückt, daß du in die Flasche gehst, worin du schon so viele hundert deiner Art sterben siehst?« – »Der Vorwurf ist richtig«, antwortete die Wespe, »aber nicht von euch Menschen. Ihr denkt ja auch nicht daran, aus anderer Leute Torheit eine Lehre zu ziehen und sie als Warnung für eure eigene aufzufassen. Wenn ich verschiedene Male in die Flasche fiel und zufällig entkam und nun wieder hineinfalle, dann handele ich doch nur ganz ähnlich wie ihr!«
99. Ein alter Geizhals hielt sich eine Dohle, die Geldstücke stahl und sie in einem Loch versteckte. Als die Katze das sah, fragte sie den Vogel, warum er diese runden glänzenden Dinger anhäufe, mit denen er doch nichts anfangen könne. »Nun«, meinte die Dohle, »mein Herr hat eine ganze Kiste voll und macht keinen anderen Gebrauch davon wie ich!«
100. Männer sind zufrieden, wenn man über ihren Witz, aber nicht, wenn man über ihre Torheit lacht.
101. Wenn die Männer von Geist und Genie beschließen würden, sich in ihren Werken niemals über Kritiker und Herabsetzer zu beklagen, wüßte das nächste Zeitalter nicht einmal, daß es welche gegeben hat.
102. Bei all den Leitsätzen und unserem ganzen System in Gewerbe und Handel könnte ein Zuschauer denken, daß die Geschäfte der Welt doch höchst lächerlich erdacht seien.
103. Bei guter Bebauung könnten fast alle Länder die doppelte Zahl an Einwohnern ernähren, und doch gibt es noch mehr Staatsgebilde, in denen es einem Drittel des Volkes am Lebensnotwendigsten völlig fehlt. Man schickt zwanzig Tonnen Korn aus, die eine Familie ein Jahr lang mit Brot versorgen würden, und bringt dafür ein Faß Wein zurück, das ein halbes Dutzend tüchtiger Kumpane in kaum vier Wochen austrinken können, auf Kosten ihrer Gesundheit und ihrer Vernunft.

104. Ein Motto für die Jesuiten:
Quae regio in terris nostri non plena laboris?
195. Nur wenige Zuschauer fände der Mann, der für zwei Groschen ein rotglühendes Eisen in ein Pulverfaß werfen will, ohne daß es sich entzündet.
106. Frage: Ob die Kirchen nicht ebenso Schlafräume für die Lebenden wie für die Toten sind?
107. Harry Killegrew sagte zu Lord Wharton: Sie würden bestimmt nicht soviel schwören, wenn Sie es Gott zu Ehren täten.
108. Eine Handschrift von Gedichten, die im Arbeitszimmer aufbewahrt und nur wenigen Freunden gezeigt wird, ist wie eine Jungfrau; viele bemühen sich um sie, und viele bewundern sie. Gedruckt und veröffentlicht, ist das Manuskript aber wie eine stadtbekannte Hure, die jeder für eine halbe Krone kaufen kann.
109. Ludwig XIV. von Frankreich wandte sein Leben daran, einen guten Namen in einen großen umzuwandeln.
110. Seit die Vereinigung von Göttlichkeit und Menschlichkeit den großen Glaubensartikel unserer Religion bildet, ist es merkwürdig zu beobachten, wie einige Geistliche in ihren Schriften über die Göttlichkeit die Menschlichkeit völlig vermissen lassen.
111. Die Epikuräer begannen sich in Rom, im Reiche des Augustus, zu verbreiten wie die Sozianer und auch die Epikuräer gegen Ende der Regierung König Karls II. in England. Wir betrachten diese Zeit unsinnigerweise als unser Augusteisches Zeitalter. Beide scheinen sie den Verfall zu bedeuten, der durch Wohlleben, Frieden und gelokkerte Sitten verursacht wird.
112. Manchmal lese ich ein Buch mit Vergnügen und verabscheue den Autor.
113. In einem Buchladen sah ich vor einiger Zeit einen Band mit dem Titel: »Gedichte von dem Autor der ›Auswahl‹.« Da ich nicht mehr als ein Dutzend dieser Zeilen zu lesen vermochte, fragte ich meine Begleiter, ob sie jemals dieses Buch gesehen oder von dem Gedicht gehört hätten, nach dem der Autor sich benannte. Sie alle wußten ebensowenig wie ich. Bei diesen Kleinkrämern in Geist und Wissen ist es üblich geworden, sich nach ihrem ersten Abenteuer zu benennen wie Don Quichote nach dem letzten. Die große Wichtigkeit, die sich jeder unbedingt zuschreiben will, erklärt alles.
114. Ein gewisser Dennis, allgemein nur der »Kritiker« genannt, hatte ein Zweigroschenpamphlet gegen die Macht Frankreichs geschrieben. Als er auf dem Lande weilte und hörte, daß ein französischer Kaper die Küste unsicher machte, floh er in die Stadt, obwohl er noch zwan-

zig Meilen von der See entfernt war. Seinen Freunden erzählte er, sie dürften sich über seine Eile nicht wundern. Der König von Frankreich habe erfahren, wo er gewesen sei, und habe ein Kaperschiff auslaufen lassen, um ihn zu fangen.

115. Dr. Gee, ein Stiftsherr von Westminster, hatte eine Schrift gegen den Papismus verfaßt. Da er nun wegen seiner Gesundheit ins Ausland reisen mußte, mühte er sich eifrig, seine würdige Person zu verkleiden und seinen Namen zu ändern, als er durch Portugal, Spanien und Italien kam. Allen Engländern, denen er begegnete, erzählte er von seiner Furcht, ermordet oder von der Inquisition eingesperrt zu werden. Noch in Paris spielte er dieses Theater, bis Herr Prior (der damals Gesandtschaftssekretär war) den Doktor ganz durcheinanderbrachte, indem er boshafterweise sein Geheimnis enthüllte. Er bot ihm an, mit der Waffe dafür einzutreten, daß niemand ihn verletzen würde und daß niemand je von ihm oder seinem Pamphlet gehört hätte.

116. Das Kammermädchen einer mir bekannten Dame, die dreißig Meilen von London entfernt wohnt, hatte genau denselben Gedankengang. Als es mit einem anderen Dienstboten des Hauses sprach, äußerte es sich: »Ich höre, es ist in London schon stadtbekannt, daß ich meine Herrschaft verlasse.« So war es auch mit einem soeben verehelichten Lakaien. Er bat einen Kameraden, ihm geradeheraus zu sagen, was die Stadt von seiner Heirat hielte.

117. Als jemand einem großen Minister erzählte, das Volk wäre unzufrieden, sagte er: »Pah, ein paar Narren schwatzen in einem Kaffeehaus, und plötzlich glauben sie, der eigene Lärm, der in ihren Ohren klingt, wäre die Stimme des Volkes.«

118. Der Tod eines Privatmannes ist der Welt meist so unwichtig, daß er an sich schon nicht viel bedeuten kann. Aus dem Verhalten der Menschen erkenne ich jedoch, daß uns weder die Philosophie noch die Natur ausreichend gegen die Todesangst gewappnet haben. Außer Schmerz, Schande oder Verzweiflung finde ich auch nichts, was uns mit dem Tode versöhnt, denn Armut, Gefangenschaft, Unglück, Kummer, Krankheit und Alter versagen vor ihm.

119. Woher kommt die Gewohnheit, einer Frau zu sagen, sie möge auf ihre Schürzenbänder sehen, um eine Entschuldigung zu finden? Vielleicht war es die Schürze aus Feigenblättern, die Eva vornahm, als sie sich bedeckte, und vermutlich war sie die erste ihres Geschlechts, die eine fadenscheinige Entschuldigung erfand, weil sie von der verbotenen Frucht gegessen hatte.

120. Ich wundere mich niemals, Menschen bei Schlechtigkeiten zu überraschen, aber ich wundere mich oft, daß sie sich nicht schämen.

121. Stellen wir nicht immer wieder fest, wie leicht wir uns unser Handeln, unsere Leidenschaften und sogar die Schwäche unseres Fleisches vergeben. Warum wundern wir uns denn, daß wir uns unseren eigenen Stumpfsinn verzeihen?
122. Kein Laster und keine Torheit verlangt soviel Geschick und Sorgfalt wie die Eitelkeit; nichts wirkt aber auch bei schlechter Aufmachung verächtlicher.
123. Die Beobachtung ist das Gedächtnis des alten Mannes.
124. Glatte und schneidende Beredsamkeit ist wie ein geöltes Rasiermesser.
125. Eingebildete Übel werden bald zu wirklichen, wenn wir ihnen in Gedanken nachhängen. So ergeht es dem Menschen, der in einem Anfall eingebildeter Schwermut etwas wie ein Gesicht auf der Wand oder der Täfelung sieht und es mit ein paar Bleistiftstrichen sichtbar machen und seiner Wahnvorstellung angleichen kann.
126. Hochbegabte Männer scheitern oft in der Führung der Staatsgeschäfte, weil sie durch die Raschheit ihrer Vorstellungskraft leicht von der gewohnten Straße abweichen. Dies sagte ich einst Lord Bolingbroke und wünschte, er beobachtete einmal, wie die Angestellten seines Amtes eine Art Elfenbeinmesser mit stumpfer Schneide benutzten, um einen großen Bogen Papier zu schneiden. Der Schnitt war immer gerade und erforderte nur eine ruhige Hand. Hätten sie dagegen ein scharfes Federmesser gebraucht, so wäre es gerade durch seine Schärfe oft aus der Falte geglitten und hätte das Blatt verdorben.
127. »Wer nicht für sein eigenes Haus sorgt, ist schlimmer als ein Ungläubiger«, sagt Sankt Paulus. Ich denke: »Wer nur für sein eigenes Haus sorgt, ist ebenso schlimm wie ein Ungläubiger.«
128. Die Eifersucht ist wie das Feuer. Sie bringt vielleicht die Hörner zum Einschrumpfen, läßt sie aber dabei stinken.
129. Der Hut eines Lakaien fliegt für jedermann vom Kopfe; deshalb hatte auch Merkur, der Lakai Jupiters, Flügel an seiner Mütze.
130. Wenn ein Mann Liebe vortäuscht, aber um das Geld freit, ist er ein Taschenspieler, der einen Schilling verzaubert und dafür Kot unter den Hut legt.
131. Alle Lobpreisungen sind mit Opium vermischt.
132. Ich habe Männer gekannt, die sich in der Lächerlichkeit glücklich fühlten und in ernsten Dingen völlig stupide waren. Ein glänzendes Beispiel dafür ist Dr. Echard von Cambridge, der ein Buch über »Die Mißachtung der Geistlichkeit« geschrieben hat.
133. Der eine Gipfel des Parnaß war dem Bacchus, der andere dem Apollo geweiht.

134. Der Ehestand hat viele Kinder: Reue, Zwietracht, Armut, Eifersucht, Krankheit, Launenhaftigkeit, Abneigung und andere mehr.
135. Die Vision ist die Kunst, unsichtbare Dinge wahrzunehmen.
136. Die beiden großen Grundsätze eines jeden Hofmannes sind, immer seine Haltung zu bewahren und niemals sein Wort zu halten.
137. Ich fragte einen armen Mann, wie es ihm ginge. »Wie einer Seifenblase«, sagte er, »immer in Auflösung begriffen.«
138. Hippokrates (Aph. 32, sect. 6) bemerkt, daß Stotterer zur Liederlichkeit neigen. Ich wünschte, die Ärzte könnten auch den Wortreichtum vieler Leute nach innen wenden.
139. Ein Mann träumte, er wäre von seiner Frau betrogen worden. Ein Freund sagte ihm, das wäre ein schlechtes Zeichen, weil, nach dem Wort Vergils, ein Traum wahr ist, wenn er durch das gehörnte Tor kommt.
140. Die Liebe ist eine Flamme, deshalb sagen wir, Schönheit ist anziehend; die Naturforscher sprechen auch von der großen Anziehungskraft des Feuers.
141. Civis war der ehrenwerteste Titel bei den Römern; bei uns ist »ein Bürger« ein verächtliches Wort.
142. Eine Dame, die ein galantes Leben führte und verschiedene Kinder hatte, sagte zu ihrem Gatten, er wäre wie der enthaltsame Mann, der erntete, wo er nicht gesät hätte.
143. Wir lesen, daß vorzeiten der Kopf eines Esels für achtzig Silberstücke verkauft wurde; kürzlich sind sie zehntausendmal teuerer verkauft worden und doch waren sie niemals zahlreicher als heute.
144. Ich muß mich so lange darüber beklagen, daß die Karten schlecht gemischt sind, bis ich ein gutes Blatt in der Hand habe.
145. Wenn ich ein kluges oder dummes Buch lese, kommt es mir so lebendig vor, als ob es zu mir redete.
146. Wenn einer schon am anderen Ende der Stadt wohnt, ist es mir, als wenn er außerhalb der Welt lebte und nur ich und meine Umgebung darin wären.
147. Als ich jung war, dachte ich, alle Welt ginge, gleich mir, völlig darin auf, über das neueste Theaterstück zu sprechen.
148. Als Lord Cromarty achtzig war, ging er auf sein Landhaus in Schottland mit dem Entschluß, dort sechs Jahre zu bleiben und haushälterisch zu leben. Er wollte Geld sparen, um es in London wieder durchbringen zu können.
149. Elefanten werden immer kleiner, Flöhe immer größer gezeichnet, als sie in Wirklichkeit sind.
150. Wenn uns alte Leute erzählen, was sie und ihre Gefährten in ihrer

Jugend erlebten, denken wir immer, diese Zeiten wären doch viel glücklicher gewesen als unsere.

151. Warum tanzt die ältere Schwester barfuß, wenn die jüngere vor ihr heiratet? Will sie kleiner erscheinen und dadurch für jünger gehalten werden als die Braut?

152. Niemand nimmt einen guten Rat, aber jeder nimmt Geld an; darum ist Geld besser als guter Rat.

153. Ich habe noch niemals einen Stimmungsmacher (wie der Ausdruck lautet) kennengelernt, der nicht auch ein Hohlkopf war.

154. Ein gewisser Mensch las mir ein blödes Gedicht, sein eigenes Machwerk, vor. Ich brachte ihn dazu, sechs Zeilen hintereinander auszustreichen. Als er das Blatt umdrehte, war die Tinte noch naß, und er durchstrich damit ebensoviel Zeilen auf der anderen Seite. Er beklagte sich bitter darüber, ich bat ihn aber, sich zu fassen, denn es sei besser, wenn auch diese Verse wegfielen.

155. In Windsor bemerkte ich zu Lord Bolingbroke, daß der Turm, in dem die Ehrendamen (die damals sehr hübsch waren) wohnten, sehr häufig von Krähen besucht würde. Der Lord sagte, sie witterten das faule Fleisch.

Nachwort

Literatur und Religion, Politik und Moral waren für Swift Komplementbegriffe, die auch in seinem Werk ihren festen Platz fanden. Diskutabel ist jeweils die Rangfolge, kaum aber ihre generelle Bedeutung. Gerade die hier zuerst abgedruckten Texte sind Beweis dafür. ›Märchen von einer Tonne‹ und ›Die Bücherschlacht‹ stehen nicht zufällig am Anfang dieses Bandes: Beide gehören zu Swifts ersten Prosastücken, und mit ihnen legte er auch die Grundlagen für spätere Reputation. Und beide vereinen in sich eine Fülle von Bedeutungsschichten, die eine unzweideutige Zuordnung zu spezifischen Fragestellungen verhindern.

›Märchen von einer Tonne‹ wurde und wird sehr unterschiedlich beurteilt. Samuel Johnson, Literaturkritiker um die Mitte des achtzehnten Jahrhunderts, urteilte sinngemäß, es handele sich um ein gefährliches Werk. Dem Urteil William Hazlitts zufolge, eines Essayisten und Kritikers aus dem frühen neunzehnten Jahrhundert, war es ganz im Gegensatz hierzu eines der Meisterwerke englischsprachiger Literatur überhaupt. Einigkeit dürfte immerhin darin bestehen, daß dieses früh entstandene und 1704 erstmals veröffentlichte Werk – das Swift im übrigen sehr in seinem beruflichen Fortkommen schaden sollte, weil die Regierung Königin Annes dem Autor eines als kirchenfeindlich empfundenen Werkes später die angestrebte hohe Stellung in der Hierarchie der englischen Staatskirche verweigerte – schwierig ist und provokant zugleich. – Das »Märchen« besteht aus zwei ineinander geschachtelten Teilen, rechnet man die Vorwörter und Vorreden ab, die eine zeitgenössische Vorliebe für Vorbemerkungen dieser Art verspotteten und auf die hier aus Platzgründen weitgehend verzichtet wurde. Das eigentliche Märchen, das sprachlich ganz im Stile traditioneller Märchen beginnt, ist die Geschichte dreier Brüder: Peter, Martin und Jack erben von ihrem Vater drei Röcke mit der Auflage, ihre ursprüngliche Schlichtheit zu bewahren, und im Spannungsverhältnis zwischen väterlichem Gebot und den Erfordernissen der aktuellen Kleidermode entwickelt sich der weitere Verlauf, zeigen sich Schwierigkeiten der drei Brüder mit sich selbst und mit der Umwelt.

Das Verhältnis zwischen Märchen und Wirklichkeit ist dabei ohne weiteres durchschaubar, denn es handelt sich um die eigenwillig verfremdete Darstellung derjenigen Entwicklung, die in der Sicht Swifts die christliche Kirche genommen hat. Peter, Martin und Jack repräsentieren Katholizismus, Anglikanismus und Puritanismus, und der jeweilige Gegenstand ihres permanenten Streits spiegelt – gleichfalls verfremdet – Zwistigkeiten innerhalb der Teilkirchen. Dabei wird deutlich, daß Swift den christlichen Glauben an keiner Stelle in Zweifel zieht, wohl aber an der zeitgenössischen Praxis der Religionsausübung Kritik übt. Scheinbar beziehungslos sind Abschweifungen – kurze Traktate über meist nichtreligiöse Themen, die im jeweiligen Titel eine Entfernung vom Anliegen des »Märchens« ja geradezu suggerieren – in die religiöse Allegorie eingebaut. Zumal die Aufforderung am Schluß der ›Abschweifung zum Lobe der Abschweifungen‹, doch einen geeigneteren Ort im Werkganzen für das Traktat zu suchen, wird der Leser nicht eben als Fingerzeig empfinden, daß Abschweifungen und religiöse Allegorie ein stimmiges Ganzes bilden, organisch gewachsene Einheit sind. Aber dieser Eindruck trügt, denn die vordergründig sich abzeichnende Konzeptionslosigkeit bei der Verknüpfung beider Satiren enthüllt sich bald als Schein, weil sachliche Korrespondenzen deutlich werden, weil »Abschweifungen« eher »Ausweitungen« sind, die angeschnittene Themen auf andere Bedeutungsebenen verlagern.

Weniger brisant, dafür sehr amüsant ist ›Die Bücherschlacht‹: In der St.-James-Bibliothek treffen die Bücher alter und moderner Autoren aufeinander, um in einer Schlacht nach Vorbild Homers die Frage literarischer und wissenschaftlicher Prävalenz zu klären. Swift griff damit in einen Streit ein, der vorher besonders in Frankreich – als *Querelle des Anciens et des Modernes* – geführt worden war. Vor allem aber nahm er Partei für seinen geistigen Ziehvater Sir William Temple, der mit seinem Essay ›Of Ancient and Modern Learning‹ zum Ziel philologischer Angriffe geworden war. Temple hatte hier seinerseits die Partei der »Alten« ergriffen und seine Argumentation u. a. mit Hinweis auf die Briefe des Phalaris gestützt. Richard Bentley, den man als Begründer der neuzeitlichen Philologie in England bezeichnen kann, gelang der Nachweis, daß Temple sich dabei auf Fälschungen gestützt hatte. Bentley und William Wotton, der gleichfalls in diesen Streit verstrickt war, bezahlten ihr Engagement mit literarischer Unsterblichkeit von zweifelhaftem Wert, sterben sie gegen Ende der ›Bücherschlacht‹ doch eines unrühmlichen Todes. Das Ableben beider Figuren signalisiert etwas unvermutet auch das Ende der Kriegsberichterstattung, die zuvor noch die Taten antiker Literaten und Wissenschaftler zu rühmen wußte, zeitgenössische Größen aber als Parvenüs identifizierte: Danach bricht der wie ›Märchen von einer Tonne‹ als Fragment konzipierte Text einfach ab, als ob das Wesentliche gesagt sei. Das Moment persönlicher Abrechnung wird auf anderer Ebene durch einen verdeckt geführten Streit zum wichtigsten literaturtheoretischen Problem des Streits gestützt, den bezeichnenderweise Äsop als Schiedsrichter auswertet. Die Fabel von Biene und Spinne, die von den kampfbereiten Büchern zum Anlaß genommen wird, die Vorbereitung zur Schlacht zu unterbrechen, ist ein Disput der Stellvertreter um den zentralen Begriff der literarischen *Imitatio*, das Moment wohlverstandener Nachahmung bei der Genese von Literatur. Auch er wird im Sinne der »Alten« entschieden, und einmal mehr zeigt sich Swifts Vermögen, einen komplexen Sachverhalt spielerisch zu erfassen und doch eindeutig zu beurteilen.

Auch ›Betrachtung über einen Besenstiel‹ – schon 1704 geschrieben und in der Zielsetzung vielleicht eher »Imitation« als »Satire« im engen Wortsinn – ist gegen eine bestimmte Person gerichtet, die zwar ungenannt bleibt, aufgrund von Indizien aber identifizierbar ist. Swifts Biograph Thomas Sheridan berichtet, daß Swift im Hause Lord Berkeleys Seelsorgerdienste verrichtete und seine »Betrachtung« in eine Sammlung von Meditationen des von Lady Berkeley derzeit hochgeschätzten Robert Boyle hineinschmuggelte, um sie anschließend in Ausübung seiner Tätigkeit gewissermaßen unter falschem Namen zu verlesen. Lady Berkeley soll trotz des seltsamen Gegenstandes beeindruckt gewesen sein, weil sie Boyles Stil wiederzuerkennen glaubte und nach Entdeckung des wahren Autors lachend auf weitere Lesungen der »echten« Meditationen Boyles verzichtet haben. ›Betrachtung über einen Besenstiel‹, in der Swift also in die Maske des Angegriffenen schlüpft, ist in der ganzen Einfachheit der Konzeption in vielem typisch für Swifts literarisches Vorgehen, außerdem frühe praktische Umsetzung einer später formulierten These, Gelächter könne verbalen Tadel an Wirkung übertreffen.

Einwände gegen die Abschaffung des Christentums, nach Urteil Martin Walsers »das intelligenteste Muster seiner Satiren«, gehört gleichfalls zum Kreis derjenigen Texte, die sich vordergründig einer eng umreißbaren Problematik zuwenden und deren Anliegen sich doch bald als verwickelt herausstellt. Zum Hintergrund: Seit 1707 war Swift in London bestrebt, für die Kirche in Irland die Rücknahme bestimmter Steuern zu erwirken, die der Kirche in England bereits vor Jahren erlassen worden waren. Die regierenden Whigs, denen Swift bis zu dieser Zeit ideologisch und auch in seinen persönlichen Kontakten nahestand, verweigerten ihre Zustimmung aus verschiedenen Gründen. Eine große Rolle spielte dabei die Frage der 1673 erlassenen Testakte, die nur Angehörige des anglikanischen Glaubens für zivile oder militärische Ämter zuließ und im übrigen bis 1829 in Kraft blieb: Die Whigs planten ihre Aufhebung, Swift wollte sie beibehalten. Seine »Einwände« zielen insofern nicht nur auf vermeintliche oder tatsächliche Glaubensfragen in dieser Zeit, sondern signalisieren auch zuverlässig sein allmähliches Abrücken von einer derzeit noch dominierenden politischen Kraft. Schon der Titel des 1708 entstandenen Textes ist provokant, denn er unterstellt die Bereitschaft zu einem Tun, die in dieser Form nie vorhanden war. Satirische Spiegelfechterei deutet sich an, die dann in der Argumentation konsequent weitergeführt wird. Die Abschaffung, so heißt es, bringe durchaus Vorteile: Handwerk und Handel etwa würden einen zusätzlichen Arbeitstag gewinnen; durch die Einsparung der Pfarrerstellen könnten zweihundert junge Herren finanziell unterhalten werden, wobei die Einsparung allerdings auch insofern auf einen Verlust hinauslaufe, als Pfarrer nicht mehr als Zielscheibe für Spöttereien zur Verfügung stünden; usf. Es ist eine verkehrte Welt, die hier präsentiert wird und sich einer akribischen Ausmessung in ähnlichem Maße widersetzt wie diejenige, die in ›Verhalten der Verbündeten und des letzten Ministeriums‹ gezeigt wird, oder im ›Kurzen Charakterzug seiner Exzellenz Thomas, Earl of Wharton‹, oder im Traktat ›Über die Kunst der politischen Lüge‹.

Es ist dies die Welt der Politik, der politischen Intrigen und Ungereimtheiten, des Spiels um Macht und Ohnmacht. Swift nahm hieran seit 1710 auf der Seite der Tories aktiv teil. ›Das Verhalten der Verbündeten und des letzten Ministeriums‹, dessen Entstehungsgeschichte im ›Tagebuch für Stella‹ teilweise aus der Distanz verfolgt werden kann und das rasch eine Auflagenhöhe von rund elftausend Exemplaren erreichte, ist ein Glanzstück des politischen Journalismus, das freilich eine parteipolitische Färbung trägt. »Im Parlament ziehn die Tories unter den Lords und im Unterhaus all ihre Argumente aus dem Buch«, schreibt er im siebenunddreißigsten Brief, »und alle sind sich darüber einig, daß niemals irgend etwas der Art solche Folgen gehabt und soviel Proselyten gemacht hat.« Publizität war Swift als Herausgeber der offiziösen Tory-Zeitschrift *The Examiner* ohnehin sicher, und auch ›Über die Kunst der politischen Lüge‹ sicherte ihm breite Aufmerksamkeit, wenn auch keine einhellige Zustimmung. Im Grunde ist diese Abhandlung aus dem *Examiner* allgemeine Bemerkung zu einem Aspekt, der in ›Ein kurzer Charakterzug seiner Exzellenz Thomas,

Earl of Wharton‹ anhand einer Einzelperson – eines heftig bekämpften politischen Gegners – exemplarisiert wird. Der ›kurze Charakterzug‹ ist nur ein Beispiel dafür, daß seine Gegnerschaft sich nicht notwendig in spielerisch-eleganten Formulierungen ausdrücken mußte. Persönliche Animositäten mögen hier eine Rolle gespielt haben, vielleicht auch die Tatsache, daß Wharton als Person bei den Whigs all das repräsentierte, was Swift verabscheute. Das Ergebnis – wie ›Über die Kunst der politischen Lüge‹ 1710 veröffentlicht – läßt an Deutlichkeit jedenfalls keinerlei Wünsche offen.

Dagegen reihen sich die ›Allgemeinen Regeln für alle Dienstboten‹ durch Witz und Bitterkeit nahtlos in Swifts Werk ein, während die ›Gedanken über verschiedene Gegenstände‹ Vermischtes sind, die kein ordnendes Prinzip erkennen lassen. Sie sind nicht dynamische Entwicklung eines lokalisierbaren Grundgedankens, sondern Eingebungen des Augenblicks, die sich verstreut in Swifts Gesamtwerk einfügen. Daraus sollte man nicht den Schluß ziehen, es handele sich um Texte minderen Ranges: Man wird ihnen sicher am ehesten gerecht, wenn man sie jeweils als komprimierten Ausdruck von Erfahrungen sieht, die sich in anderem Zusammenhang und in anderer Formulierung in Swifts Werk wiederfinden.

Quellenverweise

Märchen von einer Tonne (Auswahl); engl. Titel: *A Tale of a Tub* (deutsch von Felix Paul Greve).

Die Bücherschlacht; engl. Titel: *The Battle of the Books* (deutsch von Felix Paul Greve).

Betrachtung über einen Besenstiel; engl. Titel: *Meditation upon a Broomstick* (deutsch von Michael Freund).

Einwände gegen die Abschaffung des Christentums; engl. Titel: *An Argument against Abolishing Christianity* (deutsch von Felix Paul Greve).

Ein kurzer Charakterzug Seiner Exzellenz Thomas, Earl of Wharton, Lord Lieutenants von Irland (Auswahl); engl. Titel: *A Short Character of His Excellency Thomas Earl of Wharton, Lord Lieutenant of Ireland* (deutsch von Michael Freund).

Über die Kunst der politischen Lüge; aus *The Examiner*, Nr. 14, im Englischen ohne eigene Überschrift (deutsch von Walther Freisburger).

Das Verhalten der Verbündeten und des letzten Ministeriums bei der Entfesselung und Führung des Krieges (Auswahl); engl. Titel: *The Conduct of the Allies, and of the Late Ministry, in Beginning and Carrying on the Present War* (deutsch von Michael Freund).

Allgemeine Regeln für alle Dienstboten; engl. Titel: *Directions to Servants in General* (deutsch von Walther Freisburger).

Gedanken über verschiedene Gegenstände; engl. Titel: *Thoughts on various Subjects* (deutsch von Walther Freisburger).

Verzeichnis der Übersetzungen

Jonathan Swift: *Prosaschriften*, herausgegeben, eingeleitet und kommentiert von Felix Paul Greve. 4 Bde., Berlin [1909–10].

Jonathan Swift: *Gedanken und Essays*, eingeleitet und übertragen von Walther Freisburger. Dessau & Leipzig 1940.

Jonathan Swift: *Die menschliche Komödie: Schriften, Fragmente, Aphorismen*, übersetzt und herausgegeben von Michael Freund. Stuttgart 1957.